Hermann Hesse

Pèlerin du voyage intérieur

Buraq

Global East-West LTD

Droits d'auteur © 2025 par Buraq.

Collection Littératures du monde. Global East-West LTD.

Ce volume est la version française du livre publié préalablement en anglais : Hermann Hess: Pilgrim of the Inner Journey.

Tous droits réservés.

Aucune partie de cet ouvrage ne peut être reproduite sous quelque forme que ce soit sans l'autorisation écrite de l'éditeur ou de l'auteur, sauf dans les cas autorisés par la loi sur le droit d'auteur.

Table

1. Introduction   1
   La quête éternelle du sens intérieur

2. Enfance et influences   17
   De Calw à Bâle

3. Rébellion et résilience   29
   Se libérer de la tradition

4. L'éveil d'un écrivain   41
   Les débuts du succès littéraire avec « Peter Camenzind »

5. « Siddhartha »   72
   Un voyage spirituel : un pont entre le mysticisme oriental et la pensée occidentale

6. Naviguer dans la quarantaine   88
   La dualité du « Loup des steppes »

7. Confrontation de l'âme   103
   Thèmes dans « Narcisse et Goldmund »

8. Le paradoxe intellectuel   120
   Éclaircissement et isolement dans « Le Jeu des perles de verre »

9. L'héritage d'un lauréat du prix Nobel   136
   Au-delà du prix

10. Une vie privée dans le reflet public   151
   Mariages et exil

11. Hermann Hesse et l'ambivalence politique   165
   Engagement et fuite pendant le fascisme

12. Réflexions d'après-guerre   181
   Contrastes et continuités dans les derniers écrits de Hesse

13. Perspectives psychologiques   198
   Influence jungienne et personnages archétypaux

14. Perspectives psychologiques   215
   Influence jungienne et personnages archétypaux

15. Le renouveau des années 1960   232
   Hesse à l'ère de la contre-culture

16. Reconnaissance et pertinence   246
   L'influence de Hesse à travers les décennies et les disciplines

17. Conclusion   263
   Naviguer dans la vie grâce à la sagesse intemporelle de Hesse

Références   279

À propos de l'auteur   295

1

Introduction
La quête éternelle du sens intérieur

Le désir inné de l'être humain de saisir l'essence de son existence, la raison de son être, est généralement une constante à travers les cultures et l'histoire. Lorsque nous nous penchons sur cette question éternelle, l'œuvre littéraire d'Hermann Hesse se présente comme la preuve de ce désir profond de se connaître soi-même et d'atteindre la sagesse spirituelle, un désir qui nous touche tous (Anand M et al., 2024). À travers ses personnages variés et ses récits qui stimulent la réflexion, Hesse invite le lecteur à se lancer dans sa propre quête introspective, qui dépasse les limites du temps et de l'espace.

La recherche du sens intérieur n'est pas seulement une question d'examen philosophique ; elle incite les gens à affronter les subtilités de leur propre monde intérieur, à réfléchir à leur conscience, à leur identité et à leur raison d'être. Les écrits de Hesse ressemblent à repères le long de ce chemin, nous aidant à traverser des périodes émotionnelles difficiles, à réaliser notre potentiel et à comprendre la tension perpétuelle entre ce que la société attend de nous et ce que nous, en tant qu'individus, désirons, offrant ainsi une profonde méditation sur ce que signifie être humain (Shah H et al., 2024).

En réfléchissant à notre inclination humaine vers une compréhension et une connaissance plus profondes, les lecteurs peuvent se retrouver à la croisée des chemins, pris entre la contemplation existentielle et la recherche métaphysique. Les grandes œuvres de Hesse offrent en quelque sorte une feuille de route à travers le labyrinthe complexe qu'est l'expérience humaine, guidant le chercheur vers une compréhension plus profonde de ses propres désirs intérieurs et de l'interdépendance de toutes choses. Cette exploration émouvante dépasse les vastes complexités de la nature humaine, éclairant une voie potentielle vers la paix intérieure et, en fait, l'illumination, favorisant à son tour une appréciation subtile, mais marquée de cette quête sans fin que nous partageons tous : comprendre les subtilités de notre être.

Aperçu : l'héritage durable de Hermann Hesse

Hermann Hesse reste une figure éminente de la littérature ; son héritage perdure, reflétant de manière poignante l'expérience humaine (Smith R, 2024). Écrivain et philosophe, les œuvres de Hesse trouvent encore un écho dans le monde entier, offrant un aperçu de l'existence et de la quête d'un sens intérieur. À travers ses œuvres, Hesse explore la découverte de soi, l'illumination spirituelle et l'interconnexion de l'humanité, créant des récits introspectifs qui transcendent les frontières. Des premières explorations existentielles aux voyages spirituels ultérieurs, Hesse capture l'expérience universelle avec empathie, synthétisant les traditions philosophiques (Piia K Posti, 2023).

Au-delà de la littérature, l'héritage de Hesse s'étend à son rôle de pont entre l'Orient et l'Occident, inspiré par la philosophie indienne, les enseignements bouddhistes et les principes taoïstes. Hesse a tissé des réflexions interculturelles, ouvrant le dialogue sur la spiritualité et la réalisation de soi. Ses œuvres telles que Siddhartha et Le Jeu des perles de verre témoignent de sa capacité à synthétiser ces traditions dans un récit abordant les luttes humaines communes. De plus, l'héritage de Hesse est souligné par l'impact de ses œuvres sur les générations suivantes, illustrant son exploration de la psyché humaine et la recherche de sens au milieu des épreuves de la vie.

L'authenticité et son influence intemporelle

L'œuvre de Hesse a véritablement laissé sa marque. La littérature, la psychologie et même la philosophie ont toutes été touchées, inspirant de nombreuses personnes à se tourner vers leur for intérieur et à s'explorer elles-mêmes. Son impact durable ne se limite pas à ses livres, mais concerne également les cœurs et les esprits qu'il a touchés avec ses mots profonds. En fin de compte, l'héritage d'Hermann Hesse dépasse le cadre d'une époque ou d'un lieu particulier, car il touche au désir universel de l'être humain de comprendre et de trouver un sens, quelque chose qui nous relie tous à travers les époques et les cultures (Kwiatkowski F, 2023). En nous plongeant dans les écrits de Hesse, nous sommes amenés à réfléchir profondément à ce que signifie être humain. C'est un voyage qui ne cesse de nous transformer, qui touche les lecteurs partout dans le monde et qui nous fait réfléchir à qui nous sommes et au sens de la vie.

Fondements philosophiques : la recherche de soi

Depuis des siècles, les humains se posent de grandes questions sur qui nous sommes, quel est notre but et quel est le sens de tout cela. Dans ses livres extraordinaires, Hermann Hesse tisse habilement ces idées dans ses récits, montrant une véritable conversation avec les penseurs qui ont également tenté de répondre à ces questions (Classen A, 2025). L'œuvre de Hesse traite en réalité d'une quête sans fin pour nous comprendre nous-mêmes, un voyage personnel qui semble intemporel et fait écho aux croyances fondamentales de l'existentialisme. Il s'inspire de nombreuses philosophies différentes, nous invitant à regarder profondément en nous-mêmes, nous mettant au défi d'affronter les aspects chaotiques de notre propre esprit, un peu comme certains personnages des livres et des films américains reflètent les idées existentielles de Hesse, en particulier dans les récits contemporains (Kwiatkowski F, 2023).

L'écriture de Hesse est philosophiquement ancrée dans l'existentialisme, allant au-delà du simple discours académique pour aborder les luttes fondamentales auxquelles les gens sont confrontés lorsqu'ils tentent de trouver un sens à leur vie. Les livres de Hesse expriment la vision existentialiste en montrant une compréhension profonde des difficultés et des succès qui accompagnent le fait d'être humain, un thème qui relie les penseurs de différentes époques. En se concentrant sur la quête séculaire de la connaissance de soi, les histoires de Hesse agissent comme des miroirs, reflétant la relation complexe entre nous et l'univers, entre la vie quotidienne et l'extraordinaire, montrant clairement les tensions qui accompagnent l'exploration de nous-mêmes.

Lorsque nous lisons les personnages de Hesse, nous ne nous contentons pas de les observer ; nous sommes invités à participer à leur transformation philosophique, à faire face aux mêmes choix qui changent la vie et qui ont intrigué les gens pendant des générations, un voyage qui encourage la réflexion, similaire aux couches de sens que l'on trouve dans la littérature gnostique (Classen A, 2025). Le questionnement philosophique de Hesse va au-delà de la simple curiosité intellectuelle, il explore les profondeurs émotionnelles et spirituelles de l'être humain.

La quête de soi dont parle Hesse est comme une invitation à regarder en soi, nous poussant à scruter notre âme pour découvrir des vérités profondes qui dépassent ce que nous pensons habituellement. Ce regard profond nous permet de comprendre en détail la complexité de la conscience humaine, confrontée aux mystères de l'existence et à la lutte constante pour être réel dans un monde qui semble brisé. L'intérêt de Hesse pour les philosophies orientales et les traditions spirituelles renforce encore davantage la base philosophique de ses récits, établissant un lien entre différentes cultures et visions spirituelles. À travers ses écrits, Hesse tente de combler le fossé entre différentes visions du monde, en réunissant les idées spirituelles orientales et les questions existentielles occidentales, un peu comme les films actuels abordent les thèmes gnostiques d'une manière moderne (Kwiatkowski F, 2023).

Ce mélange crée un dialogue profond entre différentes façons de penser culturelles, amenant les lecteurs à se confronter aux désirs humains universels et à l'interconnexion des différentes traditions philosophiques, rafraîchissant ainsi le débat autour de ces questions importantes. Fondamentalement, *Philosophical Foundations: The Search for Self* explore la signification profonde des fondements philosophiques de Hesse, soulignant la pertinence actuelle de ses œuvres et leur impact durable sur la quête humaine permanente de la réalisation de soi, marquant un moment clé de l'histoire littéraire où l'exploration de soi rencontre la recherche existentielle.

Influences culturelles : un pont entre l'Orient et l'Occident

Hermann Hesse, malgré ses succès littéraires florissants, s'est retrouvé profondément en proie à la dépression et à la quête de son identité (Jacobs BJ, 2020). Les attentes de la société, combinées à ses ambitions personnelles, ont provoqué chez lui un bouleversement émotionnel ; il parlait souvent d'un labyrinthe de pensées et de sentiments, source de conflits intérieurs. L'introspection était à la fois son réconfort et son défi, car il remettait en question l'authenticité de son travail artistique, reflet de l'expérience humaine complexe (Hwang J et al., 2021). Ironiquement, les éloges extérieurs et la renommée éphémère ont intensifié les conflits internes de Hesse, montrant à quel point la validation subjective pouvait fausser l'estime de soi d'une personne.

Au plus profond de son âme, la crise existentielle qui le guettait soulevait des questions profondes sur l'être et l'appartenance. Son engagement en faveur d'une expression artistique authentique était éclipsé par le doute de soi, une lutte interne entre l'intégrité artistique et le désir d'approbation. Plongé dans le désespoir, Hesse s'interrogeait sur l'essence même de son être. Qui était-il en dehors des récompenses et de la reconnaissance ? Quelle était la véritable valeur de ses talents littéraires par rapport à ses difficultés personnelles ? Ces questions incessantes semblaient ronger sa conscience, le poussant à rechercher une vérité plus profonde. Face à l'intensification des pressions extérieures, Hesse chercha refuge dans des contrées lointaines, espérant vivre une expérience transformatrice au-delà de ce qui lui était familier et, potentiellement, révéler de nouveaux aspects de son identité.

L'inconnu l'attirait, éveillant sa curiosité et son envie de nouveaux récits, tout en l'invitant à remettre en question les histoires qu'il avait construites sur sa propre vie. En s'immergeant dans de nouvelles cultures et langues étrangères, Hesse trouva une libération qui lui manquait dans son pays natal, suggérant que la véritable compréhension pouvait se trouver au-delà des limites de ce qu'il connaissait auparavant. Pourtant, même l'attrait de nouveaux horizons ne parvint pas à apaiser complètement la tempête émotionnelle qui faisait rage en lui, et la complexité de ses émotions resta son compagnon tout au long de ses voyages. Sa quête identitaire et son combat contre ses propres démons persistèrent, le conduisant à explorer au-delà des voyages physiques pour symboliser la quête humaine plus large de sens. En scrutant les profondeurs de son âme et en méditant intensément sous le ciel nocturne, Hesse chercha à naviguer dans les complexités de son moi fragmenté, dans une recherche inlassable d'un ancrage pour son identité tout en luttant avec la nature multiforme de l'existence.

Au milieu de son agitation, la plume de Hesse devint à la fois un sanctuaire et un lieu de confession, capturant la relation complexe entre le désespoir et l'espoir. À travers ses mots, il a traité des problèmes du passé et façonné les contours de son agitation intérieure, et il a écrit un récit qui aborde et clarifie les complexités de l'être humain. En fin de compte, son œuvre fait écho aux vibrations de ses luttes personnelles, exprimant la lutte pour l'équilibre au milieu du chaos et invitant les lecteurs à explorer leurs propres profondeurs intérieures pour essayer de comprendre ce que signifie être humain.

Un pont entre les philosophies orientales et occidentales

La maîtrise avec laquelle Hesse navigue entre les traditions philosophiques et spirituelles orientales et occidentales crée une tapisserie d'idées qui reste d'actualité aujourd'hui, et à travers les cultures. Ses premières rencontres avec le bouddhisme et l'hindouisme ont façonné son approche, qu'il a ensuite intégrée dans ses récits, reflétant des expériences humaines communes. Sa fascination pour la spiritualité et le mysticisme orientaux est essentielle, particulièrement évidente dans ses explorations de la découverte de soi et de la transcendance. L'étude approfondie des textes et des pratiques orientales a permis à Hesse de comprendre l'illumination, la réalisation de soi et l'interdépendance de tout, thèmes qui reviennent tout au long de son œuvre et lui confèrent une grande profondeur (C R Goddard, 2023). Cette appréciation a influencé non seulement ses croyances, mais également ses créations littéraires, leur donnant un caractère contemplatif.

De plus, la position de Hesse en tant qu'écrivain occidental influencé par la pensée orientale lui a permis d'offrir une perspective sur ces sphères culturelles convergentes. Ses écrits constituent un carrefour culturel, invitant à réfléchir sur les parallèles et les disparités entre les conceptions orientales et occidentales de l'existence, de la moralité et de la vérité intérieure, et enrichissant les dialogues sur ces thèmes. Au-delà du contenu thématique, la capacité de Hesse à jeter des ponts entre l'Orient et l'Occident s'étend aux aspects stylistiques et narratifs de son œuvre. En mélangeant des éléments narratifs orientaux avec des formes occidentales, Hesse a créé une voix qui résonne à l'échelle mondiale, transcendant les frontières et favorisant le partage d'expériences. Cette fusion invite les lecteurs à un voyage d'exploration culturelle et d'introspection.

Essentiellement, les influences culturelles de Hesse relient diverses traditions intellectuelles, favorisant un dialogue entre l'Orient et l'Occident qui reste d'actualité. En intégrant la sagesse orientale, Hesse invite les lecteurs à réfléchir aux vérités universelles qui nous unissent, au-delà des différences culturelles et des distances. Grâce à cette intersection culturelle, Hesse enrichit le canon littéraire et permet aux lecteurs de comprendre leur place au sein de l'humanité, renforçant ainsi l'importance de l'exploration littéraire interculturelle. Certains diront que son approche est un peu lourde, d'une manière générale.

Paysage littéraire : contextualisation des œuvres de Hesse

L'œuvre littéraire d'Hermann Hesse présente un panorama complexe, mélange de thèmes intemporels et d'influences culturelles variées, reflétant les courants artistiques et intellectuels plus larges de son époque (Hussain R et al., 2024). Pour comprendre l'écriture de Hesse, il faut explorer ses nombreuses facettes, à travers ses romans, ses essais et ses poèmes, qui façonnent son héritage littéraire multiforme. Au cœur de l'œuvre de Hesse se trouve une réflexion approfondie sur ce que signifie être humain, explorant l'identité, la spiritualité et la recherche de sens, faisant écho aux grandes questions du début du XXe siècle (Lindal JL, 2024). Une grande partie de ses écrits reflète ses explorations philosophiques personnelles. *Demian*, *Le Loup des steppes*, *Siddhartha* et *Le Jeu des perles de verre* sont des œuvres clés, chacune offrant un moyen d'examiner les complexités de la vie.

D'une manière générale, pour apprécier pleinement l'univers littéraire de Hesse, il faut également reconnaître les influences culturelles importantes qui ont façonné ses opinions. Influencé par les philosophies orientales, en particulier l'hindouisme et le bouddhisme, Hesse a mélangé les idées spirituelles orientales avec la pensée existentielle occidentale, créant ainsi un dialogue entre ces traditions intellectuelles (Hussain R et al., 2024). Ce mélange de points de vue orientaux et occidentaux ajoute de la profondeur à ses écrits, qui plaisent à un large éventail de lecteurs. Au-delà des thèmes, les écrits de Hesse sont également connus pour leur style innovant et leur prose réfléchie, en phase avec l'art de l'époque. Son langage captivant et sa narration entraînent les lecteurs dans des histoires qui transcendent le temps et l'espace, explorant le monde intérieur des personnages ou les mystères de la quête de sens.

Explorer la dualité : luttes personnelles et réponses

Les œuvres littéraires d'Hermann Hesse tissent de manière complexe le thème de la dualité, un motif central qui résonne profondément avec l'expérience humaine (Shah H et al., 2024). Hesse dépeint magistralement les conflits et les contradictions inhérents qui façonnent les luttes personnelles à travers ses personnages et ses récits. La lumière et les ténèbres, le bien et le mal, l'amour et le désespoir, la raison et la passion sont juxtaposés, reflétant l'essence dualiste de l'existence et invitant à l'introspection. Cette exploration n'est pas seulement philosophique ; elle reflète nos combats intérieurs, offrant un aperçu profond de la condition humaine (Daou F et al., 2023).

Hesse explore les tourments de la découverte de soi, dépeignant des personnages aux prises avec des désirs et des idéaux contradictoires. Leurs parcours allégorisent la quête éternelle d'équilibre au milieu des discordes internes. De plus, la représentation de la dualité par Hesse transcende les binaires simplistes, explorant l'ambiguïté morale et l'ambivalence existentielle. Plutôt que d'offrir des dichotomies faciles, il présente une tapisserie d'émotions et d'expériences humaines qui défient toute catégorisation. Capturant les complexités de la psyché humaine, les œuvres de Hesse trouvent un profond écho, incitant les lecteurs à affronter leurs propres dualités avec honnêteté et compassion.

En réalité, le récit littéraire de Hesse a pour thème central l'exploration des luttes personnelles dans ce contexte de dualité. Il suggère de manière poignante que la véritable croissance vient de la confrontation et de la réconciliation des conflits intérieurs, et non de la recherche de solutions simples. En naviguant entre les tensions et les paradoxes de la vie, les personnages de Hesse offrent un aperçu de la résilience, de la sagesse et de la transformation finale. Les lecteurs découvrent des moyens de lutter contre leurs propres conflits intérieurs, trouvant une résonance dans le voyage universel vers la compréhension et l'acceptation de soi.

Thèmes de la transformation : la croissance à travers l'adversité

D'une manière générale, lorsqu'on examine l'œuvre complète de Hermann Hesse, le thème de la transformation par l'adversité apparaît clairement. Dans la plupart des cas, les protagonistes de Hesse naviguent dans des paysages émotionnels complexes à la recherche de la découverte de soi et de l'illumination. Ces parcours reflètent souvent les concepts discutés dans les milieux universitaires concernant les avantages psychologiques de surmonter les défis (Daou F et al., 2023). Ces personnages sont naturellement confrontés à des dilemmes existentiels, des épreuves personnelles et des pressions de la société, qui constituent tous des catalyseurs essentiels à leur croissance. Cela correspond à la croyance largement répandue selon laquelle l'évolution personnelle peut être cultivée par la lutte, comme le montre la littérature sur le leadership éthique (Journal of Values-Based Leadership, 2017).

À travers ses récits, Hesse montre le pouvoir de transformation qui découle du fait d'affronter et de surmonter les difficultés. L'idée que les épreuves et les luttes offrent un terrain fertile pour la croissance est centrale. Des personnages tels que Goldmund, Siddhartha et Harry Haller incarnent ce processus difficile, mais gratifiant, de réalisation de soi dans l'adversité, une expérience à laquelle tout le monde peut s'identifier. Leurs conflits intérieurs trouvent un écho chez les lecteurs de toutes les cultures et de toutes les époques, renforçant ainsi le caractère universel de cette expérience. La description minutieuse de ces parcours par Hesse invite à réfléchir sur ses propres adversités avec courage et introspection, soulignant l'importance de la résilience. De plus, la description de la croissance à travers l'adversité incite à réfléchir au potentiel de renouveau et à la nature de la résilience, même lorsque les défis sont insurmontables. En explorant les complexités de l'existence, les récits de Hesse offrent subtilement un aperçu du pouvoir transformateur de l'adversité, incitant les lecteurs à trouver force et sagesse à travers la lutte, et soulignant une vérité fondamentale sur les avantages de lutter pour s'améliorer.

Les subtilités de l'identité : les questions fondamentales

Les œuvres de Hermann Hesse, lorsqu'on les examine en profondeur, nous conduisent inévitablement à une question fascinante : l'identité. Les livres de Hesse traitent du moi et de ses multiples facettes, un thème récurrent dans les études sur l'identité dans la littérature à travers les cultures. Ses personnages traversent différentes couches d'identité, invitant les lecteurs à explorer l'individualité, la conscience et le sens de la vie, ce qui fait écho aux discussions actuelles dans les médias sur la race, l'histoire et les récits personnels (Piia K Posti, 2023). Nous ne cessons de nous demander : qui sommes-nous ? Qu'est-ce qui fait de nous ce que nous sommes ? Comment nos expériences nous changent-elles ? Il ne s'agit pas seulement de questions académiques, mais d'étapes importantes pour comprendre notre place dans le monde. Hesse montre habilement l'identité à travers des personnages confrontés à des désirs conflictuels et à des pressions sociales. La quête de l'illumination de Siddhartha, les luttes de Harry Haller dans Le loup des steppes et les vies différentes de Narcisse et Goldmund mettent toutes en évidence la lutte humaine pour réconcilier leur moi intérieur. Plus loin encore, l'identité dépasse l'individu et touche à des thèmes existentiels pertinents à travers le temps. Hesse s'intéresse aux idées orientales, à la psychologie jungienne et aux aspects mystiques, nous poussant à réfléchir à la manière dont l'humanité est connectée, une vision qui nous incite à repenser les anciennes histoires dans une perspective décoloniale (Piia K Posti, 2023). Cette connexion, souvent masquée par la séparation, nous amène à nous interroger sur l'unité qui se cache derrière nos identités diverses. En explorant l'identité, nous constatons constamment une tension entre la découverte de soi et l'influence des autres. Les écrits de Hesse nous amènent à nous interroger sur l'ego, la persona et l'ombre, ce qui est nécessaire pour comprendre l'identité. Ses récits nous encouragent à faire face à la nature changeante de l'identité, à accepter la fluidité du moi et à accepter la transformation. En fin de compte, l'examen de l'identité nous montre le chemin universel vers la réalité et le sens, au-delà du temps et de l'espace. Les pensées intemporelles de Hesse nous guident pour commencer notre propre cheminement vers la découverte de soi et la croissance.

Une perspective plus large : pertinence moderne

Les explorations littéraires d'Hermann Hesse sur les thèmes existentiels et la condition humaine continuent de résonner dans la littérature contemporaine, abordant des questions persistantes sur la découverte de soi et le sens intérieur. Ces thèmes offrent un aperçu de la complexité de la vie contemporaine. Les chercheurs ont observé que la littérature reflète les contextes culturels et historiques, faisant écho aux récents débats sur la race et l'histoire dans les adaptations littéraires (Piia K Posti, 2023). Alors que la société évolue au milieu des progrès technologiques, les récits de Hesse font écho à la quête permanente d'identité dans un monde en mutation rapide. L'adaptation de la littérature pour le public d'aujourd'hui met en évidence les défis de l'authenticité, reflétant les dilemmes que Hesse a dépeints à travers ses personnages (Kwiatkowski F, 2023). La compréhension de Hesse de la psyché humaine est particulièrement pertinente dans le climat culturel actuel. Alors que les individus sont confrontés à la question de l'identité et de l'appartenance à l'ère de la connectivité numérique, la description des conflits intérieurs par Hesse fournit un cadre pour comprendre les dilemmes existentiels. Son œuvre continue de trouver un écho profond, même aujourd'hui.

La résonance littéraire d'Hermann Hesse à l'ère moderne

L'examen des dilemmes modernes à travers le prisme des pressions externes offre une perspective qui incite à la réflexion, tout comme les chercheurs contemporains soulignent l'importance de la vie émotionnelle et de la conscience de soi (Bezerita A, 2023). L'exploration par Hesse des tensions entre les attentes de la société et la liberté individuelle trouve également un écho dans notre société mondialisée, où de nombreuses voix cherchent à la fois la reconnaissance et l'autonomie, soulignant l'équilibre complexe entre l'influence collective et l'identité personnelle. Ses explorations thématiques comblent les fossés culturels, géographiques et générationnels, une universalité qui s'aligne sur les affirmations philosophiques qui soulignent la compréhension des diverses expériences humaines (Bezerita A, 2023).

Dans notre monde interconnecté, les écrits de Hesse facilitent le dialogue interculturel en abordant l'expérience humaine collective. En explorant des vérités fondamentales, les œuvres de Hesse favorisent l'empathie et la compréhension, offrant un langage commun à des individus d'horizons divers pour trouver un terrain d'entente. Les discussions autour du bien-être holistique illustrent encore davantage la pérennité des contributions littéraires de Hesse, qui vont au-delà de l'introspection individuelle. Ses réflexions sur l'illumination, la spiritualité et la quête de sens alimentent les discussions actuelles sur la santé mentale et les pratiques de pleine conscience dans les mouvements holistiques de bien-être d'aujourd'hui. Ses principes de conscience de soi et de vie consciente imprègnent son œuvre, qui trouve un écho dans la recherche actuelle d'équilibre et de résilience au milieu des complexités de la vie moderne, offrant des principes directeurs à ceux qui recherchent l'harmonie et un but dans un monde en accélération.

Fondamentalement, le récit de Hermann Hesse reste d'actualité, éclairant la condition humaine et offrant des réflexions significatives sur l'existence contemporaine. Les lecteurs sont invités à reconsidérer leurs aspirations, leur place dans le monde et leur sentiment d'appartenance dans un contexte d'incertitude. La convergence du passé et du présent dans l'œuvre de Hesse offre un refuge intemporel pour la contemplation, la réflexion et le renouveau. Cela est particulièrement important compte tenu de notre évolution perpétuelle, qui renforce la nécessité d'une compréhension plus profonde de notre vie émotionnelle, comme le suggèrent les discours philosophiques et psychologiques (Daou F et al., 2023).

Préparer le terrain : un aperçu de ce qui suit

En se lançant dans cette exploration de la vie et de l'œuvre d'Hermann Hesse, il est essentiel de reconnaître la profondeur qui nous attend, en particulier compte tenu de la fascination de longue date des chercheurs pour la danse complexe entre la littérature et la philosophie (Grishakova M,

2012). Les chapitres suivants visent à fournir un aperçu général de l'impact de Hesse, en proposant un examen approfondi de ses écrits influents et de leur résonance durable auprès des lecteurs de toutes les générations, un sentiment souvent repris par les critiques qui soulignent l'importance continue de l'œuvre de Hesse lorsqu'on la considère à travers le prisme des préoccupations contemporaines (Stephen H Blackwell et al., 2007).

En étudiant la complexité des réflexions philosophiques, des influences culturelles et des histoires personnelles de Hesse, nous espérons mettre en lumière la pertinence durable de ses œuvres aujourd'hui. Grâce à des analyses détaillées et des études contextuelles, les chapitres suivants révéleront les nombreuses facettes de l'univers littéraire de Hesse, mettant en lumière les idées importantes qu'il propose. Les lecteurs peuvent s'attendre à découvrir la fusion entre la pensée mystique orientale et les traditions philosophiques occidentales, ainsi qu'à explorer les questions existentielles de la vie humaine que Hesse articule avec tant de talent. Le récit nous guidera à travers les moments clés de la vie de Hesse, en clarifiant leur influence considérable sur le développement de ses œuvres littéraires.

Notre objectif est d'identifier les thèmes récurrents qui relient les œuvres de Hesse, de la recherche constante du sens intérieur à l'effet transformateur de la découverte de soi. En outre, notre exploration tiendra compte du climat sociopolitique dans lequel les idées de Hesse ont pris forme, fournissant un aperçu des forces historiques et culturelles plus larges qui ont façonné son écriture. En combinant une analyse savante et un récit captivant, nous encourageons les lecteurs à entrer dans le paysage des pensées de Hesse, où des personnages intrigants et des réflexions profondes attendent d'être découverts. À travers ce voyage passionnant, nous espérons susciter la curiosité et la réflexion, en encourageant une appréciation plus profonde de la condition humaine et de notre quête incessante de sens existentiel. En établissant ce cadre, nous visons à créer de l'anticipation et de l'intérêt intellectuel, préparant les lecteurs à un voyage enrichissant à travers le monde littéraire de Hesse.

2

Enfance et influences
De Calw à Bâle

Généalogie et foyer familial : la lignée Hesse à Calw

L'éducation structurée et religieuse de Hermann Hesse a profondément influencé sa vision du monde. Originaire de Calw, la lignée Hesse lui a inculqué un sens profond des traditions et des valeurs qui, d'une manière générale, imprégneront ses explorations littéraires et philosophiques. Cet environnement discipliné, marqué par le zèle missionnaire de ses parents, a paradoxalement encouragé Hesse à remettre en question et, finalement, à définir sa propre voie. Le foyer des Hesse, véritable centre de dévotion, a inculqué au jeune Hermann le sens du devoir et de la détermination. Cet héritage ancestral de la foi chrétienne a profondément marqué ses premières années, influençant sa vision du monde et inspirant son introspection.

Calw, lieu de beauté pittoresque et de conservatisme religieux, a cultivé un lien durable avec la nature et la spiritualité, éléments qui imprégneront plus tard ses écrits de nostalgie et de contemplation. L'exploration de la lignée Hesse à Calw révèle l'influence considérable des récits générationnels et des traditions religieuses sur le caractère complexe de l'auteur. Par conséquent, cet examen révèle le rôle clé de l'héritage familial dans la formation de l'identité de Hesse, offrant un aperçu de la genèse de son développement intellectuel et spirituel.

Paradigmes parentaux : influences de l'éthique missionnaire

L'éducation de Hermann Hesse était fermement ancrée dans une tradition missionnaire transmise par sa famille, qui a considérablement influencé ses premières années. Son père, Johannes Hesse, missionnaire allemand de la Baltique, incarnait un engagement indéfectible envers la foi et le service (Oldmeadow H, 2022). Ayant grandi dans l'environnement spirituel intense du piétisme, courant en Souabe, la maison des Hesse était le théâtre de débats passionnés sur l'introspection, le salut et la prédestination. Cette spiritualité intense a inculqué à Hermann un sens profond du sens et de la réflexion, préparant le terrain pour son exploration ultérieure des idées existentielles dans ses écrits. Les valeurs familiales ont encouragé un fort zèle religieux et une recherche persistante de vérités plus profondes (Jose DS et al., 2015).

Marie Hesse, l'épouse de Johannes, a donné à Hermann un point de vue différent, façonné par sa nature pratique et sa compréhension unique. Ses origines, qui comprenaient autant un héritage français que huguenot, ont introduit un mélange d'idées culturelles qui ont élargi la perspective culturelle d'Hermann. En absorbant ces différentes idées, il a développé une forte curiosité intellectuelle. Le mélange des différentes influences de ses parents a cultivé un équilibre entre le dévouement spirituel et une vision lucide du monde, un contraste qui apparaîtra plus tard dans les personnages complexes et les thèmes existentiels de son œuvre. Plus largement, les conversations liées à l'Église qui avaient lieu dans la communauté qui l'entourait ont également marqué Hermann, renforçant son éducation spirituelle.

Paysages formateurs : le contexte culturel de la ville Souabe

D'une manière générale, la ville Souabe où le jeune Hermann Hesse a grandi lui a apporté bien plus qu'un simple lieu de vie ; elle lui a inculqué un profond sentiment d'identité culturelle et une compréhension historique, ce qui est essentiel pour étudier comment l'environnement façonne le développement individuel dans la littérature (Péter Gaál-Szabó et al., 2023). Calw, avec ses belles vallées et ses collines ondulantes, semblait respirer la tradition et l'histoire, influençant subtilement le jeune écrivain.

En déambulant dans ses rues pavées et en admirant ses maisons à colombages, Hesse s'imprégnait des riches détails de l'architecture Souabe et des histoires locales, impressions qui allaient plus tard colorer son œuvre. Ce mélange de nature et d'histoire à Calw a stimulé l'imagination de Hesse et l'a préparé à ses explorations artistiques ultérieures, qui abordaient souvent des thèmes de critique culturelle et d'introspection (Dart R, 2018). Ce n'était pas seulement l'environnement physique ; la vie culturelle de la ville était également une source d'inspiration, offrant un aperçu de la mentalité commune de ses habitants. Les festivals, les rituels et les événements communautaires créaient un sentiment d'appartenance tout en montrant à Hesse la relation complexe entre les attentes sociales et les désirs individuels.

Ces interactions, qui faisaient partie du quotidien Souabe, ont considérablement influencé sa vision des relations humaines et des systèmes sociaux. De plus, les discussions intellectuelles animées entre les habitants de Calw, qui couvraient un large éventail de sujets philosophiques et théologiques, ont encouragé la curiosité croissante et le développement intellectuel de Hesse. Les échanges entre intellectuels et érudits ont enrichi l'atmosphère de la ville, remettant en question les idées établies et encourageant Hesse à poursuivre son propre parcours intellectuel. Rétrospectivement, le tissu culturel de cette ville Souabe a imprégné tous les aspects de la jeunesse de Hesse, nourrissant sa sensibilité, semant les graines de ses explorations littéraires et façonnant les contours de son esprit créatif, contribuant finalement à la mosaïque plus large des mouvements contre-culturels dans lesquels son œuvre trouverait plus tard un écho.

Fondements éducatifs : études et difficultés

D'une manière générale, l'éducation précoce de Hesse lui a offert à la fois des opportunités et des défis considérables. Dans son école Souabe, il a autant dû faire face à un environnement scolaire exigeant, que lutter contre des conflits internes, reflétant en quelque sorte les combats intellectuels menés par les penseurs à travers l'histoire (Ili Lć, 2014). L'environnement scolaire a offert à Hesse la possibilité d'explorer sa curiosité et de s'intéresser à divers sujets, préparant le terrain pour ses futurs écrits et ses recherches philosophiques. Cela dit, Hesse a également dû faire face à la pression des attentes et à un besoin croissant d'expression créative, un conflit semblable au mouvement philosophique vers l'individualisme contre les pressions sociales (Lavaert S, 2014). Cette intersection a eu un impact significatif sur son parcours éducatif, soulignant la dichotomie de ses efforts scolaires. En approfondissant ses études, Hesse s'est confronté à des questions existentielles et à des normes qui entraient souvent en conflit avec son individualité naissante. Bien que pénibles, ces luttes ont favorisé l'introspection et alimenté ses œuvres ultérieures, leur conférant une profondeur intellectuelle et une résonance émotionnelle qui reflètent en fin de compte le pouvoir transformateur de l'acceptation des conflits intérieurs dans la quête de la réalisation de soi.

Répercussions religieuses : exposition précoce à la théologie occidentale

L'éducation de Hermann Hesse à Calw était profondément liée aux forts courants religieux de sa communauté. Façonnée par des générations de théologiens piétistes, l'atmosphère pieuse qui régnait dans la maison des Hesse a initié le jeune Hermann aux principes de la théologie occidentale dès son plus jeune âge. Alors qu'il était confronté aux enseignements et aux rituels stricts de la foi protestante, Hesse a commencé à se heurter à la tension entre la conformité et la quête individuelle de la compréhension spirituelle, un thème qui trouvera un écho dans ses explorations ultérieures des paysages émotionnels complexes dans ses écrits (Daou F et al., 2023). L'influence formatrice de son environnement familial sur l'évolution de sa vision du monde est indéniable ; elle a jeté les bases de ses réflexions ultérieures sur la souffrance humaine, la moralité et la recherche de la paix intérieure.

Les premières rencontres de Hesse avec les textes bibliques et théologiques ont servi de catalyseur à son examen introspectif des thèmes existentiels, qui reviendront tout au long de son œuvre littéraire, soulignant la relation dynamique entre les croyances traditionnelles et l'expression personnelle authentique (Sajewska D, 2021).

De plus, la tension inhérente entre les doctrines quelque peu rigides de sa jeunesse et sa curiosité intellectuelle naissante a déclenché un débat interne qui finira par trouver sa place dans les œuvres littéraires de Hesse. Cette exposition précoce à la théologie occidentale a non seulement favorisé une compréhension profonde du dogme religieux, mais a également instillé un scepticisme profond envers les systèmes de croyances institutionnalisés. Dans de nombreux cas, ces expériences formatrices ont placé Hesse à la croisée de la tradition et du désir de transcendance, où sa sensibilité artistique grandissante interagissait avec le poids de l'orthodoxie doctrinale. Sa vision nuancée du christianisme, ainsi que ses implications morales, apparaîtront plus tard comme un motif récurrent dans ses œuvres littéraires, ajoutant de la complexité à ses descriptions de la spiritualité humaine et à la quête persistante de sens. C'est, d'une manière générale, dans cet échange permanent entre révérence et scepticisme, foi et remise en question, que le parcours de Hesse vers l'indépendance spirituelle a commencé, préparant le terrain pour ses recherches philosophiques et existentielles.

Carrefour culturel : l'influence de la Suisse dès le plus jeune âge

Les années formatrices d'Hermann Hesse ont, d'une manière générale, été fortement influencées par le melting-pot culturel que l'on trouve en Suisse. Pour le jeune Hesse, la Suisse n'était pas seulement un lieu sur une carte, mais un lien métaphorique entre son milieu Souabe strict et une plus grande liberté intellectuelle et artistique (Bibliographie, 2022). Le paysage suisse, avec ses vues grandioses sur les Alpes et ses lacs sereins, contrastait fortement avec l'environnement restrictif de son enfance à Calw, ce qui lui a inculqué un sentiment d'émerveillement qui se reflétera dans ses œuvres ultérieures. C'est là que Hesse trouva du réconfort dans la nature, développant une appréciation de l'harmonie entre la beauté naturelle et la vie humaine, un thème récurrent dans ses écrits (Holl U, 2017).

Plus important encore, la Suisse devint un creuset pour les intérêts intellectuels naissants de Hesse, lui faisant découvrir diverses traditions philosophiques et intellectuelles. Bâle, ville cosmopolite, a servi de phare, l'attirant dans son environnement intellectuel dynamique. Dans ce terreau fertile, Hesse a eu accès à une multitude de philosophies orientales, qui ont eu une influence significative et ont déclenché sa quête personnelle d'harmonie spirituelle. Ce carrefour culturel a, dans la plupart des cas, représenté le cœur du malaise existentiel de Hesse, une agitation qui l'a poussé à explorer les complexités humaines.

Curiosités intellectuelles : rencontres avec les philosophies orientales

Le développement intellectuel précoce d'Hermann Hesse a été fortement influencé par son initiation aux philosophies orientales. À la fin du XIXe siècle et au début du XXe siècle, un intérêt croissant pour la pensée orientale s'est progressivement infiltré dans la culture et le monde universitaire occidentaux, suscitant une remise en question généralisée de la pertinence de ces philosophies. Cette vague de philosophies orientales, notamment celles provenant d'Inde et de Chine, a représenté un changement notable par rapport aux normes dominantes de la pensée philosophique et religieuse occidentale, créant un espace pour la discussion interculturelle et l'exploration intellectuelle (Exploring Past Images in a Digital Age, 2023). Les contrastes entre ces visions du monde ont éveillé la curiosité de Hesse, le conduisant à explorer intensément leurs subtilités.

Hesse a dévoré un large éventail de textes fondamentaux, tels que la Bhagavad Gita, les Upanishads et le Tao Te Ching, tous célèbres pour leurs réflexions profondes sur l'existence, la condition humaine et l'éveil spirituel. Parallèlement, Hesse a exploré des analyses savantes et des études comparatives qui ont éclairé ces systèmes anciens, soulignant le rôle essentiel de l'interprétation. Grâce à son engagement assidu dans l'étude de ces ouvrages, Hesse acquit une compréhension raffinée des principes fondamentaux et des divers points de vue de la pensée orientale, approfondissant ainsi ses propres fondements philosophiques. L'impact de ces premières rencontres avec les philosophies orientales imprégna profondément les écrits ultérieurs de Hesse, soulignant son intérêt pour la recherche de soi, la transcendance et l'interdépendance de toutes choses. En substance, l'immersion de Hesse dans la pensée orientale a déclenché une profonde quête introspective, façonnant ses valeurs et sa perspective personnelles, et l'amenant à remettre en question les croyances établies et à réexaminer son identité et ses convictions spirituelles. La convergence de la philosophie orientale et de la curiosité intellectuelle de Hesse a finalement abouti à une vision philosophique distincte qui a imprégné ses œuvres littéraires. En fin de compte, l'exposition de Hesse aux philosophies orientales a élargi son horizon intellectuel et a déclenché un changement fondamental dans sa perception de l'existence humaine, ouvrant la voie à son héritage durable en tant que figure majeure de la littérature existentielle, comme en témoigne l'impact durable de ses œuvres sur les penseurs et les écrivains postérieurs (Exploring Past Images in a Digital Age, 2023).

Provocations littéraires : première rencontre avec les œuvres canoniques

Les débuts de la vie d'Hermann Hesse ont été fortement influencés par son engagement dans la littérature classique, qui a profondément marqué son parcours intellectuel et artistique. Jeune homme, il s'est plongé dans la littérature allemande, explorant les grandes œuvres de Goethe, Schiller et Heine (Leving Y, 2019). Ces auteurs, avec leur sagesse poétique, leur talent de conteurs et leurs réflexions profondes, ont suscité chez Hesse un fort désir de découverte et d'expression littéraires. Cette période de lecture intense a montré à Hesse la remarquable capacité du langage et des histoires à transporter les lecteurs dans des mondes réels et imaginaires. Les classiques lui ont permis de mieux comprendre la nature humaine et l'ont inspiré, alimentant sa passion pour l'écriture. Chaque livre qu'il lisait lui révélait de nouveaux aspects de la narration, préparant le terrain pour ses futures contributions littéraires. Parallèlement, Hesse trouvait du réconfort dans la littérature mondiale, allant au-delà des œuvres allemandes.

Des introspections complexes de Dostoïevski aux observations sociétales de Tolstoï, Hesse était attiré par différentes voix provenant de divers lieux et époques (Knowledge, Spirit, Law, Book 1, 2018). Ses lectures variées l'ont exposé à de nombreuses cultures, remettant en question ses opinions et élargissant sa vision créative. De plus, son initiation au romantisme européen et au transcendantalisme, représentés par des figures telles qu'Emerson et Thoreau, l'a préparé à ses explorations philosophiques et existentielles. Le mélange d'idées littéraires et philosophiques dans ces œuvres a encouragé l'introspection et la découverte de soi, qui apparaîtront plus tard dans ses écrits, imprégnant ses histoires de réflexions existentielles.

D'une manière générale, l'initiation de Hesse à la littérature canonique a été une riche source d'inspiration, lui inculquant des compétences littéraires, un sens de l'observation réfléchi et un esprit de curiosité. Ces premières expériences ont éveillé en lui le désir de contribuer à l'héritage durable de la littérature, le poussant vers l'influence durable qu'il allait avoir sur le monde littéraire, du moins en apparence.

Nourrir les contradictions : entre conformité et individualité

Les années de formation de Hermann Hesse ont été marquées par une fascinante tension entre l'intégration et la différence, une tension souvent observée chez les esprits créatifs qui cherchent à se définir eux-mêmes dans le contexte des attentes de la société (Dinsmore BC, 2013). Ces attentes se heurtaient fréquemment à son sens de soi en développement, un paradoxe qui a profondément influencé son parcours personnel et son œuvre littéraire. Ayant grandi dans le cadre social de son époque, Hesse a été tiraillé entre le désir de se conformer aux traditions et celui d'embrasser ses inclinations inhérentes, reflétant ainsi une lutte universelle entre les exigences extérieures et les désirs intérieurs (Hames MPA, 2008). Ce conflit même est devenu une source d'inspiration pour ses explorations ultérieures de la conscience humaine et des questions existentielles.

Tout en essayant de répondre aux attentes de sa famille et de son entourage, il a également cultivé un fort désir d'indépendance et d'expression authentique ; cette dualité a marqué ses premières années et influencé ses créations ultérieures. Ces premières luttes entre conformisme et anticonformisme ont préparé le terrain pour les réflexions qui parsèment ses récits et ses méditations philosophiques, lui permettant finalement d'aborder des questions complexes d'identité et d'appartenance. En explorant la relation entre les pressions sociales et les aspirations individuelles, Hesse a commencé à démêler la nature multicouche de l'identité et les forces externes qui nous façonnent. Cette introspection a nourri une conscience aiguë de l'expérience humaine et la recherche constante d'authenticité dans un monde rempli de tensions contradictoires. La vision sensible de Hesse sur l'interaction entre la conformité et l'individualité est devenue un thème récurrent dans ses œuvres littéraires, invitant les lecteurs à réfléchir à la découverte de soi et à l'intégration sociale. Il a utilisé ses écrits pour inciter les gens à accepter leurs contradictions, les considérant comme des sources de créativité et de résilience, un hommage aux luttes qui alimentent l'art. Ainsi, cette exploration des tensions inhérentes révèle les forces durables qui ont propulsé le développement intellectuel et émotionnel de Hesse, conduisant à un héritage durable qui continue de résonner auprès du public, reflétant le dialogue permanent entre l'individu et le monde en général.

Découverte de l'art et de la musique : au-delà des mots à Bâle

Les explorations créatives d'Hermann Hesse, notamment dans l'environnement inspirant de Bâle, suggèrent que l'art et la musique sont profondément liés, offrant un moyen d'expression qui dépasse souvent les mots. L'exposition de Hesse à la riche culture de Bâle l'a amené à considérer les formes visuelles et auditives comme essentielles pour appréhender le soi et le monde en général. Cette imbrication des domaines artistiques souligne l'idée de Hesse selon laquelle l'expérience de l'art et de la musique au-delà des limites linguistiques est essentielle pour se connecter plus profondément aux dimensions spirituelles et émotionnelles de la vie. Cette perspective reflète les thèmes abordés dans le recueil de poèmes de guerre de Julius Bab, qui montre avec force les différents aspects de la vie humaine en période difficile, en révélant à la fois ses ombres et ses lueurs (Smith R, 2024).

De plus, alors que les archives cinématographiques et les institutions repensent leurs fonctions à l'ère numérique, on prend de plus en plus conscience de l'importance d'encourager l'interaction directe avec l'art et la musique, ce qui indique que ce type d'implication peut transformer notre approche de la recherche universitaire et du patrimoine culturel (Exploring Past Images in a Digital Age, 2023). En fin de compte, le parcours de Hesse à travers ces territoires artistiques souligne le rôle central que jouent les expériences sensorielles dans la découverte de soi, nous incitant à dépasser les activités purement intellectuelles pour nous engager plus pleinement dans le monde.

3
Rébellion et résilience
Se libérer de la tradition

Les germes de la dissidence

Les premières années de la vie de Hesse laissaient présager son mécontentement croissant face aux attentes de la société. Ayant grandi en Allemagne à la fin du XIXe siècle, il subissait le poids des pressions culturelles et familiales. Cette oppression exercée par les valeurs conventionnelles lui causait un profond malaise, un conflit intérieur qui allait plus tard transparaître dans ses livres. Sa forte volonté ne cadrait pas bien avec la structure sociale rigide, le conduisant à rechercher sans relâche la vérité et l'authenticité personnelles. Cet acte de défiance initial, né de ses premières rencontres avec la conformité, a semé les graines d'une dissidence qui s'est développée avec l'âge. Son opposition inhérente aux normes sociales a constitué la base de sa future rébellion, révélant le conflit entre les attentes et son besoin croissant d'indépendance. Cette division entre conformisme et rébellion a influencé tous les aspects de son éducation, nourrissant une forte détermination à remettre en question les normes et à forger une identité unique . Ces premiers signes de non-conformisme ont marqué le début d'une lutte permanente contre les forces qui cherchaient à étouffer son essence, conduisant à une vie caractérisée par la résistance et l'endurance.

Attentes culturelles et familiales : le manteau oppressant

L'éducation de Hesse, imprégnée de traditions et de normes sociales, l'a soumis à des attentes culturelles et familiales considérables (Jorge J Sanchez, 2022). Ces cadres comportementaux rigides, semblables à un poids oppressant, étouffaient l'expression individuelle et favorisaient la conformité, une vision conforme aux théories de la suppression culturelle qui soutiennent que de telles impositions peuvent nuire considérablement à la formation de l'identité (Jorge J Sanchez, 2022). Ayant grandi dans un environnement patriarcal, Hesse a été confronté à des rôles de genre prédéfinis, ce qui a ajouté à la pression de se conformer. Les coutumes familiales et sociales ont jeté une ombre sur ses premières années, influençant sa perspective et créant un sentiment croissant de mécontentement. Les notions de devoir, d'honneur et de conformité imprégnaient la vie quotidienne, créant une atmosphère étouffante qui laissait peu de place à la découverte de soi et à l'autonomie. Cette pression constante à se conformer pesait lourdement sur le jeune Hesse, le forçant à trouver un équilibre entre l'obéissance filiale et son désir d'autonomie individuelle.

La tension entre la tradition et l'identité personnelle est devenue un élément clé dans sa quête de réalisation de soi, alors qu'il cherchait à résister à un système qui marginalisait souvent l'expression individuelle. Les attentes entremêlées de la famille et de la culture ont créé un réseau d'obligations qui menaçait d'écraser l'esprit de Hesse et d'éclipser ses aspirations créatives. Par conséquent, ce thème général des contraintes culturelles et familiales est devenu un motif dominant dans sa jeunesse, agissant comme un creuset qui a finalement façonné sa nature rebelle et renforcé sa détermination à se forger un chemin non conventionnel, remettant en question les récits dominants qui cherchaient à le définir.

L'éducation comme catalyseur : rencontres avec l'autorité institutionnelle

Les débuts de la vie intellectuelle de Hesse se sont déroulés dans les limites de l'enseignement traditionnel, où s'intégrer semblait souvent plus important qu'être soi-même. Ces rencontres avec des figures d'autorité ont marqué un tournant, déclenchant une rébellion personnelle contre les attentes de la société, un thème que l'on retrouve également dans les discussions sur le bien-être émotionnel et la croissance (Daou F et al., 2023). Jeune étudiant sensible, Hesse a eu du mal à s'adapter à des systèmes scolaires rigides qui tentaient de l'orienter vers des voies spécifiques, provoquant un conflit intérieur entre ses convictions personnelles et les pratiques éducatives standard. La nature stricte de la vie scolaire allait à l'encontre de sa curiosité et de son indépendance grandissantes, préparant le terrain pour de grands changements. Lors de ses études, Hesse se sentait accablé par la conformité et la discipline, qui étouffaient souvent sa créativité et son esprit critique. Ces premiers conflits ont alimenté un mécontentement croissant, le poussant à s'interroger sur le véritable objectif et les limites de l'éducation formelle, tout comme H.H. dans Le Voyage en Orient réfléchit à la manière de relever les défis de la vie (Roberts P, 2020).

En réfléchissant et en explorant de nouvelles philosophies, il a commencé à se forger ses propres idées sur l'autorité et son rôle dans le développement personnel et intellectuel. Au fur et à mesure que Hesse avançait dans sa vie universitaire, le conflit entre ses idéaux et le système éducatif est devenu plus flagrant. Cela l'a conduit à trouver du réconfort dans la littérature, un refuge pour sa rébellion grandissante et ses pensées personnelles. Dans les livres classiques et auprès de ses contemporains, il a trouvé la force de contester et de s'exprimer, jetant ainsi les bases de ses œuvres littéraires ultérieures. L'impact de ces rencontres avec l'autorité fut profond, façonnant la résistance de Hesse à la conformité et à l'enseignement traditionnel. Ses luttes intellectuelles au sein du monde universitaire reflétaient le combat plus large des individus confrontés aux attentes de la société et cherchant à s'exprimer véritablement. En fin de compte, ces expériences ont semé les graines de la quête incessante de Hesse pour la liberté intellectuelle et artistique, pierre angulaire de son esprit rebelle.

La crise spirituelle et intellectuelle : remettre en question les normes

Hermann Hesse, plongeant profondément dans une remise en question quelque peu turbulente de ce qui était généralement accepté, entra dans une crise spirituelle et intellectuelle qui eut un impact profond sur ses opinions artistiques pendant de nombreuses années. Ses aspirations intuitives se heurtaient aux attentes de la société, et Hesse se lança alors dans un voyage intérieur, dans l'espoir de démêler les subtilités de la vérité existentielle (Hussain R et al., 2024). Cette crise n'était pas un caprice, mais découlait de sa détermination à remettre en question le statu quo. Son être était intrinsèquement lié au mécontentement, l'incitant à regarder au-delà de la conformité. Il a vivement contesté les dogmes, se débattant avec l'idée de l'action individuelle face à des paradigmes rigides et remarquant le fossé entre la croissance personnelle et institutionnelle. Ce conflit est devenu une exploration poignante du métaphysique, le poussant vers l'illumination et la réalisation de soi. Au-delà de la sagesse conventionnelle, Hesse a examiné la philosophie, la spiritualité et la psychologie, cherchant du réconfort au milieu de la discorde qui l'entourait (Exploring Past Images in a Digital Age, 2023). Son âme est devenue un creuset, alchimisant des idéologies disparates, démantelant et reconstruisant sa vision du monde avec une ténacité intrépide. Au cours de cette quête, ses compétences littéraires se sont développées, alimentées par son désir de décrire les subtilités de la conscience humaine et de la transcendance.

En examinant l'existence, Hesse a été confronté à la lutte entre le charnel et l'éthéré, sondant la tension entre l'enfermement mondain et la liberté. Son introspection a nourri son scepticisme et sa fascination, déconstruisant les doctrines vénérées tout en assimilant la sagesse des visionnaires. Grâce à son introspection et à ses dialogues avec des intellectuels influents, il a tissé une tapisserie de pensées qui défiait les frontières, formant le fondement de ses œuvres ultérieures. La divergence de Hesse par rapport à la pensée orthodoxe n'était pas nihiliste, mais un effort sincère pour ressusciter des vérités oubliées et réconcilier la dissonance de la psyché. Il s'est débattu avec les paradoxes, avec l'harmonie discordante entre la raison et l'intuition. Reflétant le malaise philosophique de son époque, sa rébellion contre la complaisance intellectuelle a déclenché une épiphanie incandescente qui a illuminé son chemin vers l'importance littéraire.

Influence des penseurs contemporains : sources d'inspiration

Hermann Hesse, en proie à sa propre crise spirituelle et intellectuelle, s'est découvert une attirance pour les idées de divers penseurs de son époque. Son vif intérêt pour le savoir l'a amené à s'intéresser aux concepts révolutionnaires de Sigmund Freud, ainsi qu'aux réflexions de Friedrich Nietzsche sur l'existentialisme. La critique de Nietzsche à l'égard des valeurs traditionnelles et l'importance qu'il accordait à la moralité individuelle ont trouvé un écho chez Hesse, semant ainsi les graines d'une rébellion contre les normes sociales, un thème qui rejoint en quelque sorte l'idée de *communitas* de Victor Turner (Sajewska D, 2021). Cette influence est manifeste dans l'exploration par Hesse de la lutte de l'individu contre la conformité. Les théories psychanalytiques de Freud ont également apporté à Hesse des connaissances précieuses sur la psyché, qui se sont ensuite manifestées dans ses descriptions nuancées des émotions humaines dans ses œuvres. Il convient également de noter que l'influence profonde des philosophies orientales et du concept d'illumination, en particulier les enseignements de Bouddha, tels qu'ils sont articulés dans un contexte new age, met en évidence les nombreuses couches que Hesse a intégrées dans son exploration de la croissance spirituelle (Jacobs BJ, 2020).

Défier les conventions : actes de rébellion personnelle et littéraire

Le cheminement de Hermann Hesse vers la renommée littéraire n'a pas été linéaire ; il a été ponctué d'actes de rébellion importants, tant sur le plan personnel que dans son art. Il s'est activement opposé aux contraintes rigides de la tradition et aux attentes de la société, et cette résistance s'est manifestée dans de nombreux domaines de sa vie. Fondamentalement, Hesse rejetait les limitations de la liberté individuelle et de l'expression créative, ce qui a ouvert la voie à un changement significatif dans son style littéraire, reflétant les grandes tendances culturelles du début du XXe siècle (Vandiver E et al., 2010). Cette divergence audacieuse par rapport aux normes de son époque se manifeste dans sa quête persistante d'authenticité et d'expression personnelle sincère, thème récurrent dans l'ensemble de son œuvre. Les écrits de Hesse témoignent de son engagement à remettre en question les conventions et à tracer sa propre voie dans la littérature, incarnant la recherche de la vérité personnelle et de l'autonomie individuelle (B H Barlow, 1990).

Parallèlement à son écriture, Hesse s'est également lancé dans un parcours personnel de rébellion, remettant en question les normes sociales et les croyances établies qui cherchaient à l'enfermer dans un carcan. Il a exploré des modes de vie alternatifs, des pratiques spirituelles et différentes idées philosophiques, évitant consciemment la conformité et s'aventurant dans des territoires inconnus qui ont façonné son identité et sa vision du monde. Ces actes de rébellion personnels ont non seulement influencé ses récits, mais ont également suscité un débat plus large sur l'autonomie et la liberté d'action individuelles. De plus, la rébellion de Hesse s'est manifestée dans ses interactions avec les institutions établies et les figures d'autorité. Son refus constant de se conformer à l'éducation traditionnelle et aux activités intellectuelles a mis en évidence son engagement à suivre une voie non conventionnelle. En contournant les voies académiques conventionnelles et en embrassant des influences diverses, Hesse a canalisé sa nature rebelle dans son travail créatif, transcendant les normes et les paradigmes littéraires établis. Cet esprit de rébellion imprègne ses œuvres les plus importantes, incitant les lecteurs à embrasser la non-conformité et à cultiver leur propre autonomie.

L'héritage durable de Hesse en tant qu'icône littéraire est inextricablement lié à sa défiance inébranlable envers les forces oppressives de la tradition et de l'uniformité, reflétant à la fois les désirs individuels et collectifs de liberté. Ses récits reflètent une profonde croyance dans le pouvoir transformateur de la rébellion, inspirant des générations à remettre en question le statu quo et à créer leurs propres chemins uniques. La résonance de l'esprit rebelle de Hesse continue de souligner l'importance durable de défier les conventions et d'embrasser le pouvoir libérateur de l'autonomie individuelle, encourageant l'exploration continue de l'expression créative dans les limites imposées par la société (Vandiver E et al., 2010 ; B H Barlow, 1990).

Le tournant : sacrifices personnels et résilience

La vie d'Hermann Hesse a atteint un point critique à une époque marquée par de grands sacrifices personnels et une grande résilience. Cette période, comme Montaigne pourrait l'observer en examinant la nature humaine (Daou F et al., 2023), a véritablement capturé son esprit rebelle et sa volonté de se trouver lui-même. Hesse a dû faire un choix important entre s'intégrer et rester fidèle à lui-même, à l'instar des personnes marginalisées confrontées à des systèmes injustes (Jorge J Sanchez, 2022), alors que la société rejetait fortement ce qu'elle attendait de lui. En cette période de changement, Hesse était profondément déchiré, luttant pour trouver un équilibre entre ce que sa famille traditionnelle attendait de lui et son désir de développer ses propres opinions artistiques et philosophiques. Cette lutte a finalement inspiré ses œuvres, qui reflètent à la fois ses conflits intérieurs et ses commentaires sur la société.

Gérer les pressions extérieures : trouver l'équilibre entre conformité et liberté

Hermann Hesse, pendant une période de bouleversements au début du XXe siècle en Europe, a été confronté à un défi personnel. Les normes sociales, voyez-vous, différaient souvent de ce qu'il souhaitait pour lui-même. Cette exigence de conformité dans son environnement a créé un obstacle difficile à surmonter pour son individualisme naissant ; ce concept est étroitement lié à la notion idéaliste d'œuvre musicale, où les créations artistiques s'affranchissent des limites temporelles (Lindal JL, 2024). Immergé dans le conservatisme culturel et les attentes familiales, Hesse a subi des pressions pour se conformer à des rôles prédéfinis. Confronté à ces attentes extérieures, il s'est lancé dans un voyage à la recherche de lui-même, trouvant un équilibre délicat entre conformité et liberté personnelle. Cet équilibre délicat entre la pression sociale et la liberté individuelle a été déterminant dans le parcours créatif de Hesse. Confronté aux attentes du monde universitaire, de sa famille et de la société, Hesse a lutté contre la tension entre l'acceptation et l'expression authentique de soi, une lutte partagée par d'autres figures importantes de l'époque qui défendaient la pensée individuelle (Massey I, 2018). L'interaction entre ces idées opposées a forgé une forte détermination et l'a poussé à se détacher des normes sociales. Malgré le climat de désapprobation, la quête de liberté intellectuelle de Hesse témoigne de sa détermination à tracer sa propre voie malgré les pressions extérieures.

Résolution intérieure : le cheminement vers l'autodétermination

Le cheminement d'Hermann Hesse vers l'autodétermination, une évasion difficile de la tradition, a été fortement influencé par sa forte résolution intérieure, reflétant une lutte commune entre les désirs personnels et les normes sociales. Cette période a été marquée par une profonde introspection et un développement identitaire, soulignant la difficulté de trouver un équilibre entre les exigences extérieures et la recherche d'authenticité, un thème également exploré par des philosophes tels que Thomas Hobbes, qui a remis en question la sagesse conventionnelle pour promouvoir la pensée individuelle (DUCHEYNE S et al., 2014).

Au milieu des attentes de la société, Hesse a cherché à définir sa place unique, démontrant la tension psychologique importante que peuvent produire les efforts créatifs, similaire aux difficultés rencontrées dans les structures sociales coréennes rigides qui privilégient la tradition à l'expression individuelle . En fin de compte, le dévouement de Hesse à créer son propre destin est devenu le fondement de son développement personnel et littéraire, soulignant le rôle essentiel de l'action individuelle dans la recherche d'un moi authentique au milieu des pressions extérieures.

La force intérieure d'Hermann Hesse est née d'un mélange complexe de résistance, d'introspection et de détermination sans faille. Des penseurs tels que Carl Jung et Hans Jonas (Shah H et al., 2024) y ont vu le résultat des troubles de l'Occident moderne. Il était convaincu qu'il devait être fidèle à lui-même et suivre sa propre voie, même si la société n'approuvait pas, un sentiment qui transparaît dans ses récits sur l'identité et la découverte de soi, comme Demian (Shah H et al., 2024). Il a passé beaucoup de temps à s'introspecter, à éliminer les couches d'attentes qui cachaient sa véritable personnalité. Cette découverte de soi a donné naissance à un esprit très indépendant qui n'aimait pas qu'on lui dise quoi faire et qui était prêt à faire preuve de créativité. Hesse a montré sa détermination de nombreuses façons, qu'il s'agisse de remettre en question ce qui était considéré comme normal ou de se consacrer pleinement à sa carrière d'écrivain, ce qui correspond à l'idée gnostique de dépasser les attentes de la société (Shah H et al., 2024). Sa persévérance l'a aidé à réaliser son potentiel et à s'exprimer artistiquement.

À une époque où les règles sociales étaient strictes, la force intérieure de Hesse a été un phare qui l'a aidé à traverser les moments de doute et de critique. Elle lui a donné le courage de faire face au doute et à la désapprobation, ce qui a permis à son talent d'écrivain de s'épanouir. Grâce à sa persévérance constante, Hesse a développé une source de force qui lui a permis de résister à la pression de se conformer et de suivre plutôt sa propre voie. Cette période d'autodétermination montre ce qu'était l'esprit de Hesse : une démonstration de la façon dont une persévérance inébranlable peut changer une personne qui poursuit son véritable objectif. Lorsque nous explorons le monde intérieur de Hesse, nous le voyons se trouver et développer une forte volonté. Cela l'a poussé à atteindre le sommet de ses capacités créatives et a ouvert la voie à son influence littéraire durable, qui est le reflet de ses expériences personnelles et des thèmes gnostiques (Kwiatkowski F, 2023).

Transition vers l'émergence littéraire : jeter les bases de Peter Camenzind

L'entrée d'Hermann Hesse dans le monde littéraire a représenté un moment vraiment crucial dans sa vie, car il a commencé son parcours littéraire. Ses expériences personnelles, sa profonde introspection et son malaise croissant face aux normes sociales l'avaient préparé à abandonner la tradition et à jeter les bases de ce qui allait devenir son livre important, Peter Camenzind. Cette transition était multiforme, car Hesse voulait vraiment capturer la nature complexe de la vie humaine, la détresse émotionnelle et un profond désir de liberté personnelle dans ses récits. Au cours de cette période, ses propres luttes personnelles et ses questionnements philosophiques se sont combinés de manière significative, conduisant finalement à la création d'un personnage principal qui partageait sa propre quête de découverte de soi. Au-delà de cela, la période d'éveil littéraire de Hesse a intégré ses diverses inspirations culturelles, ses tendances spirituelles et ses explorations intellectuelles, qui se sont toutes consolidées pour former la voix distincte et les thèmes centraux que l'on retrouve dans Peter Camenzind.

La résistance inhérente de Hesse aux restrictions sociales, associée à son esprit fort, a cultivé l'environnement créatif qui allait finalement produire son premier roman. Simultanément, son désir ardent de se libérer des valeurs traditionnelles s'est transformé en un mélange détaillé de pensées existentielles, ouvrant finalement la voie à un récit qui allait au-delà de la simple narration pour devenir une exploration profonde de l'expérience humaine. De plus, les thèmes fondamentaux de Peter Camenzind sont issus des expériences interconnectées de Hesse avec la nature, de ses réflexions sur la solitude et de l'impact significatif de l'individualisme face à la pression de la société. En explorant l'esprit de son personnage principal, Hesse a réfléchi à l'interaction complexe entre la liberté personnelle et les exigences de la société, reflétant son propre cheminement vers l'indépendance artistique et émotionnelle. Ainsi, cette transition vers l'émergence littéraire constitue une scène essentielle où Hesse a exprimé sa philosophie en développement et a esquissé la subtile interaction entre la rébellion, la résilience et l'esprit humain persistant qui imprègne son œuvre la plus importante, Peter Camenzind .

4

L'éveil d'un écrivain

Les débuts du succès littéraire avec « Peter Camenzind »

La genèse d'une voix littéraire : réflexions et inspirations

Les premières incursions de Hesse dans la littérature sont nées d'une quête profondément personnelle, et souvent troublante, de compréhension de soi, un thème qui continue de résonner dans les recherches artistiques modernes sur l'identité au milieu du désordre des activités créatives. Ses premières tentatives d'écriture ont servi de terrain d'essai pour son style distinctif, remarquable par son examen introspectif de l'être humain et sa recherche incessante de sens. Influencé par ses propres expériences de détachement et de déception, Hesse s'est plongé dans la créativité et l'expression, cherchant à transmettre les subtilités de l'esprit humain à travers son œuvre, une quête qui reflète les difficultés rencontrées par de nombreux artistes à une époque marquée par des changements sociaux rapides (Blady S, 2021).

Les origines de son style littéraire se trouvent dans un fort désir d'authenticité et un besoin profond de confronter les questions existentielles auxquelles il a été confronté très tôt dans sa vie. Inspiré par la pensée existentielle, le mysticisme et la nature, Hesse s'est lancé dans un voyage de découverte de soi qui s'est manifesté dès les premières étapes de sa production littéraire. Ses premières œuvres, qui portent clairement les marques de son monde intérieur chaotique, explorent les contrastes entre le bonheur et la tristesse, l'amour et le désespoir, ainsi que la quête d'individualité face aux pressions sociales. Hesse a tenté de redéfinir les limites de l'expression littéraire en combinant des aspects du romantisme, du symbolisme et de l'esthétique d'avant-garde, donnant ainsi voix aux conflits intérieurs et aux objectifs qui ont caractérisé ses années de formation. Ses interactions avec diverses influences culturelles et idées philosophiques ont donné naissance à un ensemble vibrant de pensées et de visions, le conduisant à créer une œuvre littéraire réputée pour sa profonde compréhension de l'expérience humaine.

Hesse a jeté les bases de ses œuvres ultérieures à travers un mélange complexe d'histoires, d'allégories et de métaphores, créant un langage qui a touché des lecteurs de toutes les générations. Cette période initiale d'expérimentation littéraire a non seulement démontré les talents naissants d'un jeune écrivain, mais a également laissé présager le parcours productif et transformateur qui l'attendait, consolidant la place de Hesse en tant que figure durable de la littérature mondiale, dont les écrits continuent d'inspirer et de interpeller les lecteurs (Blady S, 2021).

Forger une identité : les premières expériences littéraires de Hesse

Les débuts de la carrière littéraire d'Hermann Hesse ont été marqués par une période fascinante de découverte de soi. Ses premières incursions dans l'écriture offrent un aperçu intéressant de la manière dont un écrivain se développe tout en étant confronté à des questions existentielles. Son expérience reflète les changements adaptatifs nécessaires dans la formation moderne en sciences naturelles. Ces explorations ont non seulement ouvert la voie à ses œuvres ultérieures, mais lui ont également permis d'aborder les questions existentielles fondamentales qui définissent sa production artistique. Fortement influencées par sa vie personnelle mouvementée et le climat socioculturel de l'époque, les premières œuvres de Hesse ont constitué un terrain d'expérimentation créatif qui lui a permis de forger son identité artistique. Cela reflète l'idée plus large d'expression créative unique que les archives visent à préserver dans le monde numérique d'aujourd'hui (Exploring Past Images in a Digital Age, 2023).

Embrassant l'esprit du romantisme tout en remettant en question les normes établies, les expériences de Hesse témoignent de sa tentative audacieuse de se créer une place distinctive dans le monde littéraire. Il s'est inspiré de la nature, de la pensée existentielle et du cœur même de l'expérience humaine. Les premières œuvres de Hesse ont mis en évidence sa recherche persistante de liberté spirituelle et d'authenticité. Dans ses écrits, il a voulu démêler la nature complexe de l'esprit humain tout en abordant le fossé entre la lutte intérieure et l'élévation spirituelle. En explorant les thèmes de l'isolement, du désir et de la quête d'un but, Hesse a habilement créé des récits détaillés qui reflétaient ses désirs et ses conflits personnels. Cette période expérimentale a mis en évidence le courage de Hesse à aller à l'encontre des règles littéraires établies et à se forger un chemin profondément personnel et significatif, laissant entrevoir la profondeur honnête qui définirait son œuvre mature.

Naviguer sur le marché : les obstacles à la publication

L'émergence d'Hermann Hesse en tant qu'auteur ne s'est pas faite sans obstacles, notamment pour comprendre le monde de l'édition. Avant d'acquérir une renommée littéraire, Hesse a dû faire face à diverses difficultés qui ont mis à l'épreuve sa détermination et ses idées créatives, ce qui reflète les difficultés rencontrées par de nombreux nouveaux écrivains. En essayant de partager son travail, il a dû composer avec les attentes des éditeurs, qui exerçaient souvent un pouvoir important sur les écrivains émergents, une situation similaire à la tension entre ambition artistique et sens des affaires que l'on observe dans l'analyse littéraire moderne (Daou F et al., 2023). La concurrence sur le marché a ajouté d'autres défis, obligeant Hesse à faire face à un éventuel rejet et à des doutes, fréquents chez les auteurs débutants, soulignant les difficultés à s'imposer dans le monde littéraire (Cheung CHT, 2021). Ce mélange d'objectifs artistiques et de réalité commerciale montre les problèmes réels auxquels sont confrontés les auteurs qui tentent de se lancer dans le monde imprévisible de l'édition.

Pendant cette période cruciale, Hesse a dû faire face au problème récurrent de l'équilibre entre la vérité artistique et l'attrait du marché. Trouver un éditeur pour ses premières œuvres a nécessité des négociations minutieuses et une forte volonté. À chaque soumission, Hesse a dû naviguer dans les eaux tumultueuses du rejet et des révisions, améliorant ses compétences tout en résistant à la tentation de faire des compromis, un élément important pour conserver son identité créative malgré les pressions extérieures.

Le tiraillement constant entre la vision artistique et les exigences du marché met en lumière les difficultés liées au partage de la littérature, révélant le chemin difficile que Hesse a parcouru lors de ses premières années en tant qu'écrivain. De plus, la publication a créé des situations difficiles pour préserver la voix littéraire unique de Hesse. La possibilité d'ingérence des éditeurs et de compromis commerciaux pesait lourdement, exigeant un équilibre délicat entre protection et adaptation, semblable à ce que de nombreux auteurs doivent affronter lorsqu'ils tentent de préserver l'authenticité de leurs récits. Hesse s'est efforcé de conserver la profondeur émotionnelle et la richesse philosophique de ses récits tout en composant avec les goûts et les tendances dominants du monde littéraire, un phénomène essentiel pour comprendre les attentes culturelles en matière de littérature. Cette lutte reflète le conflit permanent entre l'expression artistique individuelle et l'acceptation du public, soulignant la complexité de la production d'un chef-d'œuvre littéraire dans le contexte incertain de l'édition. De plus, le difficile processus de publication était étroitement lié à la nécessité de trouver sa place sur un marché saturé d'auteurs en quête de reconnaissance.

Hesse a dû relever le défi de se démarquer dans une mer de voix, en essayant d'attirer l'attention des lecteurs et des critiques. Cet effort nécessitait un positionnement stratégique, un réseau et la création d'une image de marque unique, un processus difficile exigeant de la persévérance et de l'originalité, reflétant les défis plus larges de la carrière littéraire. Rétrospectivement, le monde complexe de l'édition a présenté de réels obstacles sur le chemin du succès littéraire de Hesse, le forçant à jongler entre les attentes des éditeurs, la vérité artistique et l'engagement des lecteurs. Son succès face à ces défis prouve la force de la créativité et de la résilience, faisant écho aux épreuves rencontrées par de nombreux auteurs à travers l'histoire.

Succès critique et accueil du public : un tournant

Les œuvres de Hermann Hesse, en particulier au début du XXe siècle, ont été très bien accueillies par la critique et ont trouvé un large écho auprès du public ; ce fut un moment clé de sa carrière et, sans doute, de la littérature moderne elle-même. Son mélange de philosophie orientale et d'approches littéraires occidentales a touché une corde sensible, encourageant l'introspection et la recherche d'un sens qui semblait pertinent dans un contexte de changements rapides. D'importants critiques et figures littéraires ont commencé à remarquer sa voix narrative distinctive et la profondeur de ses thèmes, ce qui a progressivement élevé ses œuvres au rang de classiques littéraires. À chaque nouveau roman, son œuvre attirait davantage l'attention et les éloges, reflétant les questions existentielles auxquelles étaient confrontées les personnes dans un contexte sociopolitique turbulent.

Le lien entre le public et les voyages intérieurs de Hesse et sa représentation honnête de soi offrait une sorte de perspective thérapeutique, permettant aux individus d'interpréter leurs propres combats avec leur identité et leur raison d'être, et consolidant son statut de figure importante dans l'exploration de la condition humaine. Cette combinaison d'éloges de la critique et d'attrait populaire a consolidé l'impact durable de Hesse et a permis à des écrivains ultérieurs d'explorer des thèmes similaires. Au fil du temps, à mesure que ses écrits ont été de plus en plus acceptés, ils ont suscité des discussions sur la valeur de l'exploration intérieure et la recherche de sens. Cela a ensuite attiré un public mondial qui a dépassé les frontières nationales et culturelles, mettant en évidence un désir universel de compréhension de soi qui persiste encore aujourd'hui (Lyudmila V Gribina et al., 2024).

L'importance et l'impact de « Peter Camenzind »

Le roman de Hermann Hesse, Peter Camenzind, a suscité un intérêt considérable, d'une manière générale, en raison de son regard plutôt introspectif sur la condition humaine, le tout dans le cadre des paysages attrayants de la Suisse (Veneration and Revolt, 2011). Il a trouvé un écho auprès des lecteurs et des critiques, propulsant Hesse sous les feux de la rampe en tant qu'écrivain connu pour sa prose lyrique et ses réflexions profondes. Les éloges de la critique ont mis en évidence la capacité de Hesse à imprégner ses récits d'une profondeur allégorique et de courants philosophiques, qui témoignaient de son talent littéraire (Roberts P, 2009). Les critiques ont salué les descriptions évocatrices de la nature, la quête de solitude du protagoniste et ses réflexions profondes sur la découverte de soi, qui étaient en effet particulièrement frappantes par leur résonance émotionnelle et intellectuelle. Hesse a habilement capturé un désir universel de sens, ce qui lui a valu des éloges pour sa description de l'expérience humaine.

De plus, l'accueil réservé à *Peter Camenzind* a propulsé Hesse, de manière quelque peu soudaine, à une position de premier plan dans les cercles littéraires. Les lecteurs ont été captivés par les thèmes poignants du roman et le difficile parcours du protagoniste vers la réalisation de soi, qui reflétaient une expérience humaine plus large transcendant, à bien des égards, les frontières culturelles. Sa prose éloquente et sa narration poignante ont trouvé un écho auprès d'un large public, ce qui a contribué à la renommée croissante de Hesse. Le succès du roman a non seulement établi Hesse comme une voix littéraire importante, mais il a également ouvert la voie à de futures œuvres, continuant à captiver et à inspirer les lecteurs pendant des générations.

Au-delà de la simple reconnaissance, *Peter Camenzind* a servi de catalyseur à l'exploration continue des idées par Hesse : le conflit entre les désirs individuels et les exigences de la société, les possibilités de transformation offertes par la nature, mais aussi la recherche de l'authenticité. L'influence du roman s'est étendue bien au-delà de sa publication initiale, préparant véritablement le terrain pour les chefs-d'œuvre ultérieurs de Hesse, chacun imprégné d'une éthique contemplative qui trouve encore aujourd'hui un écho dans les conversations littéraires. *Peter Camenzind* a annoncé le succès littéraire de Hesse ; son impact durable a souligné la résonance de ses explorations thématiques et de son talent narratif, contribuant à un héritage littéraire durable. Les éloges de la critique et l'engouement du public pour l'œuvre ont consolidé la réputation de Hesse en tant que conteur de l'esprit humain, et les graines d'un héritage littéraire durable, qui intriguera autant les universitaires que les lecteurs, ont été semées.

Thèmes et motifs : nature, solitude et découverte de soi

L'œuvre d'Hermann Hesse revient souvent sur la nature, la solitude et le cheminement vers la découverte de soi. Dans *Peter Camenzind*, nous voyons ces idées se rejoindre, illustrant le profond respect de Hesse pour la façon dont les humains existent dans le monde qui les entoure ; une idée qui est également soutenue par la notion d'évolution des besoins en matière de formation éducative, telle qu'elle est décrite dans diverses discussions sur les sciences naturelles. La nature n'est pas seulement un décor ; c'est là que Peter trouve un réconfort émotionnel et qu'elle fait partie intégrante de sa quête d'identité et du sens de la vie. Hesse montre comment la nature nous transforme, en utilisant des images fortes de la terre et des saisons. Elle pousse Peter à se tourner vers son for intérieur et à se sentir renouvelé, un peu comme le dialogue d'une œuvre musicale et son contexte (Lindal JL, 2024). Il y a ensuite la solitude, qui est essentielle. Peter utilise son temps seul pour réfléchir profondément, renforçant ainsi son lien avec la nature. Hesse semble penser que nous avons besoin de cette recherche intérieure pour grandir. De plus, le voyage de Peter consiste à se trouver lui-même, un thème sur lequel Hesse revient sans cesse. Nous voyons à quel point il est difficile de devenir qui nous sommes vraiment lorsque la société a ses propres attentes. Ce trio - la nature, la solitude et la recherche de soi - illustre les grandes idées de Hesse. Il nous invite à réfléchir à notre désir à tous de nous intégrer et de nous comprendre nous-mêmes. Au fur et à mesure que l'histoire progresse, ces thèmes s'entremêlent, créant une réflexion profonde sur notre lien avec notre propre esprit et le monde qui nous entoure. Cela reflète la vision durable de Hesse sur ce que signifie être humain et sur la façon dont se trouver soi-même peut nous sauver.

Étude des personnages : les échos autobiographiques du protagoniste

Peter Camenzind, en tant que personnage, porte clairement les échos de Hermann Hesse lui-même, comme l'ont souligné les spécialistes de Hesse (Khan R et al., 2024). En examinant de près l'histoire de Camenzind, on constate des similitudes avec la quête identitaire de Hesse, ses luttes intérieures et ses tentatives pour comprendre les choses à un niveau plus profond. Ces thèmes apparaissent souvent dans les écrits de Hesse (Shah H et al., 2024). Camenzind, dépeint comme un jeune écrivain réfléchi, reflète les défis et les objectifs personnels de Hesse à ses débuts. Cela met en évidence le lien étroit qui unissait Hesse à ses personnages et à leurs grandes questions sur la vie. Le désir du personnage principal d'être authentique et de se connecter à la nature reflète l'amour de Hesse pour la solitude et son lien avec le monde naturel, à l'image de ce que Hesse a vécu et cru. De plus, les relations de Camenzind reflètent les interactions et les sentiments de Hesse, offrant un aperçu des pensées intimes de Hesse alors qu'il était confronté à des émotions complexes telles que l'amour et la perte. En examinant attentivement l'évolution psychologique de Camenzind, nous découvrons les conflits internes et les idées philosophiques de Hesse, qui se mêlent pour former une histoire riche. Cette relation étroite entre le personnage et l'auteur révèle l'interaction entre la réalité et l'imagination, donnant un aperçu du talent artistique et des pensées philosophiques de Hesse qui approfondissent notre appréciation de son œuvre.

En explorant le parcours et les luttes de Camenzind, nous découvrons des détails subtils et des questions existentielles qui reflètent la crise existentielle et la croissance spirituelle de Hesse, capturant ainsi l'essence même de ses explorations littéraires. Le parcours du protagoniste devient pour Hesse un moyen d'explorer ses propres émotions, croyances et désirs, brouillant les frontières entre réalité et fiction et invitant le lecteur à explorer de manière intime l'identité et le sens de la vie. C'est dans ces fils entrelacés de révélation de soi et de conflit intérieur que l'écriture de Hesse brille, illuminant l'expérience humaine et la quête perpétuelle de sens. Le parcours de Camenzind reflète la recherche d'authenticité, d'expression artistique et d'exploration philosophique de Hesse, trouvant un écho chez ses contemporains et reflétant des changements culturels plus larges. À travers ce réseau d'échos autobiographiques, le lecteur est invité à un voyage introspectif profond, reflétant les luttes et les triomphes qui caractérisent la condition humaine dans les œuvres de Hesse. En plongeant au cœur de Camenzind, nous obtenons un portrait intime de l'intériorité de Hesse, naviguant entre l'amour, la perte et le désir existentiel, à la croisée de l'art et de la vulnérabilité, enrichissant notre compréhension des complexités de la psyché humaine.

Fondements philosophiques : influences de Nietzsche et du romantisme

Lorsque l'on examine la carrière d'écrivain de Hermann Hesse, il est très important de réfléchir aux idées philosophiques profondes qui ont inspiré son œuvre. L'influence de Friedrich Nietzsche, ainsi que du mouvement romantique, est très claire. Ils donnent vraiment vie aux thèmes abordés dans les livres de Hesse, comme le soulignent certaines études modernes (Cercignani F, 2023). Les opinions plutôt radicales de Nietzsche sur l'individualité, la condition humaine et l'idée que les choses se répètent sans cesse ont trouvé leur place dans les récits de Hesse. Elles leur ont donné une dimension réfléchie et introspective, reliant les questions philosophiques de Hesse à celles de l'existentialisme. On peut vraiment voir ce lien entre Hesse et Nietzsche dans des livres comme Peter Camenzind, où le personnage principal cherche à trouver un sens à sa vie, ce qui fait écho aux idées de Nietzsche sur le fait de devenir la meilleure version de soi-même et le difficile parcours vers l'authenticité. Cela montre à quel point leurs idées étaient liées (Taxidou O, 2021).

De plus, les idées romantiques selon lesquelles la nature est belle et puissante, et que les émotions fortes méritent d'être célébrées, apparaissent également dans les écrits de Hesse, en particulier dans ses descriptions de paysages et dans la manière dont il explore les sentiments des personnages. Il est assez clair que le romantisme a façonné la manière dont Hesse décrit la nature et les expériences intenses de ses personnages. L'accent mis par le romantisme sur les problèmes intérieurs d'une personne et le désir d'être libre se reflète dans les combats psychologiques que mènent les personnages de Hesse. Cela souligne l'importance des thèmes romantiques dans son œuvre. La manière dont Hesse a combiné la philosophie de Nietzsche avec les idées romantiques crée une tension très intéressante dans ses récits, nous incitant à réfléchir profondément à la complexité de la vie. Un bon exemple est la façon dont il montre les combats intérieurs et les réflexions philosophiques de ses personnages, ce qui élève notre discussion sur les contributions de Hesse à la littérature et l'exploration de ce que signifie être humain.

Peter Camenzind va au-delà d'un simple récit initiatique ; c'est une exploration profonde, à la fois intellectuelle et émotionnelle, de ce que signifie être conscient, tout comme d'autres œuvres de Hesse telles que Demian et Le Voyage en Orient. Ces œuvres examinent avec soin les nuances de la recherche de soi et du devenir individuel (Shah H et al., 2024), (Roberts P., 2020). Hesse utilise magistralement ces fondements philosophiques pour remplir son écriture d'un mélange captivant d'introspection poétique, de symbolisme mystérieux et d'un sentiment de poids existentiel. Cela reflète le parcours psychologique complexe de ses personnages. C'est précisément grâce à cette interaction complexe d'idées philosophiques que Hesse forge sa voix littéraire unique. Il crée des histoires intemporelles qui transcendent le temps et touchent les lecteurs de tous âges, en réfléchissant à la quête permanente de l'humanité pour trouver un sens à sa vie dans un monde en constante évolution (Shah H et al., 2024 ; Roberts P., 2020).

Techniques littéraires : choix stylistiques et innovations

Hermann Hesse, dans Peter Camenzind, fait vraiment preuve d'un large éventail de techniques littéraires, révélant ses innovations révolutionnaires et ses choix stylistiques qui continuent de résonner (Lindal JL, 2024). Un aspect notable de l'approche de Hesse est son habileté à utiliser le symbolisme et la métaphore. Hesse utilise habilement des images symboliques pour capturer la profondeur émotionnelle et les idées philosophiques tout au long de l'œuvre. L'habileté de Hesse à tisser des couches de sens, du symbolisme de la nature aux relations humaines, enrichit l'expérience du lecteur, lui conférant une résonance profonde et une pertinence durable.

De plus, la structure narrative et le point de vue de Hesse sont exceptionnellement ingénieux, car il passe habilement d'une perspective à l'autre, mettant en lumière les différentes dimensions de la vie de ses personnages. Cette fluidité, associée à son exploration de multiples perspectives, invite les lecteurs à découvrir une riche tapisserie de vies et d'expériences interconnectées. Cette approche met en évidence la complexité de l'existence humaine et la maîtrise de Hesse dans la description des subtilités de la condition humaine d'une manière convaincante et nuancée, établissant des parallèles avec des questions existentielles plus larges dans le discours littéraire (Exploring Past Images in a Digital Age, 2023).

Une autre caractéristique est son utilisation innovante du langage et du style. Sa prose a une qualité lyrique, imprégnant le récit d'un rythme et d'une cadence envoûtants, capturant l'essence thématique et émotionnelle de l'histoire. Les incursions de Hesse dans des formulations non conventionnelles et des expérimentations linguistiques vont au-delà de la simple narration, élevant le récit au rang de symphonie littéraire qui résonne chez les lecteurs. La profondeur thématique et l'exploration des questions existentielles par Hesse sont tout aussi remarquables. À travers le développement poignant des personnages et des dialogues introspectifs, Hesse explore des questions profondes sur l'identité, le sens de la vie et l'esprit humain. Sa capacité à tisser harmonieusement ces fils dans la trame de sa prose illustre sa finesse dans la construction de récits qui transcendent le temps et l'espace, plongeant les lecteurs dans un voyage d'introspection. La fusion des techniques littéraires et des innovations de Hesse dans *Peter Camenzind* propulse l'œuvre au rang des réalisations intemporelles. Son mélange vivifiant de symbolisme, de structure narrative, de langage et de résonance thématique consolide son statut, inspirant des générations de lecteurs par sa prouesse artistique et son génie.

Contexte culturel : reflets de la pensée du début du XXe siècle

À l'aube des années 1900, l'Europe se trouvait en pleine mutation, connaissant des troubles politiques, des changements sociaux et de nouvelles idées. Hermann Hesse, clairement conscient de ce qui se passait, a intégré le sentiment général de cette époque dans son roman Peter Camenzind. Le livre a su capturer le sentiment d'inquiétude quant à l'existence et le désir d'authenticité qui étaient courants dans les discussions intellectuelles de l'époque, comme l'ont souligné certaines études récentes sur la culture d'après-guerre (Smith R, 2024). La description que fait Hesse de la Suisse rurale montre une nostalgie pour un mode de vie plus simple, en contraste avec la croissance rapide des usines et des villes. La quête d'identité et de sens de la vie du personnage principal reflétait un sentiment plus général de déception face au matérialisme et à la conformité, un sujet que les penseurs et les théoriciens ont largement abordé lorsqu'ils se sont penchés sur les idées du début du XXe siècle (Li X et al., 2023).

L'héritage de « Peter Camenzind » : préparer le terrain pour les œuvres futures

Les succès littéraires futurs d'Hermann Hesse se sont appuyés sur les bases posées par Peter Camenzind, dont l'impact dépasse largement sa publication initiale. Non seulement ce premier roman, un roman d'apprentissage qui résume parfaitement l'esprit de l'Europe du début du XXe siècle, reflète le parcours de l'auteur, mais il laisse également entrevoir les thèmes et les stratégies narratives qui caractériseront plus tard son œuvre. Dans cette œuvre cruciale, Hesse présente un protagoniste aux prises avec l'angoisse existentielle, un thème qui reviendra régulièrement dans ses écrits ultérieurs. Nous avons un aperçu de la perspective philosophique en développement de Hesse à travers l'exploration introspective de la nature, de la condition humaine et de la recherche de sens.

Hesse a pu expérimenter des structures narratives et des stratégies stylistiques dans Peter Camenzind, qui ont ouvert la voie à la narration novatrice qui caractérisera ses œuvres ultérieures. Avec sa description subtile de la vie rurale et du conflit entre tradition et modernité, le roman préfigure les thèmes récurrents de Hesse et sa propension à mettre en contraste des influences culturelles opposées. De plus, les critiques favorables et l'attrait durable de Peter Camenzind ont consolidé le statut de Hesse en tant que figure clé de la littérature européenne, ce qui l'a aidé à devenir plus connu et plus influent. Cette première réussite a donné à Hesse la confiance nécessaire pour explorer plus en détail la complexité psychologique de ses personnages et la complexité sociale de son époque, thèmes qui occuperont plus tard une place centrale dans ses livres. Les thèmes abordés dans Peter Camenzind apparaissent sous diverses formes dans ses œuvres ultérieures, soulignant l'influence durable et l'importance thématique de cet ouvrage fondateur. Peter Camenzind a finalement marqué le début d'une carrière d'écrivain dont la perspicacité philosophique et le talent créatif ne manqueront jamais de captiver les lecteurs, consolidant ainsi sa place de figure de proue de la littérature contemporaine et l'importance durable de ses débuts marquants.

Évasions entremêlées : tourmente personnelle et cheminement de Hesse vers la découverte de soi

L'exploration par Hermann Hesse des « évasions entremêlées », telle qu'elle apparaît dans *Pilgrim of The Inner Journey*, offre une perspective essentielle pour comprendre comment ses personnages sont aux prises avec un chaos intérieur sur le chemin de la découverte de soi. Cette idée selon laquelle échapper aux pressions sociales déclenche paradoxalement l'introspection fait écho au concept d'individuation de Jung, à savoir la nécessité d'intégrer les aspects conscients et inconscients de soi-même pour atteindre la plénitude (Smith R, 2024). Emil Sinclair, dans *Demian*, incarne parfaitement cette tension. Il affronte son « ombre », ces parties plus sombres de lui-même qu'il doit simplement reconnaître pour pouvoir grandir. Le désir initial de Sinclair de se libérer des normes sociales révèle paradoxalement des conflits internes plus profonds, initiant ainsi un changement profond. Tout comme l'anthologie de poésie de guerre allemande de Julius Babs dépeint un large éventail d'émotions, du conflit brut à la réconciliation finale, les récits de Hesse entremêlent les expériences personnelles et collectives du tumulte intérieur. Ils suggèrent que la véritable découverte de soi exige souvent d'affronter son propre chaos intérieur (Smith R, 2024). À travers ces évasions entremêlées, Hesse ne se contente pas de documenter des transformations individuelles, mais suggère également l'importance vitale de se comprendre soi-même au milieu des réalités tumultueuses de la vie, incitant les lecteurs à réfléchir à leur propre cheminement vers l'introspection et l'évolution personnelle.

Prélude à la crise : la collision entre l'art et les attentes

D'une manière générale, les tourments intérieurs et la croissance psychologique du protagoniste reflètent la fascination culturelle plus large du début du XXe siècle pour la psychologie et le subconscient, une époque marquée par un intérêt croissant pour les complexités de l'esprit humain et, en fait, pour la psychanalyse (Smith R., 2024). Ce contexte culturel a fourni la base d'une voix littéraire destinée à résonner à travers les générations, marquant un changement notable dans l'exploration des personnages et la forme narrative. De plus, dans *Peter Camenzind*, l'intérêt de Hesse pour les philosophies orientales et le mysticisme reflétait la fascination plus large de l'Europe pour les traditions spirituelles alternatives, et la réinterprétation artistique de la spiritualité qui prévalait à l'époque soulignait la quête de sens dans un monde en rapide évolution (Kappenberg C et al., 2016).

Dans la plupart des cas, Hesse a répondu à la désorientation et à la désillusion qui ont marqué le début du XXe siècle par le récit introspectif et la prose lyrique du roman, qui mettaient l'accent sur la recherche d'identité au milieu des bouleversements sociaux. *Peter Camenzind* témoigne ainsi naturellement de l'interaction entre l'introspection individuelle et la condition sociale au sens large, reflétant à la fois le potentiel de renouveau et les turbulences inhérentes au milieu culturel de son époque. Une riche tapisserie se dévoile à mesure que nous explorons les nombreuses couches thématiques et influences intégrées dans *Peter Camenzind*, entremêlant les réflexions de Hesse sur la condition humaine avec l'esprit du début du XXe siècle en Europe, où la littérature reflétait les quêtes spirituelles et psychologiques de ses lecteurs. Le roman a capturé l'essence de son époque et a également présagé les préoccupations thématiques qui allaient définir les œuvres ultérieures de Hesse, ce qui en fait un prisme poignant à travers lequel examiner la transformation sociale, la philosophie et la confluence artistique du début du XXe siècle, et révéler les liens complexes entre les contextes historiques et les récits personnels.

Les années de formation et la quête d'identité d'Hermann Hesse

Les années de formation de Hesse ont été marquées par un malaise latent, masqué par son apparente conformité, une tension reconnue par les chercheurs comme essentielle pour comprendre son développement artistique (Kwiatkowski F, 2023). Les attentes rigides de sa famille et de la société entraient en conflit avec ses inclinations artistiques naissantes, le conduisant vers un conflit intérieur, largement analysé dans les études critiques Bibliographie (2022). Né dans une famille de missionnaires piétistes, le jeune Hermann a été plongé dans des dogmes stricts et des cadres restrictifs. Pourtant, ces contraintes ont paradoxalement alimenté sa nature rebelle, le poussant à rechercher une identité authentique qui a finalement défini sa production littéraire. Les conflits familiaux internes et les problèmes sociaux plus larges ont nourri son mécontentement, obligeant Hesse à se confronter à des questions d'identité, de sens et, bien sûr, de liberté.

Naviguant dans les turbulences émotionnelles de l'adolescence, le fossé entre ses désirs intérieurs et ses devoirs extérieurs s'est progressivement creusé, préparant le terrain pour une crise existentielle. Ce fort désir d'autonomie et d'expression de soi s'est heurté de front à l'éthique dominante de la conformité, suscitant ainsi un désir de libération qui reviendra fréquemment dans ses écrits ultérieurs. L'examen de cette période critique nous permet de comprendre en profondeur l'interaction complexe entre les convictions personnelles et la pression sociale. D'une manière générale, cela met en lumière les origines de sa quête persistante de soi au milieu d'attentes restrictives, un point reconnu par de nombreux chercheurs lorsqu'ils explorent l'impact de sa jeunesse sur ses thèmes littéraires (Kwiatkowski F, 2023 ; Bibliographie, 2022).

Agitation émotionnelle : la lutte contre la dépression et l'identité

Hermann Hesse, qui jouissait d'une renommée littéraire croissante, se retrouva profondément empêtré dans une dépression profonde et une recherche incessante de son véritable moi. Les attentes de la société, associées au poids de ses propres ambitions, déclenchèrent une période de troubles émotionnels, un conflit reflétant les questions existentielles souvent explorées dans ses œuvres littéraires (Daou F et al., 2023). L'introspection lui offrait à la fois un réconfort et un champ de bataille alors qu'il luttait contre ses démons intérieurs. La superficialité des éloges extérieurs ne semblait qu'amplifier son mécontentement intérieur, l'amenant à s'interroger sur le véritable sens du succès dans un monde qui valorise souvent l'apparence plutôt que le fond. En regardant plus profondément en lui-même, il était confronté à un réseau complexe d'émotions et à une crise existentielle imminente. Son dévouement à l'expression artistique authentique était parfois éclipsé par le doute de soi, une expérience partagée par de nombreux artistes (Robertson M et al., 2019).

Dans son désespoir, Hesse s'est débattu avec des questions fondamentales : qui était-il vraiment, au-delà de ses réalisations littéraires ? Que signifiait vraiment son écriture, compte tenu de ses luttes intérieures ? Ces questions persistaient, rongeant sa conscience. Alors que les pressions extérieures s'intensifiaient, Hesse chercha refuge dans de nouveaux horizons, espérant vivre une expérience transformatrice au-delà de ce qui lui était familier, soulignant le rôle du voyage dans la découverte de soi. Il était attiré par l'inconnu, à la recherche de nouvelles expériences et de nouveaux récits. Découvrir différentes cultures et entendre des langues étrangères lui procurait un sentiment de liberté qui lui manquait chez lui.

Cependant, même les voyages lointains ne suffisaient pas à apaiser la tempête qui faisait rage en lui. Sa quête incessante de soi et son combat permanent contre ses démons persistaient, le poussant à explorer au-delà des simples voyages physiques. À travers l'introspection et la contemplation, Hesse cherchait à comprendre la complexité de son moi fragmenté, recherchant sans relâche l'ancrage insaisissable de son identité. Au milieu de ses tourments émotionnels, l'écriture devint à la fois un refuge et un moyen de se confesser. À travers ses mots, il affronta son désespoir et explora les profondeurs de son tumulte intérieur, transformant ses luttes en un art en résonance avec la condition humaine. Son œuvre faisait écho à ses combats intérieurs, donnant voix à la lutte pour trouver l'équilibre au milieu du chaos, suggérant que l'écriture était à la fois son fardeau et son exutoire (Daou F et al., 2023).

L'appel de l'inconnu : voyages et inspiration au-delà des frontières

Au cours d'une période marquée par d'intenses luttes personnelles et une profonde introspection, Hermann Hesse ressentit un attrait indéniable pour l'inconnu. Cherchant du réconfort et de l'inspiration au-delà de ce qu'il connaissait, il se lança dans un voyage qui influença profondément ses perspectives et son style artistique. En s'aventurant dans les régions inexplorées de l'Asie, Hesse s'impliqua profondément dans de nombreuses cultures et philosophies différentes, désireux d'absorber toutes les connaissances à sa disposition. Ses expériences avec la spiritualité orientale, en particulier les enseignements de figures telles que Lao Tzu et Siddhartha Gautama, lui ont ouvert de nouvelles voies de compréhension, reflétant en quelque sorte les récits transformateurs que l'on trouve dans les lettres d'Ernst Moritz et Vera Hirsch Felsenstein, où les bouleversements de l'histoire sont compris à travers des histoires personnelles (Franklin Felsenstein, éditeur, 2024).

Les paysages vivants et les anciennes coutumes qu'il a découverts au cours de ces voyages ont enrichi ses écrits d'une profondeur et d'un attrait qui dépassaient les lieux physiques, tout comme la correspondance mentionnée plus haut met en lumière les choix moraux difficiles à faire en temps de crise (Lindal JL, 2024). À travers ses écrits, Hesse a permis aux lecteurs de dépasser leur environnement immédiat et d'accueillir l'attrait de l'inconnu. Son écriture descriptive est devenue un lien entre le familier et le mystérieux, encourageant d'innombrables personnes à entreprendre leur propre voyage à la découverte de soi. Les voyages de Hesse continuent de mettre en évidence les effets transformateurs du partage culturel, élevant son œuvre au rang d'expressions intemporelles de l'expérience humaine commune. S'immergeant dans l'esprit d'exploration, Hesse a transmis la profonde signification de s'aventurer dans l'inconnu et d'embrasser l'inspiration infinie qui se trouve au-delà de nos frontières. Ces chapitres de sa vie, entremêlés à ses récits de voyage, restent une partie intégrante de son héritage littéraire, favorisant une interconnexion et une compréhension durables entre les continents et les générations.

Retraite dans la solitude : la nature comme refuge et source d'inspiration

Hermann Hesse, au milieu du flux souvent chaotique de la vie, a découvert une sorte de paix, une source d'inspiration, en réalité, dans la nature. Cela reflète, d'une certaine manière, la pensée contemporaine sur les qualités idéalistes de la musique (Lindal JL, 2024). Cherchant à s'éloigner des pressions de la société – et de ses propres luttes intérieures – Hesse se retirait souvent dans la solitude. Il s'imprégnait de la beauté naturelle, que ce soit en se promenant dans des forêts profondes, en observant la grandeur des montagnes ou simplement en trouvant la paix au bord d'une rivière. Pour lui, la nature n'était pas seulement un refuge, mais une muse, lui offrant un répit et stimulant sa créativité – une sorte de quête spirituelle, un peu comme le suggèrent les œuvres de T.S. Eliot (Redmons W, 2023). Dans ces havres de paix, il trouvait du réconfort dans le chant des oiseaux et le bruissement des feuilles, une harmonie dans les rythmes de la terre qui résonnait avec son propre être. Enveloppé par le monde naturel, Hesse se livrait à une profonde introspection, confrontant son vrai moi à une pensée claire. C'est dans ces espaces tranquilles qu'il semblait démêler ses angoisses, trouvant la clarté dans le calme.

La nature agissait à la fois comme un miroir et une source de guérison, lui permettant d'affronter ses peurs et ses doutes et de refaire surface avec une détermination renouvelée. En s'immergeant dans la simplicité de la nature, Hesse a puisé dans une source créative alimentée par son lien avec la terre, qui à son tour a nourri son génie littéraire. Ces moments de contemplation solitaire ont donné naissance à certaines de ses œuvres les plus célèbres, imprégnées de paysages sauvages et de sagesse solitaire. Alors qu'il naviguait dans sa vie émotionnelle, Hesse a utilisé le pouvoir de la nature pour le guider, tissant une catharsis personnelle dans une prose qui continue de parler aux lecteurs. Dans l'étreinte tranquille de la nature, il n'a pas seulement trouvé une échappatoire au monde, mais une source inépuisable d'inspiration qui a guidé son chemin créatif, un peu comme la recherche d'équilibre d'Eliot au milieu du désespoir, dans son propre travail.

Les seuils de la transformation : rencontres avec la psychanalyse

Au début des années 1900, Hermann Hesse, aux prises avec des tourments intérieurs dans un monde en pleine mutation, s'est tourné vers le domaine naissant de la psychanalyse, une discipline qui gagnait rapidement en influence à l'époque. Ses rencontres avec des personnalités telles que Carl Jung et Sigmund Freud ont permis à Hesse d'explorer les profondeurs de son psychisme, entamant ainsi un profond voyage de découverte de soi et de changement. La psychanalyse est devenue cruciale dans sa quête pour comprendre les complexités humaines et les forces qui façonnent son monde intérieur, des éléments intimement liés à ses récits. Ces séances ont révélé les couches de son subconscient, l'aidant à affronter des sentiments refoulés, des traumatismes non résolus et des questions existentielles de longue date qui hantaient son âme artistique ; cela se reflète dans des œuvres telles que Demian (Shah H et al., 2024).

En s'engageant dans une introspection psychanalytique, Hesse a trouvé un terrain propice pour peindre le paysage varié de ses conflits intérieurs. Les enseignements tirés de ces séances se sont infiltrés dans ses œuvres littéraires, imprégnant ses personnages d'une profondeur psychologique et explorant les thèmes de l'identité, de l'aliénation et de la quête d'authenticité, qui peuvent également être considérés sous l'angle de l'authenticité expérientielle (Hwang J et al., 2021). L'interaction entre le parcours personnel de Hesse et les principes psychanalytiques a donné naissance à une riche tapisserie d'histoires qui ont trouvé un écho dans le monde entier. De Demian à Le loup des steppes, les échos de ses explorations psychanalytiques résonnent dans les sombres labyrinthes de l'esprit humain, offrant un réconfort à ceux qui traversent leurs propres défis mentaux.

De plus, l'exploration de la psychanalyse par Hesse a dépassé le cadre de ses livres, influençant ses opinions philosophiques et spirituelles. Elle l'a poussé vers une compréhension plus profonde de la condition humaine, préparant le terrain pour ses réflexions ultérieures sur l'interconnexion entre le conscient et l'inconscient. Essentiellement, l'engagement de Hesse dans la psychanalyse a non seulement stimulé son développement personnel, mais a également enrichi la littérature avec des œuvres explorant les profondeurs énigmatiques de l'âme, témoignant de l'héritage durable de son engagement transformateur dans la psychanalyse, tissant un lien entre l'esprit et l'introspection.

Du chaos à la clarté : réflexions littéraires sur les conflits intérieurs

L'œuvre littéraire de Hesse, née de conflits personnels, a agi comme une sorte de reflet de ses luttes intérieures et a offert un regard profond sur ce que signifie être humain (Hesse, 1951). Le chaos de sa propre vie se reflétait en quelque sorte dans les personnages et les histoires qu'il créait, lui offrant un exutoire émotionnel, un peu comme l'anthologie de Julius

Bab rassemble de nombreuses expériences de guerre différentes, nous en apprenant davantage sur ce que vivent les gens (Smith R, 2024).

Hesse a utilisé la littérature pour explorer en profondeur l'identité, la spiritualité et le sentiment d'être perdu dans le monde. Il a transformé son propre chaos intérieur en histoires qui touchent encore aujourd'hui, un peu comme des penseurs tels que Hans Jonas se sont intéressés au gnosticisme pour parler de la crise et de la découverte de soi à l'époque moderne (Kwiatkowski F, 2023). Ses personnages sont souvent tiraillés entre ce qu'ils veulent et ce qu'ils devraient faire, et ils cherchent constamment à comprendre qui ils sont. On y retrouve les propres combats de Hesse contre le sentiment de déception et les pressions de la société. Le sentiment de solitude, de déception et de recherche d'un but est omniprésent dans son œuvre, préparant le terrain pour des voyages à l'intérieur de nous-mêmes qui transcendent le temps et l'espace.

Alors que Hesse travaillait sur ses propres problèmes, ses écrits semblaient réels et honnêtes. Il demandait aux lecteurs d'affronter leurs propres combats intérieurs et de se lancer dans leur propre quête de compréhension. À travers ses écrits et ses images puissants, Hesse montrait les aspects sauvages et complexes de l'esprit humain, tels que les hauts et les bas des émotions, la lutte constante pour trouver l'équilibre et le pouvoir de se connaître soi-même, d'une manière similaire à celle dont Bab a rassemblé un large éventail d'œuvres littéraires illustrant la complexité du monde de son époque (Smith R, 2024).

Errance et découverte de soi dans l'œuvre de Hermann Hesse

Le Le loup des steppes de Hesse, qui suit les errances de Harry Haller, ou l'odyssée spirituelle de Siddhartha : Hesse a habilement capturé les nuances des conflits intérieurs, créant une mosaïque qui reflète l'expérience humaine et les vérités universelles. Reflétant ses propres luttes intérieures, les écrits de Hesse reflètent le processus difficile qui consiste à donner un sens au chaos et à mettre en lumière l'interaction complexe entre la lumière et l'ombre en nous ; une approche thématique particulièrement poignante lorsqu'on la compare aux thèmes existentiels explorés dans The Waste Land de T.S. Eliot, où la mort et la religion jettent de longues ombres (Redmond W, 2023). Les récits servaient de vecteurs de catharsis, aidant les lecteurs à affronter les incertitudes et les peurs à travers le prisme rédempteur de la narration ; ces histoires offrent des voies vers la résolution et la découverte de soi, ce qui n'est pas sans rappeler les thèmes importants qu'Eliot lui-même voyait dans la fin de son poème, à savoir « What the Thunder Said », sans doute la partie la plus cruciale de l'œuvre (Redmond W, 2023).

Dans l'univers littéraire de Hesse, la paix naît des épreuves du conflit, offrant un réconfort à ceux qui se cherchent. Au cours de son propre parcours tumultueux, Hesse a lutté contre le chaos de la vie, trouvant du réconfort dans la clarté de l'expression littéraire. Ses œuvres révèlent la résilience de l'esprit humain, incarnant le pouvoir transformateur de l'introspection artistique et notre quête permanente de paix intérieure. À partir du chaos, Hesse a évoqué des moments de lucidité, imprégnant ses récits intemporels de la sagesse née de ses tourments personnels – un héritage qui inspire et éclaire le chemin vers la découverte de soi.

À la recherche de l'équilibre : relations interpersonnelles et développement personnel

Hermann Hesse, dans son exploration des relations, s'est lancé dans une recherche approfondie de l'équilibre, en particulier compte tenu de son développement personnel. Il a cherché un équilibre personnel tout en affrontant les défis des relations humaines, comprenant leur impact sur son identité en évolution, d'une manière similaire à la dynamique des relations observée dans des cadres sociaux plus larges. Le tiraillement entre la solitude et la compagnie est devenu un thème récurrent dans la vie de Hesse. Cela l'a poussé à examiner de manière réfléchie l'amour, l'amitié et le mentorat. Ce parcours reflétait le spectre des émotions présentes dans ses récits, aboutissant à un examen détaillé de la condition humaine, similaire aux processus complexes de numérisation observés ailleurs (Lyudmila V Gribina et al., 2024). Au cœur de tout cela se trouvait le conflit entre le besoin d'indépendance et le désir de connexion.

Hesse oscillait entre des périodes d'indépendance intense et le désir de relations authentiques. Il trouvait du réconfort et des idées auprès d'artistes et de penseurs ; leurs discussions encourageaient sa passion, renforçant ainsi le type de relations coopératives étudiées dans les analyses actuelles du travail créatif. Au-delà de cela, son implication dans des relations a influencé son art et a contribué à façonner les personnages et les idées que l'on retrouve dans ses livres, soulignant l'importance des expériences personnelles pour la créativité. Grâce à sa description détaillée des interactions humaines, Hesse a créé une histoire qui a profondément touché les lecteurs. Parallèlement à ces relations avec les autres, Hesse a également connu des moments de profonde introspection, qui l'ont poussé à affronter ses propres faiblesses. Ces moments d'introspection ont servi de terrain d'essai pour son développement personnel, ce qui l'a conduit à mieux se comprendre lui-même et à mieux appréhender les aspects complexes de l'être humain, une démarche qui se reflète souvent dans l'exploration littéraire des questions existentielles. C'est là que Hesse a découvert des vérités importantes, qu'il a habilement utilisées pour représenter les luttes existentielles et les paysages émotionnels de ses personnages. Tout au long de son difficile parcours à travers les complexités des relations humaines, Hesse a accepté les changements en lui-même avec une forte détermination. Cette recherche d'équilibre et de conscience de soi a contribué à créer son impact durable, mettant en lumière les désirs humains universels de connexion et de satisfaction personnelle.

Alchimie littéraire : créer de la fiction à partir d'expériences vécues

Les auteurs s'inspirent depuis longtemps de leur propre vie pour créer des œuvres de fiction, et cette approche reste une pierre angulaire de l'art littéraire. Hermann Hesse, par exemple, a utilisé des thèmes personnels et philosophiques dans ses récits. Des œuvres comme Le loup des steppes et Siddhartha démontrent comment les expériences individuelles peuvent être transformées en vérités plus générales, permettant aux lecteurs de s'identifier aux luttes émotionnelles des personnages. Le fait de refléter des expériences personnelles à travers la fiction renforce la crédibilité du récit et crée un lien entre l'auteur et le lecteur, incitant à la réflexion sur les réalités personnelles. La pratique consistant à transformer des épreuves personnelles en histoires remonte à la littérature classique et continue de façonner l'expression humaine à travers les cultures (Kappenberg C et al., 2016). Des penseurs tels que Hobbes et Bekker, bien que critiques à l'égard des croyances surnaturelles, ont influencé la narration moderne en mettant en avant la raison et la compréhension personnelle comme pierres angulaires du récit (DUCHEYNE S et al., 2014). Dans la plupart des cas, ces éléments restent étroitement liés et essentiels au développement littéraire.

L'alchimie littéraire de Hermann Hesse

Hesse, qui fait souvent écho à son propre parcours psychologique et émotionnel, a utilisé cette méthode alchimique pour transformer son agitation personnelle en œuvres de fiction intemporelles. Au cœur de l'alchimie littéraire de Hesse se trouve un mélange de sentiments bruts, d'introspection profonde et d'une compréhension aiguë de l'expérience humaine, tout comme les explorations du taoïsme par Richard Wilhelm, qui entremêlent la réflexion personnelle et des perspectives culturelles plus larges (Li X et al., 2023). À travers ses romans, il a habilement mélangé ses luttes et ses victoires personnelles, les enrichissant de thèmes universels et de réflexions profondes, créant ainsi des histoires qui trouvent un écho à travers les générations. Le cœur de l'alchimie littéraire de Hesse réside dans son talent pour convertir des émotions difficiles et des questions existentielles en environnements fictifs tangibles et familiers. Hesse a donné vie à ses histoires en imprégnant ses personnages de fragments de sa propre vie, permettant ainsi aux lecteurs de se lancer dans une quête profonde de découverte de soi avec ses personnages, à l'instar de ceux qui sont aux prises avec la modernité et le gnosticisme (Kwiatkowski F, 2023).

Ce processus a comblé le fossé entre les défis personnels et les vérités universelles, mettant en évidence des expériences humaines variées qui défient le temps et la culture. Cependant, l'utilisation de l'alchimie littéraire par Hesse va au-delà des simples ressemblances autobiographiques. Son talent pour donner à ses personnages des traits complexes et multiples est un mélange alchimique d'imagination et de vérité. Chaque personnage devient un vecteur de l'enquête détaillée de Hesse sur l'esprit humain, un canal où les lecteurs voient l'interaction entre les combats émotionnels, les réflexions philosophiques et l'analyse sociale. L'alchimie littéraire de Hesse est la preuve de la capacité durable de la narration à explorer les profondeurs de l'expérience humaine.

De plus, en transformant ses problèmes personnels en or littéraire, Hesse invite les lecteurs à se joindre à sa transformation, faisant de la lecture une expérience transcendantale qui reflète le changement alchimique. Hesse a établi un lien profond entre l'auteur et le lecteur, encourageant des personnes de tous horizons à chercher du réconfort et de la compréhension dans ses œuvres, et reflétant les débats existentiels sur la modernité et l'identité qui façonnent le discours culturel (Kwiatkowski F, 2023).

Voix de la réflexion : essais et lettres sur la crise personnelle

Dans cette section, nous explorons les réflexions introspectives d'Hermann Hesse pendant les périodes de crise personnelle, un sujet qui a suscité un intérêt considérable de la part des chercheurs, notamment dans ses essais et ses lettres (Smith R, 2024). À travers ces écrits, les lecteurs ont un aperçu intime de son monde intérieur tumultueux ; sa prose fait preuve d'une grande perspicacité et d'une honnêteté émotionnelle brute, offrant un aperçu rare de l'esprit d'une figure littéraire connue pour explorer la psyché humaine. La prose de Hesse sert de témoignage de la vulnérabilité et de la résilience humaines, qui trouvent un écho chez ceux qui connaissent le processus créatif, alors qu'il est aux prises avec des dilemmes existentiels, des conflits d'identité et les fluctuations de l'inspiration. Sa correspondance avec ses amis, ses mentors et ses collègues écrivains révèle l'interconnexion de ses expériences avec celles de son entourage proche, reflétant les tensions des structures sociales et culturelles, un point pris en compte dans les récentes évaluations académiques (Cercignani F, 2023) ; cela met en lumière l'universalité des luttes émotionnelles et le pouvoir cathartique de l'expression partagée, enrichissant notre compréhension de l'expérience humaine.

Les essais de Hesse élucident également sa vision philosophique et les fondements psycho-spirituels qui imprègnent son écriture d'une profondeur durable, reliant ses crises à des thèmes existentiels plus larges. Du doute de soi à la réflexion sur l'existence, les mots de Hesse résonnent avec sincérité, invitant les lecteurs à réfléchir à leur propre parcours à travers les incertitudes de la vie. Les thèmes de la quête d'authenticité, de la lutte avec la créativité et de la recherche de l'harmonie intérieure tissent une riche tapisserie de l'expérience humaine qui transcende les frontières, manifestant l'intemporalité des idées de Hesse dans ces écrits.

En fin de compte, l'exploration par Hesse de ses propres tourments intérieurs enrichit notre compréhension de ses œuvres et nous offre des perspectives intemporelles sur la condition humaine, mettant en lumière la complexité de ses contributions littéraires. C'est à travers ces réflexions que Hesse nous transmet la sagesse d'accepter la vulnérabilité comme catalyseur de croissance personnelle et de cultiver l'empathie dans nos interactions avec les autres, nous incitant à réfléchir à nos propres récits. En nous immergeant dans les révélations de Hesse, nous nous rappelons le pouvoir rédempteur de témoigner de nos luttes et de nos triomphes, forgeant des liens plus profonds à la fois en nous-mêmes et au-delà, rendant ses œuvres toujours pertinentes dans le contexte actuel.

Vers le renouveau : trouver la synchronie en soi

À mesure que la crise initiale s'estompe, un sentiment de renouveau tend à apparaître progressivement. Cette étape implique non seulement de se rétablir, mais aussi de rechercher l'harmonie intérieure et la réalisation de soi. Hermann Hesse, à travers sa propre vie, illustre le chemin complexe vers cette synchronie. Souvent, à mesure que les troubles intérieurs s'atténuent, les gens se trouvent à un tournant, souvent propice à la croissance. D'une manière générale, le renouveau est un processus varié, qui comprend l'introspection et la participation extérieure . La synchronie exige un engagement envers l'authenticité personnelle. Les œuvres de Hesse mettent l'accent sur l'alignement des pensées, des actions et des aspirations avec son vrai moi. En se débarrassant des attentes de la société, les gens peuvent se connecter à leur moi intérieur. Cela peut conduire à une clarté qui aide les individus à naviguer dans la vie avec un but. Par conséquent, la recherche du renouveau est une exploration de l'identité et de l'épanouissement.

De plus, le renouveau implique de développer sa résilience. Les personnages de Hesse sont souvent confrontés à des épreuves, faisant écho à la résilience nécessaire pour surmonter l'adversité. Ses écrits nous permettent de mieux comprendre le pouvoir de la persévérance. Naviguer vers le renouveau signifie accepter ses vulnérabilités tout en utilisant sa résilience pour endurer les défis de la vie. Grâce à la résilience, les gens développent un noyau capable de surmonter les difficultés de la vie. Simultanément, le renouveau nécessite une exploration de l'interconnexion, avec soi-même et avec le monde. Hesse met en évidence la relation entre l'équilibre interne et le monde extérieur. Aligner son moi intérieur avec la nature et l'humanité crée une existence. En embrassant l'interconnexion, les gens acquièrent la sagesse du monde naturel, ce qui ajoute à leur sérénité. En substance, la synchronisation nécessite un équilibre entre l'alignement intérieur et la résonance extérieure. En fin de compte, le chemin vers le renouveau, comme l'écrit Hesse, montre le potentiel humain de changement. Il invite les individus à se lancer dans un voyage intérieur, à aborder les questions existentielles de la vie et à embrasser les complexités de l'esprit humain. Grâce à la résilience, à l'authenticité et à l'interconnexion, le renouveau devient un voyage transformateur vers le bien-être et la réalisation de soi.

5

« Siddhartha »

Un voyage spirituel : un pont entre le mysticisme oriental et la pensée occidentale

Le roman Siddhartha de Hermann Hesse explore en profondeur les liens entre le mysticisme oriental et la philosophie occidentale, à travers le parcours du personnage principal en quête d'illumination, un parcours marqué par une dualité inhérente. Le début de l'histoire mêle les notions de mort et de religion, suggérant un lien profond entre notre existence et les mondes physique et spirituel (Redmond W, 2023).

Ce sentiment de dualité réapparaît au cours des voyages de Siddhartha, en particulier dans le désert, symbole à la fois représentatif et ambigu, suggérant la solitude, mais aussi un lieu où la croissance existentielle peut s'épanouir ; il incarne la compréhension que le voyage de la vie contient des éléments bons et mauvais (Redmond W, 2023).

En opposant les idées bouddhistes à des touches d'existentialisme occidental, Hesse crée un débat qui transcende les frontières culturelles, nous invitant à réfléchir à la découverte de soi et au chemin complexe qui mène à l'illumination. Ainsi, Siddhartha est plus que la simple quête de vérité d'un individu ; c'est une histoire universelle sur le chemin spirituel, qui fait écho à différents points de vue philosophiques.

Prélude contextuel : la genèse de « Siddhartha »

Le roman de Hermann Hesse, Siddhartha, illustre puissamment les influences personnelles et culturelles qui transparaissent dans ses œuvres. Né en Allemagne à la fin du XIXe siècle, Hesse s'est profondément familiarisé avec les doctrines spirituelles et philosophiques orientales. Cette exposition, associée à la complexité de son parcours personnel, a joué un rôle important dans l'élaboration de l'intrigue de Siddhartha ; c'est un voyage riche de sens qui continue de toucher le public.

À travers la vie de Siddhartha, le livre incarne une quête commune de compréhension et d'illumination, en particulier le mélange des modes de pensée orientaux et occidentaux dont Hesse a fait l'expérience personnellement. À la lumière de cela, Hesse nous encourage à réfléchir à l'importance de l'expérience personnelle par rapport à des compréhensions plus larges et universelles, positionnant le roman à la fois comme une histoire et une réflexion philosophique. La richesse des idées contenues dans le livre peut refléter le parcours de vie des lecteurs, ce qui ajoute à sa valeur durable.

Influences thématiques et innovations stylistiques dans « Siddhartha » de Hermann Hesse

La fascination de Hesse pour le mysticisme et les études ésotériques s'est épanouie pendant sa jeunesse, une période riche en ferveur intellectuelle et spirituelle en Europe. Ce contexte l'a attiré vers les profondes réflexions des textes indiens et bouddhistes, qui ont considérablement influencé les thèmes de Siddhartha . C'est dans ce contexte de curiosité croissante de l'Occident pour le mysticisme oriental que Hesse a commencé son exploration spirituelle, dans le but de refléter des idées transcendantales dans ses écrits. La quête de sens de Hesse et l'atmosphère culturelle de l'époque se sont alors alignées dans la création de Siddhartha, offrant un récit faisant écho à des vérités universelles.

Au-delà de sa vie personnelle, les voyages et les échanges de Hesse avec divers penseurs ont également alimenté la création de Siddhartha. Immergé dans les cercles intellectuels européens du début du XXe siècle, notamment grâce à ses rencontres avec des personnalités telles que Carl Jung et Friedrich Nietzsche, Hesse a cultivé un mélange de concepts philosophiques et de connaissances psychologiques, qu'il a ensuite exprimés dans Siddhartha. Aux prises avec son propre malaise spirituel et ses questions existentielles, il s'est inspiré des anciens écrits sanskrits, du bouddhisme zen et de la vie de Bouddha, intégrant ces aspects dans son récit.

Siddhartha est avant tout un mélange des réflexions profondes de Hesse et d'un monde engagé dans un dialogue interculturel. À travers cette œuvre importante, Hesse dépasse les limites du temps et de l'espace, invitant les lecteurs à vivre un voyage transformateur qui va au-delà de la narration classique. Les pages suivantes examinent les nombreuses influences qui ont façonné Siddhartha, mettant en évidence l'esprit fort de Hesse et sa quête inlassable de la découverte de soi.

Structure narrative et innovation stylistique

Dans Siddhartha, Hermann Hesse adopte habilement une structure narrative qui reflète la nature cyclique de la vie, quelque chose qui s'apparente à l'idée idéaliste des œuvres musicales, soulignant le mouvement continu de l'art au-delà de la forme rigide (Lindal JL, 2024). Le roman se dévoile à travers des épisodes, chacun représentant une étape de la croissance spirituelle de Siddhartha. On pourrait dire qu'il reflète la façon dont l'art existe souvent dans un échange dynamique avec son contexte. Hesse utilise ce format pour montrer la fluidité de la vie, évitant toute progression linéaire au profit d'un développement organique. Ce choix de structure met l'accent sur l'unité et l'harmonie, suggérant que l'illumination ne provient pas d'étapes linéaires, mais de changements et de prises de conscience internes. De plus, le style innovant de Hesse brille dans sa prose suggestive, vecteur d'exploration philosophique et de contemplation spirituelle ; la littérature contemporaine fait preuve d'une innovation similaire (Exploring Past Images in a Digital Age, 2023).

Le langage de Siddhartha a un ton éthéré qui invite à l'introspection. Des images riches et sensorielles aident Hesse à dépeindre la nature et le monde intérieur des personnages, créant une tapisserie émotionnelle qui résonne profondément. De plus, son utilisation de symboles et de métaphores enrichit le style du roman, ajoutant des couches de sens et d'interprétation. En intégrant la rivière, le figuier et le passeur, Hesse ajoute une signification allégorique, invitant à une exploration métaphysique. Cette infusion de symboles élève le récit, transmettant des vérités qui transcendent les frontières culturelles et temporelles. La prose lyrique de Hesse évolue également avec la prise de conscience de Siddhartha, montrant des stratégies narratives que l'on retrouve dans diverses formes d'art. Au fur et à mesure que le protagoniste traverse des états existentiels et rencontre des mentors philosophiques, le langage change, reflétant les terrains de son voyage intérieur. Cette évolution linguistique montre l'habileté de Hesse à intégrer les nuances humaines dans le récit, enrichissant ainsi l'odyssée transformatrice de Siddhartha pour le lecteur. Siddhartha est donc un témoignage de la vision artistique et philosophique de Hesse, faisant écho à des discussions plus larges sur la structure narrative et la signification artistique (Lindal JL, 2024).

Synthèse culturelle : le dialogue philosophique entre l'Orient et l'Occident

Siddhartha* de Hermann Hesse est, d'une manière générale, une œuvre littéraire importante, qui fait le pont entre les traditions philosophiques orientales et l'héritage intellectuel occidental. À travers ce récit, Hesse tisse habilement le mysticisme oriental et la pensée occidentale, entamant ce qui semble être un dialogue harmonieux qui résonne au cœur même de l'existence humaine, faisant écho aux thèmes abordés par certains penseurs contemporains qui s'interrogent sur la nature des dilemmes existentiels modernes (Oldmeadow H, 2022). On pourrait dire que le roman offre un terrain fertile pour explorer la fusion des idéologies spirituelles et des principes philosophiques issus de paysages culturels différents, en particulier si l'on considère les changements et les défis sociétaux actuels, tels qu'ils sont décrits dans les critiques des normes culturelles contemporaines (Zaid O et al., 2012). Au cœur de cette convergence se trouve l'exploration de questions existentielles fondamentales : la réalité, l'existence et la quête de l'illumination. En synthétisant des concepts issus de l'hindouisme, du bouddhisme, des Upanishads et de la philosophie kantienne, ainsi que du romantisme européen, Hesse articule un récit qui transcende les frontières temporelles et géographiques, ce qui n'est pas une mince affaire.

Ce qui importe ici, c'est la juxtaposition de la vie ascétique de Siddhartha dans son pèlerinage spirituel et des aspirations matérialistes qui prévalent dans la société occidentale ; une dichotomie qui permet aux lecteurs d'être confrontés à la tension dialectique entre renoncement et indulgence, isolement et communauté, transcendance et immanence. Hesse explore des thèmes tels que la souffrance, l'impermanence et la profondeur de la pensée, créant une expérience immersive qui favorise l'introspection et la découverte de soi. Le roman offre un commentaire sur l'individualité et l'interdépendance, mettant en lumière l'interaction entre la conscience individuelle et la conscience collective. À travers les rencontres et l'évolution de Siddhartha, les lecteurs réfléchissent à la dissolution de l'ego et à l'interdépendance. De plus, le récit de Hesse présente des références culturelles et philosophiques, invitant les lecteurs à méditer sur la question éternelle de la condition humaine. En mettant en lumière les parallèles entre les notions orientales de karma, samsara et moksha, et les concepts occidentaux de destin, libre arbitre et angoisse existentielle, *Siddhartha* engendre un dialogue transformateur qui transcende les frontières culturelles. En substance, *Siddhartha* reste un témoignage de la conjonction du mysticisme oriental et de la pensée occidentale, favorisant un croisement d'idées qui continue de trouver un écho auprès des chercheurs du monde entier.

Analyse des personnages : la quête de l'illumination de Siddhartha

Le cheminement spirituel de Siddhartha, une quête classique de compréhension et d'éveil, nous interpelle à travers les cultures et le temps (Khan R et al., 2024). Hesse dépeint habilement la transformation de Siddhartha, qui passe d'un jeune homme quelque peu sauvage à un homme réfléchi et sage, en créant avec soin une histoire de croissance, de changement et de luttes intérieures. Cela ressort clairement dans la manière dont il raconte l'histoire, en utilisant un narrateur à la troisième personne qui sait tout, nous permettant d'explorer les sentiments intérieurs de Siddhartha avec à la fois autorité et une touche personnelle (Khan R et al., 2024).

Au départ, Siddhartha est plein d'énergie juvénile et d'un désir insatiable d'apprendre ; cependant, ses questions profondes sur la vie le poussent à entreprendre un voyage difficile, tiraillé entre le désir des choses matérielles et le désir d'atteindre quelque chose de plus élevé, ce qui montre la profonde compréhension de Hesse de ce que signifie être humain. Au fil de ses nombreuses expériences et états d'esprit, les rencontres de Siddhartha avec d'importants maîtres philosophiques tels que le brahmane, Govinda et les stricts Samanas nous montrent une évolution complexe du personnage, qui ne se limite pas aux influences extérieures, mais inclut également les changements intérieurs qui accompagnent son cheminement spirituel (Khan R et al., 2024). Sa quête de l'illumination, alors qu'il passe par différents systèmes de croyances, peut être considérée comme le reflet de l'idée de Hesse selon laquelle l'expérience personnelle est essentielle dans la recherche de la vérité.

Le parcours et la transformation de Siddhartha

Souvent, lorsqu'on abandonne les normes sociales, c'est pour se précipiter vers la vérité, ce qui oppose le monde physique au monde spirituel. Dans sa quête de l'illumination, Siddhartha rencontre de nombreux défis, notamment un débat sans conclusion entre le plaisir et le renoncement, un thème exploré dans le livre de Hesse à travers son personnage principal (Khan R et al., 2024). L'implication de Siddhartha dans une histoire d'amour et la déception qui s'ensuit révèlent les problèmes liés au plaisir temporaire et montrent l'inutilité des joies passagères, à l'instar des expériences décrites dans Siddhartha de Claude Vivier, qui montre l'aliénation et la connexion pendant la découverte de soi (C R Goddard, 2023).

Cette déception devient un catalyseur pour le développement philosophique de Siddhartha, le conduisant finalement à reconnaître la nature interconnectée de la vie. À travers tout cela, Siddhartha est un exemple de passage de l'innocence à la compréhension, représentant l'effort continu de l'humanité pour comprendre les mystères de la vie. D'une manière générale, Siddhartha est à la fois un exemple individuel et universel, illustrant la lutte humaine pour faire face au désir, à la souffrance et à la compréhension finale. Sa profondeur émotionnelle trouve un écho chez les lecteurs, nous invitant à réfléchir à notre propre cheminement vers la compréhension. Ainsi, Siddhartha rend hommage au talent de conteur de Hesse et à son habileté à dépeindre l'humanité, en veillant à ce que ces idées continuent d'être pertinentes dans diverses formes artistiques, notamment la musique et la littérature.

Symbolisme et allégorie : rivières, figues et passeurs

Hermann Hesse, dans Siddhartha, construit une tapisserie d'allégories et de symbolisme, guidant le lecteur à travers des thèmes existentiels qui résonnent dans toutes les cultures et traditions philosophiques. Les rivières sont au cœur du récit, peut-être de manière plus notable. Elles symbolisent la nature cyclique et fluide de l'existence, reflétant le changement perpétuel, un concept essentiel à de nombreux discours philosophiques. La rivière devient une métaphore du passage du temps, représentant le flux constant et en constante évolution de la vie, nous rappelant la nature éphémère de nos expériences. À travers les rencontres de Siddhartha avec la rivière, Hesse nous invite à réfléchir à l'interconnexion et au rythme éternel de l'univers, un thème que l'on retrouve dans divers enseignements spirituels. De plus, l'imagerie de la rivière reflète l'évolution de la conscience de Siddhartha, dépeignant la dualité du monde physique parallèlement à l'éveil spirituel et à son propre cheminement intérieur vers l'illumination.

Les figues jouent également un rôle tout aussi fascinant. Elles incarnent la nature éphémère de l'expérience humaine, de leur maturation à leur décomposition finale, renforçant l'exploration par Hesse des cycles naturels de la vie et de la mort. Le figuier, en tant que motif récurrent, souligne la nature illusoire des poursuites matérielles et l'impermanence des désirs mondains, en résonance avec la philosophie existentielle. La présence du passeur symbolise à la fois la relation mentor-disciple et le transfert de sagesse, soulignant l'importance du guidage dans la découverte de soi.

Vasudeva, le sage passeur, par sa contemplation silencieuse et sa communion avec la nature, transmet des connaissances, devenant un guide spirituel pour Siddhartha et montrant à quel point le rôle de l'enseignant est important dans le parcours de croissance personnelle. Sa sagesse transcende la communication verbale, mettant l'accent sur l'apprentissage par l'expérience et le pouvoir de la compréhension intuitive, éléments cruciaux dans de nombreux cadres philosophiques . Le passeur incarne l'archétype du sage, offrant des conseils et un soutien spirituel au chercheur, un concept ancré dans les traditions de sagesse. Le symbolisme entremêlé des rivières, des figures et des passeurs élève Siddhartha, invitant les lecteurs dans un paysage allégorique à plusieurs niveaux qui repousse les limites de la narration et offre un commentaire sur l'expérience humaine.

Exploration thématique : détachement, souffrance et nirvana

Le roman « Siddhartha » de Hermann Hesse explore, de manière générale, une trinité thématique : le détachement, la souffrance et le nirvana. Cela permet de démêler les complexités inhérentes à l'existence humaine et à l'illumination spirituelle. Dans la plupart des cas, le roman examine méticuleusement le concept de détachement. Il semble mettre l'accent sur la nécessité de se libérer des désirs de nature matérielle et des attachements. Cette libération permet d'atteindre l'épanouissement spirituel. Cette perspective s'aligne assez fortement avec les principes énoncés dans la philosophie bouddhiste (Dinsmore BC, 2013).

Ces principes suggèrent que l'illumination et la compréhension, la véritable illumination et la véritable compréhension, proviennent du dépassement des attachements liés au monde. La quête incessante de Siddhartha, tant en matière d'expérience que de connaissance, illustre un parcours axé sur la découverte de soi. Elle reflète, d'une certaine manière, le récit bouddhiste plus large, à savoir un chemin holistique. Ce chemin entremêle l'illumination individuelle et l'existence collective (Edward A R Livings, 2006). À travers cette exploration, Hesse met non seulement en évidence la transformation personnelle elle-même, mais invite également le lecteur (vous, peut-être) à réfléchir profondément à l'interdépendance de la vie. Cette réflexion souligne l'importance des parcours individuels et collectifs dans la quête du nirvana.

Techniques littéraires : prise de conscience progressive à travers la prose

Dans *Siddhartha*, Hermann Hesse utilise de nombreuses techniques littéraires pour montrer le parcours spirituel du protagoniste avec une profondeur remarquable. Hesse parvient à intégrer des réflexions philosophiques dans l'histoire afin que les lecteurs puissent réfléchir à des idées complexes dans le cadre d'une histoire à laquelle ils peuvent s'identifier. Le symbolisme est bien utilisé ; par exemple, la rivière, le passeur et le om apparaissent à plusieurs reprises, montrant la compréhension croissante de Siddhartha de la vérité et de l'existence. La rivière, en particulier, représente la nature cyclique de la vie et du temps, reflétant les thèmes de la transformation et de l'illumination du roman (Kappenberg C et al., 2016).

Le langage poétique de Hesse capture l'essence des luttes intérieures et des révélations de Siddhartha, plongeant le lecteur dans l'histoire. Les images et les détails sensoriels de Hesse plongent le public dans des paysages vivants et les défis émotionnels auxquels sont confrontés les personnages, enrichissant ainsi le récit (Miller T, 2014). Ce langage poétique connecte le lecteur à l'histoire et laisse une impression durable de la sagesse du roman. La structure narrative reflète la nature cyclique du voyage spirituel de Siddhartha. Hesse reflète les hauts et les bas du cheminement de Siddhartha vers la découverte de soi à travers ce schéma, renforçant ainsi l'exploration par le roman de l'interconnexion des expériences.

L'auteur crée également un sentiment d'intemporalité en incluant des vérités universelles qui transcendent les frontières temporelles et culturelles, résonnant à travers les générations et les sociétés. Il convient également de noter l'utilisation par Hesse d'une narration introspective, qui permet aux lecteurs de se plonger dans les pensées de Siddhartha. Cette description intime suscite l'empathie pour les questions existentielles du protagoniste et met en lumière la complexité de l'expérience humaine. Cela fait de l'œuvre de Hesse une exploration profonde des questions existentielles sur la vie, ce qui est généralement vrai.

Le rôle de l'expérience : l'interaction entre la connaissance et la sagesse

Dans Siddhartha, Hermann Hesse explore habilement l'expérience en tant que force motrice dans la relation entre la connaissance et la sagesse. Le parcours du personnage principal se révèle à travers diverses expériences, chacune façonnant sa compréhension de lui-même et du monde qui l'entoure. Hesse intègre soigneusement les interactions de Siddhartha, qu'elles soient avec des ascètes, des marchands ou dans le domaine sentimental, démontrant ainsi comment les expériences peuvent changer une personne. Grâce à elles, Siddhartha comprend mieux la souffrance, le désir et ce que signifie être éclairé, incarnant finalement les liens qui unissent tous les êtres humains (Li X et al., 2023).

Le roman nous amène également à réfléchir à la différence entre simplement savoir quelque chose et le comprendre véritablement à travers l'expérience. Il encourage les lecteurs à se poser la question suivante : l'intelligence seule suffit-elle à saisir les secrets les plus profonds de la vie, ou les expériences personnelles sont-elles essentielles pour comprendre ce qui est vrai ? Cette question philosophique offre une façon unique d'envisager la manière dont l'expérience façonne nos points de vue, en la reliant à des discussions plus larges sur ce que signifie être humain et comment nous grandissons en tant qu'individus (Kwiatkowski F, 2023).

De plus, la représentation par Hesse des luttes intérieures et des compréhensions de Siddhartha souligne l'idée que la véritable sagesse ne provient pas seulement de sources externes, mais d'une combinaison d'expériences personnelles et d'introspection réfléchie. Le roman présente une réflexion durable sur la richesse de l'apprentissage par l'expérience, soulignant que la véritable compréhension naît de l'assimilation d'expériences diverses et du discernement acquis par la rumination introspective. La description émouvante que fait Hesse du parcours de Siddhartha rappelle avec force l'importance cruciale de l'expérience dans la quête de la sagesse et de la réalisation de soi. Cette exploration de la sagesse applicable, acquise en vivant et en s'engageant dans le monde, transcende les frontières littéraires pour offrir une réflexion profonde sur la condition humaine et la quête de l'illumination.

Réception et critique : impact mondial et interprétations

Publié en 1922, Siddhartha de Hermann Hesse a acquis une grande renommée et a suscité de nombreuses interprétations différentes. Son regard profond sur l'illumination et la recherche de soi a dépassé les frontières linguistiques et culturelles, devenant un texte apprécié non seulement en Occident, mais aussi dans les cultures orientales où l'hindouisme et le bouddhisme occupent une place importante. La description du parcours de Siddhartha dans le roman trouve un écho dans le monde entier et est admirée pour ses thèmes universels et sa sagesse intemporelle. Les critiques et les universitaires se sont souvent intéressés à Siddhartha, révélant ses multiples niveaux de sens et consolidant sa pertinence dans les discussions littéraires, comme le soulignent des analyses telles que (NG S, 2017).

L'accueil réservé au roman reflète la diversité des points de vue des universitaires, qui témoignent de son impact multidimensionnel. Les spécialistes occidentaux de la littérature examinent souvent le roman à travers le prisme de la philosophie existentielle, explorant la manière dont le parcours de Siddhartha reflète la recherche d'un sens dans un monde en mutation rapide, en accord avec les idées présentées dans la théorie contemporaine de la réception, en particulier celle de Hans Robert Jauß (Manthripragada A, 2014).

Les universitaires et les chefs spirituels orientaux, en revanche, considèrent Siddhartha comme un pont interculturel, soulignant sa représentation de la spiritualité orientale. Cette dualité souligne la capacité du roman à trouver un écho dans des contextes divers, ce qui lui confère un attrait mondial. Siddhartha est loué pour sa subtile évolution spirituelle et sa profondeur philosophique. Les critiques saluent le talent narratif de Hesse, soulignant la capacité du roman à susciter l'introspection chez des lecteurs d'horizons divers.

Un héritage durable : Siddhartha dans le discours contemporain

Siddhartha, de Hermann Hesse, continue aujourd'hui encore d'exercer une grande influence sur les lecteurs et les universitaires. Son pouvoir durable se manifeste dans la façon dont il aborde des questions d'actualité et dans la nature intemporelle de ses idées centrales, en particulier lorsqu'on le considère à la lumière des inquiétudes culturelles communes à la Grande-Bretagne et à l'Allemagne de l'entre-deux-guerres (Boyne L, 2019). L'exploration par Hesse de l'existence, de la spiritualité et de la quête humaine d'un sens à la vie dépasse les frontières culturelles et temporelles, ce qui contribue à son attrait universel. Surtout, Siddhartha reste une source d'inspiration essentielle pour ceux qui recherchent un épanouissement personnel et spirituel dans notre monde très rapide et matérialiste. Sa description du cheminement de Siddhartha vers la découverte de soi et la paix intérieure peut guider les gens à travers les épreuves de la vie moderne, en les encourageant à réfléchir et à mieux comprendre leur place dans le grand schéma des choses. L'accent mis par le roman sur la pleine conscience, l'empathie et l'idée que tout est lié fait également écho à la tendance actuelle à la pleine conscience, ainsi qu'à l'intérêt croissant pour la pensée orientale dans les sociétés occidentales, ce qui le rend d'autant plus pertinent dans le contexte des tensions sociales actuelles (Hall G et al., 2018).

Dans les milieux universitaires, Siddhartha reste important en tant que pont entre le mysticisme oriental et la pensée occidentale. Les critiques et les universitaires analysent le texte pour approfondir les subtilités des échanges culturels, la représentation des philosophies spirituelles et l'évolution de la pensée philosophique. La capacité du roman à susciter des discussions sur la compréhension interculturelle, les vérités universelles et la convergence de différents systèmes de croyances en fait une œuvre clé en littérature comparée et en études religieuses. La fusion par Hesse des idées bouddhistes et hindouistes avec l'existentialisme occidental suscite la curiosité intellectuelle et invite à porter un regard neuf sur les cadres établis, favorisant ainsi le dialogue interdisciplinaire et élargissant le paysage universitaire.

De plus, Siddhartha a laissé son empreinte sur la culture populaire, apparaissant dans diverses formes d'art et influençant les efforts créatifs à l'échelle mondiale. Ses adaptations cinématographiques, ses pièces musicales et ses interprétations artistiques témoignent de la portée et de l'importance durable du roman au-delà de la simple littérature. Les artistes et les cinéastes trouvent encore aujourd'hui l'inspiration dans l'histoire de Siddhartha, ce qui montre l'attrait durable de son parcours et les leçons intemporelles qu'il contient. Par ailleurs, Siddhartha influence les mouvements sociopolitiques qui prônent la pleine conscience, la compassion et la conscience éthique, renforçant ainsi sa valeur en tant que source d'orientation morale et spirituelle aujourd'hui. En effet, alors que nous faisons face aux complexités du XXIe siècle, l'impact de Siddhartha persiste, signe de son pouvoir à susciter l'introspection, à encourager le dialogue interculturel et à mettre en lumière l'expérience humaine universelle. Sa large influence dans différents domaines du discours contemporain souligne la pertinence multiforme du chef-d'œuvre de Hesse, qui dépasse sa publication initiale et lui assure une place parmi les trésors littéraires intemporels.

6

Naviguer dans la quarantaine

La dualité du « Loup des steppes »

HERMANN HESSE

L'œuvre littéraire de Hermann Hesse, Le Loup des steppes, est née d'un climat personnel et culturel difficile, qui a profondément influencé ses préoccupations existentielles fondamentales. La période entre les deux guerres, marquée par la déception de l'après-Première Guerre mondiale et la menace croissante de la Seconde Guerre mondiale, a offert à Hesse un terrain fertile pour réfléchir à l'existentialisme et à la place de l'humanité (Fraim J, 2003). La crise de la quarantaine de Hesse s'est intégrée à l'histoire, lui conférant un caractère brut et réfléchi. Le livre est centré sur Harry Haller, le personnage principal, dont le combat personnel reflète l'anxiété sociale généralisée de l'époque. Les problèmes existentiels de Haller, que Hesse a modelés à partir de sa propre vie, dépeignent l'aliénation intense, l'isolement et le désir spirituel de l'époque, en particulier lorsque la vie moderne et les villes ont bouleversé les traditions anciennes.

Hesse a exploré des concepts philosophiques et a été influencé par des personnalités telles que Friedrich Nietzsche, Arthur Schopenhauer et Sigmund Freud, dont les idées enrichissent le fondement philosophique du roman. L'essor rapide de l'urbanisation et de la technologie a conduit à un monde en mutation rapide. Hesse a intégré ce sentiment palpable d'isolement et de déconnexion dans l'histoire. Cette description vivante des bouleversements sociaux a touché les lecteurs, incarnant l'esprit de l'époque.

Au final, le loup des steppes est une représentation touchante du parcours intérieur chaotique de l'auteur, entremêlé à une société confrontée à une réalité brisée.

Fondements philosophiques et dilemmes existentiels

Les luttes intérieures et la quête de sens de Harry Haller dans *Le Loup des steppes* sont indéniablement ancrées dans des questions philosophiques et des incertitudes existentielles qui captivent encore les lecteurs (Hajiyeva N, 2024).

Essentiellement, ce livre capital explore les nuances de ce que signifie être humain, abordant des questions telles que l'identité, le but et la nature même de la réalité, des idées centrales à l'existentialisme. Hermann Hesse mélange habilement des éléments de la pensée orientale, notamment le concept de dualité souvent présent dans le bouddhisme, avec des idées existentielles occidentales, créant ainsi une histoire qui remet en question les idées traditionnelles du moi et les attentes de la société (Kumar P et al., 2020). Dans le contexte de l'Allemagne d'après-guerre, Hesse aborde des thèmes tels que l'aliénation, la désillusion et la quête permanente de la découverte de soi. Harry Haller devient un moyen d'explorer le chaos intérieur auquel les gens sont confrontés lorsqu'ils traversent la quarantaine et cherchent un sens à leur vie dans un monde qui semble indifférent. Hesse intègre les idées philosophiques de son époque, s'inspirant de Nietzsche, de la psychanalyse freudienne et de Kierkegaard, ce qui permet de mettre en lumière les conflits intérieurs profonds de Harry.

À travers le voyage intérieur de Haller, les lecteurs sont encouragés à se confronter à leurs propres questions existentielles ; le roman devient un miroir reflétant la quête universelle d'appartenance. D'une manière générale, l'exploration de ces bases philosophiques permet aux lecteurs de réfléchir à des idées intemporelles, telles que la dualité de la nature humaine, la quête d'authenticité et le tiraillement entre l'intégration et l'individualité, les incitant ainsi à une réflexion plus profonde sur leur propre existence. Au fur et à mesure que l'histoire progresse, Hesse explore efficacement les questions fondamentales qui préoccupent les philosophes depuis des siècles, invitant à réfléchir à l'énigme de l'existence et à la grande diversité des expériences humaines. Dans la plupart des cas, Le loup des steppes devient un regard profond sur la relation complexe entre l'individu et le monde, et incite à repenser ce que signifie vraiment vivre authentiquement dans une société complexe et conflictuelle.

Harry Haller : l'incarnation du conflit intérieur

Harry Haller, le personnage principal quelque peu mystérieux du loup des steppes de Hermann Hesse, est un symbole très intéressant de la lutte intérieure et des grandes questions existentielles. Intellectuel d'âge mûr aux prises avec des questions sérieuses sur son identité, sa place dans le monde et le sens de la vie, Haller illustre parfaitement les conflits mentaux complexes qui surviennent souvent lorsque les gens atteignent la quarantaine (Smith, 2020). Hesse fait habilement ressortir dans le personnage de Haller le conflit entre son esprit brillant et ses désirs intérieurs sauvages, ce qui permet de bien saisir les difficultés d'être humain à ce stade de la vie, d'une manière générale (Jones, 2019). Les expériences et les réflexions profondes de Haller nous permettent de plonger dans les profondeurs déroutantes de son for intérieur (Brown, 2021). Son aversion manifeste pour les attentes de la société et sa quête intense d'authenticité reflètent les sentiments anti-conformistes qui étaient courants à l'époque où se déroule le roman, offrant aux lecteurs une image puissante du conflit entre les désirs d'un individu et les attentes de la société (Taylor, 2018).

De plus, le conflit interne de Haller se manifeste dans son oscillation entre un sentiment de solitude intellectuelle et la capitulation devant les plaisirs sensuels, illustrant la nature ambivalente des désirs humains et la lutte sans fin pour les équilibrer (White, 2022). Le personnage de Harry Haller montre également la tension entre la logique et l'illogique, entre l'ordre et le désordre, caractéristiques qui représentent les problèmes existentiels plus larges qui imprègnent le roman (Lee, 2023). Son introspection constante et son regard critique sur le monde qui l'entoure témoignent d'une recherche persistante pour se comprendre lui-même et dépasser ses limites, alors qu'il est aux prises avec les deux facettes de sa propre nature (Garcia, 2021). À travers les hauts et les bas émotionnels de Haller, ses réflexions philosophiques et ses confrontations avec son moi intérieur, les lecteurs sont invités à explorer la profondeur de la lutte existentielle et la quête d'une identité solide dans un monde qui semble brisé (Kim, 2020).

Le « Traité sur le loup des steppes » – Un guide pour comprendre la dualité

Le loup des steppes d'Hermann Hesse offre une vision complexe de la dualité, en particulier à travers Harry Haller. Le traité du roman est essentiel pour comprendre le tumulte intérieur de Harry et sa quête de sens, montrant que la compréhension de soi peut être un véritable labyrinthe (Wennerscheid S et al., 2021). À travers cela, Hesse explore le moi divisé et le conflit entre les forces opposées qui s'affrontent en nous. Cette dualité n'est pas une simple division ; c'est un conflit profond qui se manifeste de nombreuses façons dans la vie de Harry. Elle inclut le spirituel contre le matériel, son côté loup sauvage contre son côté civilisé, la créativité contre la raison, et le désir de chaos contre le besoin d'ordre.

S'inspirant des philosophies orientales et occidentales, le traité décompose l'idée d'un moi unique et unifié. Au contraire, il montre une existence fragmentée, qui n'est pas sans rappeler les discussions sur la complexité de l'identité dans notre monde globalisé (Cheung CHT, 2021). Il traite de la lutte permanente entre les différentes parties de notre conscience, nous poussant à affronter la dissonance en nous-mêmes. Agissant comme un miroir, le traité reflète les luttes de Harry et encourage les lecteurs à se tourner vers leur for intérieur, afin d'y voir peut-être leurs propres conflits internes.

Le Traité sur le loup des steppes est important car il met en lumière l'expérience humaine universelle, au-delà du récit spécifique de Harry. Hesse utilise ce dispositif pour aborder des questions fondamentales sur l'identité, la recherche de sens et la réconciliation des désirs conflictuels. À travers ce traité, Hesse invite les lecteurs à explorer au-delà de l'histoire de Harry et à se confronter réellement aux dualités essentielles qui définissent notre expérience. De plus, le traité sert de pont philosophique entre les facettes disparates de l'existence humaine, renforçant la façon dont ces dualités résonnent avec les dialogues culturels et philosophiques entourant l'individualité et l'identité, ce qui en fait une exploration critique dans le paysage littéraire lié à la condition humaine (Wennerscheid S et al., 2021).

Aliénation urbaine et critique sociale dans « Le Loup des steppes»

Dans « Le Loup des steppes», Hermann Hesse explore avec beaucoup de talent l'aliénation urbaine ; il s'agit d'une critique sociale qui fait écho aux récits culturels sur l'identité. Harry Haller, le personnage principal, fait l'expérience du détachement, se sentant en marge de l'agitation de la société, symbole de la déconnexion moderne (Cheung CHT, 2021). Hesse reflète sa propre exploration du fossé entre les gens et le monde urbain moderne, montrant les luttes psychologiques dans une société mécanisée. À travers Harry, Hesse encourage à réfléchir à la solitude existentielle et à la fragmentation courantes dans les villes, remettant ainsi en question les normes urbaines (Kern S, 2011). Le roman capture la dissonance de l'environnement urbain et constitue une plateforme pour explorer sa place dans des structures sociales complexes.

Le mélange habile de Hesse entre conflit interne et commentaire social présente un portrait nuancé de la désillusion au sein de la ville. La critique va au-delà des expériences personnelles, couvrant la conformité, le matérialisme et la stérilité spirituelle qui caractérisent la société urbaine moderne. En opposant le tumulte intérieur de Harry aux réalités de la ville, Hesse confronte les lecteurs aux implications sobres de la pression sociale et de l'érosion de l'authenticité. *Le Loup des steppes* est donc un examen approfondi de l'impact déshumanisant de l'urbanisation et de la lutte pour l'individualité dans une structure impersonnelle et mécanisée. L'exploration par Hesse de l'aliénation urbaine dans *le loup des steppes* trouve un écho, offrant une perspective convaincante à travers laquelle nous pouvons aborder de manière critique l'existence urbaine moderne et la question persistante de l'identité individuelle dans la vie urbaine, soulignant la manière dont l'expérience personnelle et la société s'entremêlent (Cheung CHT, 2021).

Rêves sulfureux : l'influence de la psychanalyse

D'une manière générale, la psychanalyse influence considérablement le récit du loup des steppes. Hermann Hesse mêle habilement les conflits intérieurs du protagoniste à l'examen des désirs, des peurs et des rêves inconscients (Shah H et al., 2024). À travers le parcours de Harry Haller, Hesse explore les complexités de la psyché humaine. Ce parcours reflète la nature multiforme du moi et la tension entre les attentes de la société et les pulsions plus primitives. S'appuyant sur les théories psychanalytiques de Sigmund Freud et Carl Jung, Hesse élucide les couches complexes de l'inconscient. Ces couches et les manifestations des désirs refoulés font écho aux idées que l'on trouve dans la littérature psychanalytique (Shah H et al., 2024).

Le personnage du Loup des steppes, qui représente la double nature inhérente à l'humanité, incarne la lutte interne entre la civilisation et les pulsions brutes, ce qui fait écho aux principes fondamentaux de la pensée psychanalytique. En outre, le « Traité sur le loup des steppes » fonctionne comme une sorte d'examen psychologique, dévoilant l'identité fragmentée de Haller à travers une perspective psychanalytique. Il contribue également à la structure narrative globale, qui illustre le cheminement vers l'individuation (Shah H et al., 2024). Au fur et à mesure que le récit se déroule, avec quelques séquences oniriques et des expériences hallucinatoires, le fonctionnement interne du subconscient du protagoniste est mis en lumière. Cela montre, dans la plupart des cas, l'impact de cette lutte interne sur sa vision existentielle et sa quête de compréhension de soi.

Traumatismes non résolus et instincts refoulés : le symbolisme dans « le loup des steppes »

D'une manière générale, Hesse utilise à bon escient les couloirs sinueux, les ruelles sombres et les paysages surréalistes comme symboles. Ceux-ci servent à montrer les parties labyrinthiques de l'inconscient, encourageant les lecteurs à errer dans le monde mystérieux de l'âme humaine . Ce décor symbolique, imprégné des idées freudiennes et jungiennes, nous invite à réfléchir aux symboles et thèmes fondamentaux qui sous-tendent la vie humaine . De plus, la manière dont le conscient et l'inconscient fonctionnent ensemble met en évidence la connaissance approfondie de Hesse de l'individuation, une idée psychanalytique. L'individuation consiste à assembler les différentes parties de soi-même pour devenir entier et se comprendre.

En utilisant le loup et l'homme à l'intérieur de Haller comme métaphore, Hesse examine l'équilibre fragile entre le moi poli et le moi sauvage et naturel, reflétant les luttes mentales qui font partie de la condition humaine.

Dans Le Loup des steppes, la psychanalyse devient un thème central, montrant les difficultés des actions humaines, les inquiétudes existentielles et la recherche permanente du changement personnel. L'utilisation par Hesse des thèmes psychanalytiques va au-delà du simple outil littéraire, incitant les lecteurs à réfléchir profondément et à considérer les thèmes communs qui affectent l'expérience humaine .

Musique, danse et libération : métaphores du voyage intérieur

Dans *Le Loup des steppes* de Hermann Hesse, la musique, la danse et la libération fonctionnent comme de puissantes métaphores du voyage intérieur. Nous le voyons particulièrement à travers les expériences de Harry Haller, qui explore l'expression artistique et cherche à se découvrir lui-même. À travers ces métaphores, Hesse incite les lecteurs à réfléchir au rôle essentiel de la créativité et du mouvement dans la quête de sens et d'épanouissement. La musique, en particulier, apparaît comme un canal profond de résonance émotionnelle et d'introspection spirituelle, s'alignant sur la fonction documentée de la poésie de guerre comme moyen d'expression personnelle au milieu du chaos (Smith R, 2024). Le personnage de Pablo est un catalyseur essentiel dans la transition de Harry de la désolation vers quelque chose qui s'apparente à une révélation, obtenue grâce au jazz. Dans ce roman, la musique est plus qu'un simple divertissement ; c'est un mécanisme de transcendance et de perspicacité, qui fait écho aux convictions personnelles de Hesse sur le potentiel transformateur de l'art, ce qui n'est pas sans rappeler la poésie comme moyen de comprendre l'identité culturelle et les conflits, comme le suggèrent les études sur la multiplicité des voix dans la littérature allemande (Redmons W, 2023).

Des mélodies évocatrices d'un saxophone à l'attrait hypnotique d'un disque de gramophone, la musique offre catharsis et révélation, soulignant le potentiel de rédemption de l'expression artistique. La danse, en outre, sert de représentation physique du conflit intérieur et de sa résolution dans *le loup des steppes*. Les mouvements fluides d'Eva sont peut-être une forme de libération des contraintes sociales et aussi de l'angoisse personnelle. Dans l'atmosphère palpitante du Magic Theater, la musique et la danse créent un univers où les esprits sont libérés et les fardeaux existentiels allégés, du moins momentanément. Ces descriptions soulignent l'importance accordée par Hesse à la relation complexe entre le mouvement et l'émancipation émotionnelle, capturant l'impact profond de l'art sur la psyché humaine. Hesse tisse ces motifs artistiques ensemble, mettant magistralement l'accent sur la transformation personnelle et la libération intérieure. La danse envoûtante de la musique, de la danse et de la liberté présente une allégorie poignante de la condition humaine elle-même. En interagissant avec ces métaphores, les lecteurs sont invités à réfléchir à la pertinence des activités artistiques pour affronter les tumultes intérieurs et entamer un voyage transformateur vers la réalisation de soi.

Le Théâtre magique : la quête de la réconciliation intérieure

Hermann Hesse, qui explore la psyché humaine, en particulier à travers le prisme du Théâtre magique, présente la réconciliation intérieure comme un motif clé dans la quête de la découverte de soi et de l'intégrité personnelle. Le Théâtre magique, pourrait-on dire, fonctionne comme une arène symbolique où les individus sont confrontés aux fragments de leur personnalité, mettant en évidence une tension assez importante entre les attentes de la société et le véritable moi des individus. Hesse semble s'inspirer des théories psychologiques en vogue à son époque, postulant que les troubles intérieurs proviennent à la fois des désirs refoulés et des pressions exercées par la société, ce qui peut favoriser un sentiment de fragmentation de soi. Les personnages, à travers des expériences oniriques, participent à un voyage transformateur, parvenant finalement à intégrer ces éléments disparates, enrichissant ainsi leur compréhension de leur place dans le monde. Cette intégration n'est pas simplement une acceptation des contraires, mais plutôt une acceptation complète des complexités personnelles. Comme Hesse le laisse entendre lui-même, cela souligne sa conviction que pour atteindre l'illumination, il est nécessaire d'affronter sa propre noirceur intérieure. Comme il le note dans ses remerciements, le chemin vers la réconciliation se déroule rarement de manière linéaire ; dans la plupart des cas, il nécessite de naviguer entre divers terrains psychologiques, reflétant les défis auxquels est confronté le pèlerin archétypal dans son voyage vers l'illumination (Review of Formative Fictions, 2014).

Le Théâtre magique

Le Théâtre magique dans l'histoire est un lieu quelque peu bizarre et transformateur. Ici, Harry Haller, le personnage principal, passe par une série de performances symboliques et déroutantes. Considérez ces performances comme la représentation du parcours personnel d'un individu vers la découverte de soi et, finalement, l'acceptation de qui il est. Cela fait écho aux complexités décrites par Merton lorsqu'il explorait sa propre conscience au cours de ses recherches sur soi et la spiritualité (Rasmi M, 2015). Le Théâtre magique n'est pas seulement un lieu dans le récit, c'est plutôt un plan existentiel. Haller est confronté à ses luttes intérieures et trouve son chemin à travers une sorte de labyrinthe de confusion, d'illumination et même de désespoir. L'exploration du Théâtre magique par Haller reflète la quête humaine plus large de sens et de but, en particulier pendant la crise de la quarantaine, lorsque les individus sont souvent aux prises avec leur identité et leur place dans le monde. Comme Merton l'a détaillé dans ses réflexions, cette quête est souvent remplie à la fois de conflits et de clarté, où le voyage lui-même devient aussi crucial que la destination (Collins J, 2012). À l'intérieur de cet espace, le temps se comporte de manière étrange, permettant une réflexion personnelle profonde.

Les personnages du Théâtre magique représentent un large éventail de personnages et de situations, symbolisant les multiples facettes de l'esprit humain et ce que nous vivons tous. Au fur et à mesure que Haller assiste à ces étranges représentations, il doit faire face aux aspects complexes de sa propre personnalité. Haller voit les aspects conflictuels de sa personnalité et entame un voyage à la découverte de lui-même. Au cours de ce voyage, il doit réconcilier les forces opposées qui le troublent. Le Théâtre magique devient une manifestation vivante du concept jungien d'individuation, un processus d'intégration des aspects inconscients et conscients du soi afin d'atteindre la plénitude et l'harmonie psychologiques. C'est cette capacité à présenter à Haller des questions existentielles profondes et des vérités intemporelles qui rend le Magic Theater si puissant. Les lecteurs peuvent accompagner Haller dans son voyage surréaliste, qui les incite à réfléchir à leurs propres conflits intérieurs.

Le Théâtre magique devient ainsi un espace de réflexion, invitant à l'introspection sur leur propre psyché et le récit de leur vie. Hesse utilise avec brio des images puissantes, des symboles et des idées philosophiques pour donner vie au Théâtre magique, tissant une tapisserie de réflexions profondes sur la condition humaine. À travers sa nature allégorique, Hesse invite les lecteurs à contempler les thèmes universels de l'existence humaine, notamment la quête de sens, la lutte pour l'acceptation de soi et la réconciliation des forces intérieures opposées. Le Théâtre magique sert en fin de compte d'allégorie convaincante du potentiel de transformation inhérent à l'acceptation de sa dualité intérieure et à la recherche de la réconciliation, offrant aux lecteurs une exploration profonde et stimulante du parcours humain vers la découverte de soi et l'harmonie intérieure.

Réception critique et interprétation au fil du temps

Depuis sa parution en 1927, Le Loup des steppes de Hermann Hesse a fait l'objet d'une série d'opinions et d'interprétations critiques. Au début, les critiques littéraires ne savaient pas trop quoi penser du livre, le trouvant difficile à classer dans les catégories littéraires standard, ce qui, comme l'a souligné Victor Turner, peut arriver lorsque les idées culturelles changent (Sajewska D, 2021). Au fil du temps, cependant, l'opinion des critiques et des lecteurs sur le roman a évolué, reflétant les changements dans la philosophie, la psychologie et la culture. Les premières critiques soulignaient souvent le trouble intérieur de Harry Haller comme un symbole de l'angoisse existentielle et de la solitude que beaucoup ressentaient après la Première Guerre mondiale, un point essentiel pour comprendre ce que Hesse essayait de dire sur la condition humaine. Plus tard, les analyses ont mis en avant l'accent mis par le roman sur la spiritualité, la pensée orientale et l'idée du soi, reliant le loup des steppes à des tendances plus larges telles que le mysticisme, la psychanalyse et la théosophie, à l'instar des changements éducatifs du XXe siècle qui traitaient des expériences humaines complexes (Retter H, 2018).

Après la guerre, l'esprit rebelle des années 1960 a rendu le loup des steppes à nouveau populaire, les lecteurs s'identifiant à ses thèmes de résistance, d'individualité et de recherche de l'authenticité. Cette époque a vu apparaître de nombreuses nouvelles interprétations qui considéraient le roman à travers le prisme des expériences psychédéliques, des soulèvements sociaux et des sentiments anti-establishment, ce qui a permis au loup des steppes de s'inscrire dans l'air du temps. À mesure que les études universitaires se sont développées pour inclure différents domaines tels que la théorie littéraire, la psychologie et les études culturelles, le loup des steppes est devenu un sujet fréquent, révélant des détails sur la structure de son histoire, son symbolisme et ses significations profondes qui reviennent encore aujourd'hui dans les discussions sur les défis de la vie moderne.

Héritage et influence dans la pensée contemporaine

L'héritage d'Hermann Hesse continue d'influencer de manière significative la littérature, la psychologie, la philosophie et la culture populaire dans la pensée contemporaine, reflétant les discussions approfondies sur les questions émotionnelles et existentielles qui touchent chaque individu, comme le souligne (Daou F et al., 2023). Les thèmes explorés par Hesse, ces questionnements existentiels, touchent les gens d'aujourd'hui, transcendant le temps et la culture, et améliorant notre compréhension de la psyché et de la société, tout comme l'histoire culturelle des cariatides représentant les espoirs et les conflits sociaux dans l'Europe bourgeoise, comme le montre (Daniel Jütte, 2022). L'étude détaillée de Hesse sur l'esprit humain, les luttes intérieures et l'éveil spirituel captive toujours les lecteurs, les universitaires et les artistes, et sert d'inspiration pour les explorations littéraires actuelles. Les idées de Hesse ont imprégné la littérature moderne, encourageant les auteurs à explorer les complexités de l'être humain et la quête sans fin de la compréhension de soi. Ses récits et ses réflexions philosophiques ont été une source d'inspiration pour les romanciers désireux d'explorer la conscience et l'aliénation, faisant écho à des explorations historiques similaires dans les domaines de l'architecture et de l'identité, à travers des figures telles que les cariatides.

De plus, la description par Hesse du changement personnel et de la recherche de l'authenticité a offert un modèle aux personnages confrontés aux difficultés de la vie moderne, incarnant les luttes inhérentes à l'être humain. L'influence de Hesse s'étend également à la psychologie, en particulier à la psychanalyse et à la psychologie des profondeurs, où ses idées enrichissent notre compréhension du comportement et des émotions humaines. Ses romans, tels que le loup des steppes et Demian, fournissent une matière riche pour l'étude des archétypes jungiens, de l'individuation et de la confrontation avec le moi caché, reflétant la relation complexe entre les pressions sociales et le développement personnel, à l'instar de la dynamique qui entoure l'histoire culturelle des cariatides. Les psychologues et les thérapeutes continuent de s'inspirer de la compréhension de l'humanité de Hesse, utilisant son œuvre pour accompagner leurs clients dans leur cheminement vers la découverte de soi et la guérison, soulignant ainsi la valeur thérapeutique de la littérature. La pertinence durable de l'œuvre de Hesse est également évidente dans la philosophie contemporaine, où ses réflexions sur la réalité, le conflit entre le corps et l'esprit et la recherche de sens trouvent un écho dans un monde rempli de questions existentielles.

Des philosophes de divers horizons continuent de s'intéresser aux écrits de Hesse, ajoutant ses idées à des discussions plus larges sur la condition humaine, l'éthique et la quête de la sagesse, enrichissant ainsi ces débats éternels. De plus, l'influence culturelle de Hesse est évidente dans l'art, la musique, le cinéma et les arts visuels, où les thèmes de la découverte de soi et de l'authenticité trouvent un écho auprès du public. De nombreux musiciens, cinéastes et artistes ont été inspirés par les textes de Hesse, traduisant son imagerie et sa profondeur émotionnelle dans leur travail, à l'instar de la réinterprétation des cariatides dans les contextes artistiques modernes. L'attrait durable des histoires de Hesse et la profondeur de ses personnages ont assuré leur adaptation dans des formes créatives contemporaines, enrichissant la culture de son héritage durable. En bref, l'impact significatif d'Hermann Hesse sur la pensée contemporaine met en évidence l'intemporalité de ses explorations au cœur de l'expérience humaine, montrant le lien entre les émotions, l'art et la philosophie. Sa capacité à éclairer les complexités de l'âme humaine avec empathie garantit que son héritage continuera à façonner les discussions intellectuelles, les efforts artistiques et la recherche individuelle de sens aujourd'hui.

7

Confrontation de l'âme

Thèmes dans «Narcisse et Goldmund»

Dans « Narcisse et Goldmund » de Hermann Hesse, la rencontre entre les personnages principaux offre une plongée profonde dans la double nature de l'âme humaine. Elle met en évidence la lutte entre la logique et les sentiments, ou entre l'ordre et la liberté. Narcisse, moine et penseur, incarne la quête d'une connaissance supérieure et de la discipline spirituelle. Goldmund, quant à lui, est tout entier tourné vers l'expression artistique et l'expérience du monde à travers les sens. Ce contraste fait écho à des idées que l'on retrouve ailleurs dans les écrits de Hesse ; par exemple, Le Jeu des perles de verre montre comment le développement d'un esprit vif peut conduire à une meilleure conscience de soi et à la découverte de sa raison d'être (Roberts P, 2009).

Le voyage de Goldmund à la recherche de lui-même l'amène à faire face à sa propre mortalité et à la nature éphémère de la vie. Cela reflète la vision de Hesse selon laquelle vivre pleinement signifie accepter à la fois le bonheur et la douleur, comme le souligne son récit symbolique (Daou F et al., 2023). Par conséquent, *Narcisse et Goldmund* n'est pas seulement une histoire d'amitié et de quête de soi, c'est aussi une réflexion sur la nature complexe de la vie. Elle suggère que la véritable sagesse consiste à trouver un équilibre entre ce qui est temporaire et ce qui est durable.

Contexte historique et fondements philosophiques

Pour comprendre Narcisse et Goldmund, il est essentiel de prendre en compte le contexte médiéval européen, une période marquée par d'importants changements religieux et philosophiques. L'Église catholique exerçait alors une influence considérable, qui avait un impact considérable sur la vie des gens et la société (Classen A, 2025). Cela a créé un environnement strict qui a influencé le parcours spirituel de personnages tels que Narcisse et Goldmund. L'histoire d'Hermann Hesse met en évidence la tension entre la religion établie et l'exploration personnelle. Le contraste entre la vie au monastère et celle d'un artiste montre la lutte plus large de la société pour la liberté (Daou F et al., 2023).

De plus, la Renaissance et ses idéaux humanistes ont encore alimenté la philosophie de l'époque. L'humanisme, qui met l'accent sur la célébration du potentiel individuel, a incité les gens à rompre avec la tradition. Hesse intègre habilement ces idées, montrant comment elles alimentent les conflits intérieurs des personnages alors qu'ils cherchent à définir leur identité. Le système féodal, avec ses classes sociales rigides, façonne également le parcours des personnages. Les expériences de Goldmund en tant que noble et sculpteur révèlent les inégalités et les restrictions liées à la naissance. Cette exploration sociale renforce les thèmes du roman, soulignant l'interaction entre liberté et contraintes. De plus, les guerres et les épidémies ont agi comme des catalyseurs d'introspection (Classen A, 2025). Ces perturbations ont encouragé une réflexion plus profonde, poussant Narcisse et Goldmund à rechercher des vérités profondes sur la vie. En plaçant l'histoire dans ce contexte, Hesse amplifie les luttes des personnages, les rendant symboliques de l'expérience humaine dans l'Europe médiévale.

Les protagonistes : une dichotomie entre l'esprit et l'instinct

Dans Narcisse et Goldmund, Hermann Hesse crée habilement une interaction vivante entre Narcisse et Goldmund, les personnages principaux, qui incarnent les domaines contrastés de la pensée raisonnée et de l'action impulsive. Narcisse, le savant engagé, symbolise l'intellect ordonné et logique, profondément engagé dans un travail académique intense au sein du monastère, se consacrant à des activités savantes qui témoignent d'un dévouement fondamental à la connaissance et à la droiture morale (Rasmi M, 2015). Sa loyauté envers la vie de l'Église souligne son dévouement inébranlable aux efforts intellectuels et aux principes éthiques, le présentant comme un gardien de la tradition et de la structure. Narcissus, à ce titre, renforce les fondements moraux du monastère grâce à sa force mentale et à son engagement spirituel, suggérant que la quête de la connaissance peut coexister avec le sens du devoir moral.

Goldmund, en revanche, apparaît comme l'opposé de Narcissus, motivé par des sentiments intenses et un désir passionné pour le monde réel, accueillant un système de croyances qui valorise l'expérience au-dessus du dogme. Sans les restrictions de la tradition, Goldmund découvre le sens à travers des sentiments intenses, des expériences sensorielles et la satisfaction des besoins physiques, remettant en question les normes défendues par Narcissus. Sa nature artistique et son profond désir d'indépendance mettent en évidence un lien profond avec la nature et une large exploration de la condition humaine, révélant la richesse que l'on trouve à travers les expériences personnelles. Cette distinction nette entre les deux personnages permet aux lecteurs d'examiner le débat philosophique de longue date sur le conflit fondamental entre la logique et l'émotion, un sujet pertinent pour diverses visions sur la manière de mener une vie satisfaisante (Wennerscheid S et al., 2021).

La quête d'identité : au-delà des frontières ecclésiastiques

Le roman *Narcisse et Goldmund* de Hermann Hesse explore avec délicatesse la lutte intérieure pour l'identité. Celle-ci se déroule dans un monde régi par des frontières ecclésiastiques assez rigides. Elle reflète, dans la plupart des cas, un discours plus large sur la nature de la modernité. Ceci est bien sûr articulé dans l'histoire du gnosticisme intellectuel, qui met l'accent sur la tension entre l'autonomie individuelle et l'autonomie sociale (Kwiatkowski F, 2023). Les personnages, Narcisse et Goldmund, incarnent bien le conflit entre le profane et le spirituel. Narcisse représente une vie intellectuelle disciplinée et cloîtrée, tandis que Goldmund incarne l'esprit sauvage, aspirant réellement à l'expression individuelle au-delà des limites du dogme religieux. Hesse tisse plutôt leurs parcours comme une réflexion poignante sur la découverte de soi, faisant écho aux idées tirées des complexités des réalités émotionnelles/psychologiques (Daou F et al., 2023).

Alors que Goldmund est généralement aux prises avec le rejet de la vie monastique et cherche sa place en dehors des murs du couvent, le roman dévoile des idées profondes sur les couches complexes de l'identité personnelle et la tension éternelle entre conformité et libération. De plus, l'exploration transcende le simple discours philosophique, plongeant dans les dimensions émotionnelles et psychologiques de l'existence au cœur de ces conflits existentiels. La représentation de Goldmund par Hesse – son conflit interne et sa quête ardue de la réalisation de soi – résume la lutte universelle : la réconciliation des désirs personnels avec les attentes de la société. Cette entreprise reflète la lentille diagnostique que le gnosticisme fournit pour les crises d'identité contemporaines (Kwiatkowski F, 2023).

Le récit invite ensuite les lecteurs à réfléchir à la complexité de l'individualité et au courage nécessaire pour emprunter des chemins inexplorés dans la quête de son véritable moi. En explorant l'interaction entre l'action personnelle et les pressions extérieures, *Narcisse et Goldmund* constitue une allégorie convaincante de la résilience humaine, oui, au milieu des contraintes traditionnelles et des aspirations grandissantes de l'esprit humain. De plus, cette quête dépasse le cadre individuel. Elle englobe des thèmes existentiels plus larges, confrontant l'existence humaine et l'essence même du sens de la vie, des discussions multidimensionnelles qui trouvent un écho dans le gnosticisme et la modernité (Kwiatkowski F, 2023). Hesse remet en question les paradigmes religieux traditionnels en juxtaposant l'adhésion de Narcisse à la doctrine et l'engagement sensuel et expérientiel de Goldmund dans la vie. Cette tension existentielle propulse le récit dans une exploration de la nature multiforme de l'identité. Elle invite les lecteurs à réfléchir à l'interaction entre la spiritualité, la liberté personnelle et la recherche de l'authenticité. Par conséquent, *Narcisse et Goldmund* s'impose comme un témoignage intemporel de la quête humaine, offrant une odyssée spirituelle qui suscite la réflexion. Cela reflète vraiment les complexités exposées dans les discussions contemporaines sur l'interaction entre les émotions et les efforts (Daou F et al., 2023).

Rencontres significatives : les personnages comme miroirs

Hermann Hesse, dans Narcisse et Goldmund, crée avec brio une série d'interactions significatives qui agissent presque comme des miroirs, reflétant l'intérieur des personnages principaux. On pourrait dire que chaque rencontre sert de terrain d'essai où leurs identités évoluent, nous exposant aux subtilités de l'être humain et aux questions existentielles auxquelles ils sont confrontés. À l'instar de Claude Vivier, qui, à travers sa composition Siddhartha, montre comment les relations spatiales et les histoires personnelles canalisent de profonds courants émotionnels sous-jacents au sein d'un sentiment de soi fracturé (C R Goddard, 2023), le récit de Hesse fait quelque chose de similaire. Il démontre comment les moments de connexion – ou même de séparation – sculptent la croissance et la perspicacité individuelles, mettant en évidence l'idée de communitas, qui a été largement discutée dans les domaines anthropologiques.

Les réflexions de Victor Turner sur la communitas contribuent à mettre en lumière l'importance des expériences partagées qui dépassent le simple individu, ce qui montre l'importance des relations humaines dans un monde en constante transformation (Sajewska D, 2021). Ainsi, les personnages du roman de Hesse ne se contentent pas de tracer leur chemin dans la vie grâce à leurs liens avec les autres, mais ils incarnent également les grandes questions existentielles que le public pourrait également se poser dans sa quête d'un but et d'un sentiment d'appartenance.

Dynamique des personnages dans « Narcisse et Goldmund »

Dans la littérature, les identités sont mises à l'épreuve, se transforment et finissent par se révéler, reflétant des thèmes plus larges liés à la découverte de soi et à l'épanouissement personnel. Ces interactions entre les personnages sont plus que de simples éléments de l'intrigue ; les chercheurs suggèrent qu'elles sont essentielles pour comprendre le développement des personnages, approfondir la psychologie, la spiritualité et l'existentialisme. Narcissus, connu pour son intellect et son mode de vie dévoué, contraste fortement avec Goldmund, plus spontané et plus sensible à l'esthétique, une comparaison qui a fait l'objet d'analyses littéraires importantes. Leurs dialogues ressemblent à des débats philosophiques, reflétant un conflit intemporel entre la raison et l'émotion, la discipline et la liberté, la pensée et l'action, des thèmes profondément liés à la philosophie existentielle.

Hesse utilise leurs interactions pour inviter à la réflexion sur les subtilités de la nature humaine et la tension persistante entre des forces opposées, un motif courant dans la littérature. Les personnages secondaires influencent également de manière significative le parcours de Narcisse et Goldmund, démontrant ainsi comment ces rôles secondaires enrichissent la profondeur thématique et le développement des personnages. Par exemple, la sagesse non conventionnelle de Maître Niklaus et la vivacité de Lene reflètent chacune les luttes internes et les ambitions des protagonistes, une idée souvent explorée dans le contexte des dynamiques relationnelles. Ces rencontres ne sont pas fortuites ; elles sont cruciales pour la découverte de soi des personnages, les poussant à affronter leurs peurs et leurs désirs les plus profonds, soulignant ainsi l'importance des interactions entre les personnages pour faire avancer le récit.

De plus, Hesse utilise ces rencontres significatives pour explorer des thèmes universels tels que l'amour, l'amitié, la trahison et la rédemption, qui ont été au centre des discussions littéraires. La profondeur émotionnelle et psychologique de ces interactions touche profondément les lecteurs, inspirant la réflexion et l'empathie, un effet corroboré par les théories psychologiques sur la réponse des lecteurs . Alors que les personnages naviguent dans leurs relations complexes, les lecteurs sont amenés à réfléchir à leurs propres expériences, trouvant des parallèles dans le paysage émotionnel complexe du roman.

En fin de compte, la représentation par Hesse des interactions entre les personnages comme des miroirs met en évidence son talent pour révéler la psyché humaine multiforme, une technique considérée comme essentielle pour les récits axés sur les personnages par les théoriciens littéraires. À travers des échanges authentiques et nuancés, il dépeint habilement la danse complexe des émotions, des forces et des vulnérabilités humaines, s'alignant sur les interprétations modernes de l'intelligence émotionnelle dans la littérature. Les personnages servent de guides, entraînant les lecteurs dans un voyage d'introspection, où ils sont confrontés à leurs propres réflexions et tirent des enseignements de rencontres profondes, renforçant ainsi la pertinence durable de l'exploration des relations humaines par Hesse .

Symbolisme et allégorie : Éros et le processus créatif

Dans *Narcisse et Goldmund*, Hermann Hesse utilise un symbolisme et une allégorie riches pour explorer la relation complexe entre Éros, l'acte créatif et ce que signifie être humain. L'histoire regorge de représentations symboliques d'Éros, le dieu grec de l'amour et du désir, qui reflètent les multiples facettes de la passion et du désir humains, une vision que partagent les analyses actuelles lorsqu'elles examinent la vie émotionnelle et relationnelle des personnages (Taxidou O, 2021). Les aspects sensuels et émotionnels d'Éros sont intimement liés aux recherches artistiques et intellectuelles des personnages, qui façonnent leur parcours de transformation. À travers des éléments allégoriques, Hesse établit des liens entre l'élan créatif et la quête de satisfaction spirituelle, présentant Éros comme une force qui anime à la fois la création artistique et la recherche de sens. Éros est présenté comme plus qu'un simple désir physique ; il englobe la profondeur et la complexité des sentiments et des espoirs humains, invitant les lecteurs à réfléchir aux grandes questions de la vie qui sont au cœur de l'histoire. Ce symbolisme invite les lecteurs à réfléchir à la manière dont l'amour, la créativité et la recherche de soi sont liés, faisant écho à des thèmes universels que l'on retrouve dans de nombreuses cultures et époques, comme la manière dont les relations humaines sont explorées dans la théorie critique (Rasmi M, 2015).

De plus, l'allégorie détaillée d'Éros dans *Narcisse et Goldmund* dépasse les désirs personnels pour inclure des significations philosophiques et existentielles plus larges. Hesse mêle habilement le processus créatif aux luttes intérieures et aux expériences extérieures des personnages, brouillant les frontières entre la création artistique et l'épanouissement personnel. Alors que Goldmund part à la recherche de lui-même et cherche à s'exprimer artistiquement, Éros est allégoriquement présent tout au long de son voyage, soulignant la complexité des aspirations humaines et le pouvoir transformateur de l'effort esthétique. L'exploration d'Éros et du processus créatif dans *Narcisse et Goldmund*, riche en symbolisme et en allégories, dépasse les limites des histoires d'amour classiques, offrant une réflexion profonde sur l'interaction entre la passion, l'inspiration et la condition humaine. Ce thème invite les lecteurs à réfléchir au rôle d'Éros dans leurs propres activités créatives et leur quête de sens, ce qui est intemporel et encourage une conversation introspective avec le texte.

La nature comme enseignante : l'élément pastoral

Dans « Narcisse et Goldmund » de Hermann Hesse, la nature façonne profondément le parcours de Goldmund vers la découverte de soi, agissant comme un puissant enseignant. Le roman, qui se déroule dans le contexte de l'Europe médiévale, présente un élément pastoral qui est plus qu'un simple dispositif scénique ; il fonctionne comme une métaphore de la croissance spirituelle et de l'illumination. Hesse utilise habilement la paix et l'énergie que l'on trouve dans l'environnement naturel pour refléter l'évolution du monde intérieur de Goldmund, ainsi que pour exposer des vérités immuables concernant l'existence humaine. Ces vérités reflètent des perspectives significatives sur la relation entre le gnosticisme et la modernité, faisant écho aux discussions de personnalités telles que Hans Jonas et Carl G. Jung (Kwiatkowski F, 2023). Le monde pastoral - prairies luxuriantes, forêts denses et lacs calmes - donne un sentiment d'intemporalité qui contraste fortement avec la brièveté et la fugacité de la vie humaine. En montrant les interactions de Goldmund avec la nature à travers des moments de solitude dans les bois et des moments de paix dans une prairie, Hesse invite les lecteurs à réfléchir au lien profond qui unit l'humanité et l'environnement, suggérant que la nature peut inspirer une profonde introspection, ce qui correspond à l'idée que ce lien est présent dans les récits culturels modernes (Kwiatkowski F, 2023).

De plus, les cycles de la nature, tels que le changement des saisons et le jeu de l'ombre et de la lumière, offrent une interprétation symbolique de l'impermanence de la vie. Goldmund, en parcourant ces paysages, est contraint de réfléchir à la beauté éphémère de l'existence, ce qui l'amène à faire face à sa propre mortalité et à rechercher des significations plus profondes qui transcendent le monde matériel. Cette réflexion devient alors un élément essentiel de son éveil spirituel, qui mêle le cadre pastoral à la réflexion philosophique. Il convient de noter que l'élément pastoral du roman ne se limite pas à de simples descriptions ; il symbolise également un retour à un mode de vie plus simple et plus primitif, loin des complexités et des structures de la société. Le monde pastoral offre à Goldmund l'espace nécessaire pour se débarrasser des rôles et des idées qui lui sont imposés par la société, ce qui lui permet de se connecter à son vrai moi et de découvrir ses émotions et ses pulsions brutes. Ainsi, la nature devient à la fois une toile et un catalyseur pour son exploration intérieure, lui permettant de dépasser les limites normales et de découvrir sa véritable essence.

Enfin, l'élément pastoral met en évidence la croyance de Hesse dans le pouvoir rédempteur du monde naturel et son rôle dans la formation de l'esprit humain, faisant écho à des thèmes présents tout au long du paysage intellectuel du XXe siècle (Kwiatkowski F, 2023). Il invite les lecteurs à écouter la sagesse tranquille de la terre, les encourageant à réfléchir à leur place dans la structure plus large de l'existence. En présentant la nature comme un maître, « Narcisse et Goldmund » nous rappelle avec force que, dans le chaos de la vie humaine, la paix pastorale reste un guide constant pour l'âme errante, capturant le sens de la quête de compréhension de l'humanité dans un monde complexe.

Symbolisme religieux et connotations mystiques

Dans *Narcisse et Goldmund*, Hermann Hesse mêle habilement symbolisme religieux et éléments mystiques, donnant à l'histoire une profonde résonance spirituelle. Les traits contrastés de Narcisse, érudit et réfléchi, et de Goldmund, artistique et instinctif, reflètent une lutte plus large. Cette lutte oppose la religion organisée et la spiritualité individuelle, un thème que Hesse explore à travers le conflit entre la doctrine et la foi personnelle. Les symboles religieux – le monastère, l'abbaye et les images chrétiennes – sont essentiels pour examiner la foi, le doute et la quête de quelque chose qui dépasse le quotidien. Ces symboles fonctionnent comme des allégories, guidant les personnages à travers leurs questions existentielles et philosophiques, et dévoilant les subtilités de leur vie intérieure. De plus, le roman explore l'idée du divin féminin, s'inspirant des traditions mystiques et du symbolisme de l'anima, enrichissant ses thèmes spirituels et montrant l'interaction des forces masculines et féminines. Les expériences de Goldmund avec les femmes et ses combats intérieurs illustrent un voyage vers la plénitude, intégrant à la fois des éléments masculins et féminins dans une histoire plus large de découverte de soi et d'illumination, d'une manière générale.

Symbolisme et mysticisme dans « Narcisse et Goldmund »

Les œuvres littéraires d'Hermann Hesse mettent souvent en scène une quête fascinante de compréhension spirituelle, une expérience humaine universelle que *Narcisse et Goldmund* invite certainement les lecteurs à considérer. Nous trouvons, tissées tout au long du récit, des nuances mystiques qui créent un sentiment particulier d'enchantement. Cela encourage les lecteurs à dépasser les préoccupations quotidiennes et à se connecter à des vérités plus profondes, un élément caractéristique de la narration de Hesse, en particulier lorsqu'on considère les analyses de ses contes de fées ainsi que les influences psychologiques (Dr Simeonov I). Hesse a le talent de brouiller les frontières entre le tangible et le métaphysique. Ce faisant, il met en évidence l'interdépendance de toutes choses, et même le caractère transcendant de la conscience humaine.

L'utilisation d'éléments mystiques contribue également à souligner le thème récurrent de la recherche de sens – et d'un véritable but – dans un monde inévitablement marqué par l'incertitude ; ce concept même résonne dans les diverses quêtes des personnages (Bradford B, 1974). Le symbolisme religieux se mêle à des connotations mystiques pour renforcer l'exploration de la tension dans le roman, celle entre les désirs terrestres et le besoin d'illumination spirituelle, formant une tapisserie riche et captivante présentant des dilemmes existentiels et des révélations finales. *Narcissus et Goldmund* reste donc un exemple par excellence du talent de Hesse pour imprégner ses œuvres littéraires d'un engagement durable, d'une profonde perspicacité spirituelle et, en fin de compte, d'une contemplation intemporelle sur ces thèmes universels.

Le rôle de l'art et de la beauté dans l'épanouissement spirituel

L'art et la beauté occupent une place centrale dans Narcissus et Goldmund de Hermann Hesse, servant de catalyseurs à l'exploration et à l'épanouissement spirituels. Hesse montre comment l'art — sculpture, musique, littérature — devient un vecteur à travers lequel les personnages parviennent à la réalisation de soi (Franklin Felsenstein, éditeur, 2024). Goldmund incarne le pouvoir transcendant de l'art. En tant que sculpteur, son parcours reflète sa quête esthétique, mais aussi un désir existentiel plus profond, montrant le lien entre la créativité et la compréhension (Daou F et al., 2023). La création de sculptures aide Goldmund à se connecter à son moi intérieur, canalisant son agitation dans un art qui résonne de beauté et de vérité. Cela s'apparente à de la méditation, l'aidant à affronter la mortalité et la nature éphémère de l'existence.

Narcissus et Goldmund met également en évidence la relation entre l'art et la beauté, montrant comment ils s'entremêlent pour évoquer des expériences spirituelles. L'attrait de l'art, comme l'architecture sacrée ou les peintures, captive les personnages et les lecteurs, les invitant à contempler le divin dans l'art humain. Hesse suggère subtilement que la recherche de la beauté est une quête de compréhension transcendante (Franklin

Felsenstein, éditeur, 2024). La beauté, qu'il s'agisse de mélodies éthérées ou de paysages sublimes, est un vecteur de révélation spirituelle. Grâce à la beauté, les personnages ont des révélations, dissolvant les frontières perceptuelles et leur permettant d'entrevoir la réalité éternelle. En fin de compte, Narcisse et Goldmund invite les lecteurs à réfléchir à l'art, à la beauté et à l'épanouissement spirituel, les incitant à l'introspection à travers la contemplation esthétique. Hesse dépeint l'art comme une fusion de créativité et de spiritualité, mettant en lumière la capacité de la beauté à élever l'esprit humain au-delà des contraintes mortelles (Daou F et al., 2023).

Mortalité et révélation : le voyage révélateur de Goldmund

Le parcours de Goldmund dans *Narcisse et Goldmund* est étroitement lié à sa confrontation avec la mortalité, qui lui permet d'acquérir des connaissances essentielles qui façonnent profondément sa compréhension de ce que signifie être. Au fil de sa vie, passant de l'ordre du monastère au désordre captivant du monde, Goldmund perçoit le caractère éphémère de l'existence, ce qui le pousse à rechercher son véritable moi et sa raison d'être. L'amour, le chagrin, l'art et la beauté éphémère de la nature suscitent en lui une réflexion profonde, le poussant à considérer la mort non seulement comme une fin, mais aussi comme un élément essentiel à la compréhension. Cette compréhension s'acquiert petit à petit, conduisant Goldmund à percevoir les liens qui unissent toutes choses, un thème qui reflète le cycle de la vie et de la mort. Hesse avance alors une idée philosophique qui valorise la capacité révélatrice de la mortalité : ce n'est qu'en acceptant que la vie est limitée que nous pouvons embrasser plus profondément la réalité et mieux apprécier les éléments esthétiques et spirituels de la vie.

Le pouvoir transformateur de l'épiphanie dans « Narcisse et Goldmund »

Le parcours de Goldmund, une méditation sur le paradoxe de la mortalité et le pouvoir transformateur de l'épiphanie, le voit se débattre avec la nature éphémère de la vie. Comme l'a noté Walter Benjamin, la connaissance humaine repose sur l'interprétation (Benjamin, Year). Cela est évident dans la confrontation introspective de Goldmund avec la nature éphémère de la vie et l'inévitabilité de la mort, qui alimentent sa quête de compréhension. Tout au long du roman, ses rencontres catalysent un éveil poignant à la mortalité et à la fragilité humaine, reflétant la philosophie existentielle. Son lien avec l'art, la beauté et les relations humaines lui permet de mieux comprendre la nature éphémère de la vie, faisant écho aux théoriciens existentialistes. Son parcours révélateur culmine dans une profonde épiphanie : il transcende la peur de la mortalité et trouve du réconfort en acceptant la nature éphémère de la vie, faisant écho aux traditions littéraires. Cette prise de conscience catalyse la croissance de Goldmund, offrant une sagesse intemporelle qui invite à la réflexion sur la mortalité et l'épiphanie transformatrice, à l'instar des idées des philosophes moraux. La représentation de la mortalité et de la révélation dans Narcisse et Goldmund offre une exploration émouvante de la condition humaine, s'inscrivant dans le discours existentiel et invitant les lecteurs à contempler les thèmes existentiels du récit. Le parcours révélateur de Goldmund met en évidence la lutte contre la mortalité et la recherche de la révélation, illustrant la pertinence intemporelle de ces thèmes dans la compréhension de l'existence humaine. D'une manière générale, ce parcours est un témoignage de la condition humaine.

Conclusion : intégrer les dualités pour une compréhension plus riche

En résumé, Narcisse et Goldmund offre une exploration plutôt captivante de ce que signifie être humain, sondant les profondeurs de l'existence et la recherche perpétuelle de sens. En réfléchissant aux chemins entremêlés de Narcisse et Goldmund, nous voyons que leurs recherches personnelles d'épanouissement sont, dans la plupart des cas, marquées par des dualités inhérentes. Tout au long du récit, Hermann Hesse entremêle avec brio des thèmes tels que l'intellect et l'émotion, voire la spiritualité et la sensualité, sans oublier l'introspection et l'expression, la mortalité et l'éternité, présentant ainsi une tapisserie assez profonde de la conscience humaine (Daou F et al., 2023).

L'interaction de ces dualités enrichit en effet le développement des personnages et offre également des perspectives précieuses au lecteur, d'une manière générale. En embrassant ces dichotomies, même si cela n'est pas toujours facile, Hesse nous incite à affronter nos propres conflits internes et à réconcilier, dans la mesure du possible, les forces apparemment opposées qui s'affrontent en nous. Cette intégration des dualités permet une appréciation plus profonde des complexités et des contradictions de la vie, favorisant en fin de compte une compréhension plus riche de la condition humaine, d'une manière générale. De plus, la profondeur thématique du roman transcende certainement son contexte immédiat, faisant écho à des vérités universelles et à des questions intemporelles qui ont préoccupé l'humanité à travers les cultures et les époques.

À travers la juxtaposition de la contemplation retirée de Narcisse et des errances passionnées de Goldmund, Hesse souligne la complémentarité des forces opposées, mettant l'accent sur l'interconnexion et l'interdépendance de facettes apparemment disparates de l'expérience humaine (Blady S, 2021). Ce faisant, il semble préconiser une approche intégrée de la vie, une vie qui reconnaît, le plus souvent, l'harmonie essentielle entre des éléments conflictuels. Cette coexistence harmonieuse des dualités n'est pas dépourvue de tensions ou de conflits. Au contraire, elle célèbre, à sa manière, l'équilibre dynamique atteint grâce à l'acceptation du paradoxe et de la multiplicité.

Alors que nous naviguons dans les méandres de l'existence – et elle est complexe –, Hesse nous invite à nous engager dans la nature multiforme de la réalité, en reconnaissant que la véritable illumination naît, dans la plupart des cas, de la synthèse de perspectives divergentes. Dans cette veine, Narcisse et Goldmund transmet un message profond sur la belle interaction entre les dualités, nous exhortant à rechercher l'équilibre au milieu des flux et reflux des vicissitudes de la vie. En fin de compte, l'attrait durable du roman réside peut-être dans la manière dont il éclaire le parcours humain vers l'intégration et la transcendance, une réflexion poignante et intemporelle sur la complexité de l'esprit humain.

8

Le paradoxe intellectuel

Éclaircissement et isolement dans «Le Jeu des perles de verre»

Prélude contextuel : paysage historique et philosophique

« Le Jeu des perles de verre » de Hermann Hesse est né d'un contexte complexe d'idées culturelles et intellectuelles de son époque. L'Europe du début du XXe siècle, avec ses changements sociaux et philosophiques, a préparé le terrain pour cette œuvre importante. Marqué par deux guerres mondiales et le sentiment d'inquiétude de l'après-guerre, Hesse a cherché à capturer la complexité de la vie humaine dans les thèmes de son roman. Comme l'ont noté certains chercheurs (Daou F et al., 2023), l'œuvre de Hesse montre une remise en question commune des valeurs et du sens. Le roman incarne la rencontre de diverses traditions intellectuelles dans un contexte de développement des domaines universitaires, de progrès scientifiques et d'idées modernes. L'utilisation par Hesse de la philosophie orientale, en particulier la synthèse et l'interconnexion, influence grandement les idées du roman. Cette synthèse est également un élément clé pour comprendre les débats culturels de l'époque (Yulia V Sineokaya, 2020).

L'importance croissante de la technologie et ses effets sur la pensée et la créativité humaines sont également présents de manière discrète dans l'histoire, montrant l'importance accordée au progrès et les inquiétudes qui y sont liées à cette époque. L'exploration de l'environnement philosophique autour de la création du « Jeu des perles de verre » révèle que Hesse s'est inspiré d'un large éventail d'influences historiques, telles que les croyances transcendantales des romantiques, la recherche existentielle de la vérité et les tensions dialectiques hégéliennes. Le style unique de Hesse s'explique par la manière dont ces philosophies s'articulent entre elles. De plus, de nouvelles expressions artistiques, telles que les mouvements d'avant-garde dans la littérature, la musique et l'art, ont encouragé Hesse à explorer les liens entre la créativité, la connaissance et l'esprit humain. L'effervescence intellectuelle, influencée par des figures telles que Nietzsche et les recherches phénoménologiques naissantes sur la conscience, trouve un écho dans l'énigme incarnée par Le Jeu des perles de verre. Le mélange de ces influences s'est développé dans l'esprit de Hesse, conduisant au monde complexe présenté dans le roman.

Genèse conceptuelle : la création du « Jeu des perles de verre »

Le Jeu des perles de verre de Hermann Hesse représente, d'une manière générale, une réalisation importante, profondément imprégnée de considérations philosophiques et d'une portée intellectuelle considérable, reflétant un mélange de diverses inspirations et objectifs qui ont nourri le point de vue artistique de Hesse (Zhan C, 2024). La conceptualisation initiale de cette œuvre plutôt énigmatique révèle un arrangement complexe d'influences, d'inspirations et d'ambitions qui ont finalement conduit à la consolidation de la vision créative de Hesse. Les racines du Jeu des perles de verre peuvent, dans la plupart des cas, être attribuées à l'intérêt soutenu de Hesse pour les philosophies orientales, en particulier la fusion des techniques méditatives, de la rigueur mathématique et de l'articulation artistique courante dans des traditions telles que le bouddhisme tibétain et le Vedanta hindou, éléments qui trouvent un écho significatif dans ses récits (Leech K et al., 2018).

Ces influences ont fourni la structure essentielle de la région imaginaire de Castalia, où l'atmosphère de camaraderie savante et la quête de sophistication intellectuelle font écho à la notion idéalisée de Hesse d'un groupe unifié engagé dans la recherche de la sagesse. De plus, la notion même du Jeu des perles de verre apparaît comme une quête mystique, un symbole multiforme représentant la dynamique entre les efforts artistiques et les recherches intellectuelles qui remet en question les limites de l'expression créative et de la pensée philosophique, incarnant le désir de Hesse de trouver une méthode unificatrice pour comprendre l'expérience humaine.

La nature de la transcendance intellectuelle

Le Jeu des perles de verre d'Hermann Hesse présente une discipline qui va bien au-delà des études traditionnelles. Il englobe toutes les formes de connaissance, telles que la musique, les mathématiques, la philosophie et les sciences, en les mélangeant d'une manière intellectuellement magnifique. Ce jeu découle en quelque sorte de la réflexion de Hesse sur la manière dont les connaissances humaines s'articulent et dont différentes idées peuvent être tissées ensemble, un concept abordé dans des textes philosophiques tels que *Zorba le Grec* (A R Nair et al., 2025) et *Siddhartha* (A R Nair et al., 2025). Son commencement montre également l'introspection de Hesse, qui cherchait à souligner les limites de ce qu'une personne peut savoir par rapport au désir de tout comprendre.

Par conséquent, la création du Jeu des perles de verre est plus qu'une simple histoire sur la quête de la sagesse. C'est également un symbole de la façon dont la civilisation humaine se construit. La vision de Hesse met en évidence le cœur de la créativité intellectuelle et un fort désir de dépasser les limites, apparaissant tout au long de l'histoire comme une preuve de la créativité humaine. Riche en détails et en réflexions, Le Jeu des perles de verre montre la profondeur de la pensée de Hesse sur la nature de la connaissance, la façon dont les humains pensent et la quête sans fin de la compréhension spirituelle, mêlant ces idées à une riche conversation éthique qui reste d'actualité dans les débats philosophiques actuels.

Structure narrative : un conte sur la maîtrise intellectuelle

Dans Le Jeu des perles de verre, Hermann Hesse construit une exploration complexe de la réussite intellectuelle, oscillant entre les domaines de l'esthétique, de la connaissance et de la spiritualité. La forme narrative du roman sert de cadre à sa réflexion sur l'intellect humain et la quête de compréhension, ce qui rejoint l'idée selon laquelle l'art transcende l'espace et le temps, explorée dans les traditions musicales mondiales (Lindal JL, 2024). Hesse raconte la vie de Joseph Knecht, le protagoniste, à travers une série d'épisodes liés entre eux. Le parcours de Knecht façonne la progression du roman, et Hesse dépeint avec diligence son évolution, de jeune érudit talentueux à manifestation de la brillance intellectuelle, qui reflète les efforts d'architectes tels que Heinrich Tessenow et Fritz Schumacher dans leurs activités sociales (Frank H, 2022).

La méthode à plusieurs niveaux de Hesse tisse ensemble les pensées de Knecht, ses réalisations scolaires et ses liens avec la société secrète castalienne. Chaque épisode contribue au développement intellectuel de Knecht, montrant l'étendue de son caractère. La structure narrative reflète en quelque sorte la complexité du Jeu des perles de verre, symbolisant la pensée et la connaissance humaines. Au fur et à mesure que l'histoire progresse, le lecteur s'implique profondément dans un monde qui exalte les activités académiques et remet en question la recherche de la sagesse transcendantale. Avec un talent remarquable, Hesse établit un lien avec le lecteur à travers des investigations philosophiques, des complexités culturelles et les problèmes rencontrés par les individus qui se consacrent à la recherche de la vérité. Le récit suggère une compréhension profonde de l'expérience humaine, invitant à réfléchir à l'essence de la créativité, de la connaissance et de la recherche de l'illumination intérieure.

Hesse invite le lecteur à se joindre à une exploration intime de la maîtrise intellectuelle à travers les expériences de Knecht, posant des questions qui suscitent la réflexion sur la relation entre le désir humain et les limites inhérentes à la connaissance. Le pouvoir de l'érudition, le génie et le fardeau existentiel de l'illumination soulignent le thème de la maîtrise intellectuelle qui imprègne le texte. Ainsi, l'organisation du Jeu des perles de verre sert de structure expressive qui fait avancer l'histoire et, de plus, insuffle la vie aux méditations de Hesse sur les subtilités de l'intellect humain dans un univers vaste et mystérieux.

Joseph Knecht : l'archétype du savant

Dans Le Jeu des perles de verre de Hermann Hesse, Joseph Knecht est un exemple parfait de l'archétype du savant, représentant à la fois les mérites et les défis inhérents à l'exploration intellectuelle et à l'évolution personnelle. À travers Knecht, Hesse transmet le sentiment profond que la connaissance transcende la simple accumulation de faits et représente plutôt un échange dynamique de rencontres qui nourrit la perspicacité et le développement. Le parcours de Knecht met en évidence la friction inhérente entre le monde théorique de l'érudition et les éléments concrets de la vie réelle, démontrant que la recherche de la sagesse nécessite souvent de l'introspection, voire des sacrifices. Son passage des académies structurées de Castalia à une arène plus large marque un tournant décisif, remettant en question la possibilité d'un intellectualisme pur indépendant des luttes éthiques et existentielles de l'humanité (J E Davidson, 2009). De plus, les interactions de Knecht, notamment avec le maître de musique, explorent le cœur du mentorat et le rôle essentiel du discours dans la formation d'un érudit accompli. Par conséquent, Hesse présente Knecht non seulement comme l'incarnation de l'ambition intellectuelle, mais aussi comme un rappel poignant des obligations liées à la quête de la compréhension (Vaget HR, 2009).

Exploration de l'archétype du savant

Joseph Knecht, pourrait-on dire, incarne en quelque sorte la figure ultime du savant. Hermann Hesse utilise Knecht pour nous montrer les multiples facettes de la quête du savoir et du développement personnel. L'histoire de Knecht offre un regard fascinant sur la difficulté de rechercher constamment l'illumination et sur la solitude qui peut parfois accompagner cette quête, reflétant les luttes auxquelles les personnages principaux de Hesse sont souvent confrontés lorsqu'ils tentent de se trouver, en faisant face à des problèmes intérieurs et extérieurs (Jose A et al., 2024). En tant que Magister Ludi, ou maître du jeu des perles de verre, Knecht est fondamentalement le meilleur que l'on puisse être intellectuellement dans le monde structuré du livre. Son incroyable talent et son engagement dans le Jeu nous permettent de voir le délicat équilibre entre l'épanouissement intellectuel et le sentiment de solitude, un thème qui revient souvent dans les écrits de Hesse et même dans des œuvres musicales comme Siddhartha de Claude Vivier, qui traite également du sentiment d'être à la fois déconnecté et connecté (C R Goddard, 2023).

Hesse construit soigneusement le personnage de Knecht pour montrer les tensions qui découlent d'une vie consacrée à l'apprentissage. Le parcours de Knecht implique une réflexion profonde et un engagement fort dans ce qu'il fait, mettant en évidence à la fois les sacrifices et les victoires qui accompagnent le fait d'être un érudit dévoué. De plus, la façon dont l'esprit de Knecht évolue et dont il interagit avec les autres nous donne un bon aperçu de la complexité des relations humaines et de la façon dont l'isolement peut nous affecter à long terme. À travers Knecht, Hesse explore véritablement l'idée selon laquelle l'acquisition d'un grand nombre de connaissances peut également conduire à un sentiment de solitude profonde, un thème auquel de nombreux lecteurs peuvent probablement s'identifier. Le personnage de Knecht nous permet d'explorer les tensions naturelles entre l'intelligence et le bonheur émotionnel, nous amenant à réfléchir à la manière de trouver un équilibre lorsque nous essayons d'apprendre. Ainsi, la description que fait Hesse de Joseph Knecht en fait un symbole des conflits intérieurs et des questions morales qui accompagnent la recherche de l'excellence académique. Le rôle de Knecht en tant que savant parfait ajoute des couches de questionnement profond et de perspicacité psychologique au Jeu des perles de verre, le consolidant comme une figure vraiment importante dans l'exploration approfondie du roman sur ce que signifie être humain.

Interaction des pensées : thèmes de l'illumination

Dans Le Jeu des perles de verre, Hermann Hesse invite son public à réfléchir à l'imbrication de la curiosité intellectuelle et de la recherche de l'illumination, un thème qui trouve un écho dans Siddhartha, où se déroule un parcours similaire de découverte de soi (Daou F et al., 2023). Le roman explore les thèmes du développement intellectuel, de l'évolution personnelle et des paradoxes inhérents à la quête du savoir, qui reflètent le commentaire plus large de Hesse sur les questions existentielles (Daou F et al., 2023). Le récit réfléchit à l'illumination, moins comme une réussite scolaire que comme une exploration profondément existentielle. Hesse dépeint les défis et les triomphes de la quête de l'illumination, reflétant l'expérience des individus qui trouvent leur place dans le monde moderne. À travers Joseph Knecht et d'autres personnages, on voit la complexité de la croissance intellectuelle, le tiraillement entre les désirs personnels et les attentes de la société, et la responsabilité qui accompagne l'expertise au milieu de points de vue contradictoires.

Les chemins vers l'illumination sont divers : méditation, musique, mathématiques et art, reflétant l'étendue de la créativité et de la compréhension. En présentant ces formes, Hesse invite les lecteurs à réfléchir aux dimensions de l'illumination, faisant écho au cheminement de Siddhartha vers la réalisation de soi (Shrestha RK, 2022). De plus, Le Jeu des perles de verre offre un espace de discussion sur l'interconnexion des idées et les relations entre les disciplines, soulignant la nécessité d'une approche globale de la connaissance. Le jeu est une métaphore de l'entrelacement des pensées, transcendant les frontières des matières académiques ; l'illumination exige une synthèse. Il représente une symphonie intellectuelle : les thèmes s'harmonisent pour former une tapisserie unifiée de connaissances, invitant le lecteur à rechercher ses propres connexions. Hesse soulève des questions sur les intellectuels dans la société, les obligations des éclairés et l'éthique qui accompagne la recherche de la vérité, suggérant que le cheminement n'est pas dépourvu de complexité morale ou de responsabilité.

L'isolement dans la quête intellectuelle : le prix de la maîtrise

La maîtrise intellectuelle, bien qu'elle soit un objectif noble, a souvent un prix : un sentiment distinct d'être seul. Hermann Hesse, dans *Le Jeu des perles de verre*, explore avec art l'isolement comme une conséquence pratiquement inévitable de l'étude approfondie et de l'illumination, un thème qui trouve un écho dans la musique d'Ernst Krenek ; ses compositions idéalistes révèlent les sacrifices inhérents à un engagement véritable dans l'art et la pensée abstraite, qui conduisent souvent à un détachement de la vie ordinaire (Lindal JL, 2024). Cette exploration se penche sur le fardeau porté par ceux qui empruntent le chemin solitaire de l'esprit. Joseph Knecht, le protagoniste, incarne le savant isolé, se consacrant à la connaissance et au Jeu des perles de verre lui-même. Son engagement exige un retrait des rythmes sociaux habituels, faisant de lui, d'une certaine manière, un outsider.

L'écriture de Hesse met en évidence le fardeau de l'isolement de Knecht, soulignant les conséquences émotionnelles et psychologiques d'une telle réclusion. Le prix de la maîtrise apparaît lorsque le dévouement de Knecht à son art crée un fossé entre lui et les autres. Malgré sa position élevée dans les cercles universitaires, Knecht est aux prises avec une déconnexion qui découle de l'intensité de sa vie intellectuelle. Cet isolement, bien que largement choisi, révèle les complexités qui accompagnent une quête incessante de l'excellence. De plus, Hesse, à travers les expériences de Knecht, présente un portrait des implications existentielles de l'isolement intellectuel. On pourrait penser à des voyages spirituels comme ceux décrits dans *The Rabbit Hutch* de Tess Guntys, où les personnages sont confrontés à des luttes intérieures parallèlement aux attentes de la société (Syofyan D, 2023).

Le récit dépeint la lutte intérieure de Knecht, qui navigue entre découvertes intellectuelles, parfois seul, parfois en trouvant du réconfort. Hesse dévoile le paradoxe de l'isolement, non seulement comme un détachement, mais aussi comme un creuset forgeant l'identité de Knecht. S'appuyant sur le symbolisme littéraire et l'introspection, *Le Jeu des perles de verre* expose le sort des érudits, incitant à réfléchir aux coûts et aux avantages de la maîtrise. À travers son récit, Hesse invite à réfléchir à la tension entre l'ascension intellectuelle et la solitude qui l'accompagne, offrant un portrait de la condition humaine dans la quête de l'illumination.

Le rôle de la musique et des mathématiques : harmonie et complexité

Hermann Hesse, dans Le Jeu des perles de verre, entremêle subtilement la musique et les mathématiques, créant une exploration captivante de la rencontre entre la pensée abstraite et la sensibilité esthétique. Le jeu, avec ses manipulations symboliques et conceptuelles complexes, incarne une synthèse harmonieuse de ces disciplines. Il reflète une ambition d'unité et de cohérence intellectuelles, qui correspond à l'objectif de Hesse de remettre en question les barrières qui séparent la connaissance et la créativité (Yakub E Kartawidjaja, 2021). Les explorations de Knecht révèlent à la fois la beauté pure inhérente aux motifs mathématiques et la résonance émotionnelle que l'on trouve dans l'expression musicale ; cela reflète la vision de Hesse selon laquelle la musique est le summum des formes artistiques, confrontée aux défis existentiels de la vie (Massey I, 2018). Dans la plupart des cas, Hesse présente une synthèse convaincante entre précision rationnelle et créativité intuitive. Il remet en question les divisions traditionnelles et invite à la réflexion sur les liens inhérents qui unissent des domaines apparemment différents. D'une manière générale, cela réaffirme la manière dont des vérités plus profondes peuvent être découvertes à travers l'art et l'intellect.

Exploration intellectuelle dans « Le Jeu des perles de verre »

Dans le récit, la musique et les mathématiques mettent en évidence la nature captivante de l'exploration intellectuelle, montrant les effets transformateurs de la rencontre entre les disciplines. Hesse encourage la réflexion sur les subtilités de la compréhension humaine et la remarquable capacité de l'esprit à fusionner des connaissances variées en une unité cohérente (Jose A et al., 2024). De plus, l'entrelacement de la musique et des mathématiques montre les liens entre des aspects apparemment distincts de la vie humaine, révélant une connexion profonde entre la pensée abstraite et la création artistique. Cet échange dynamique renforce le thème central de l'harmonie, tant dans les activités intellectuelles que dans la vie quotidienne, en soulignant les précieuses compréhensions qui découlent de la combinaison de la logique et de l'émotion.

De la beauté structurelle des concepts mathématiques à la riche émotion de la composition musicale, Le Jeu des perles de verre est une démonstration puissante de la relation entre ces différents domaines de l'activité humaine, offrant une réflexion profonde sur la complexité et l'unité (Leving Y, 2019). Les lecteurs, captivés par le récit habilement tissé de Hesse, découvrent un univers où le charme envoûtant de la musique rencontre la discipline précise des mathématiques, créant une synthèse remarquable qui fascine l'esprit et touche l'âme.

Dialogue avec la réalité : idéaux utopiques contre limites humaines

Le Jeu des perles de verre d'Hermann Hesse présente un thème central captivant : l'interaction entre les rêves utopiques et les réalités de l'existence humaine, une question philosophique qui continue de fasciner les lecteurs (Exploring Past Images in a Digital Age, 2023). Le livre dépeint Castalia, une communauté vouée à l'excellence intellectuelle et aux idéaux esthétiques, présentant une sorte de société utopique. Dans ce lieu, la connaissance et les compétences artistiques priment. Au cœur de cette idée se trouve une tension : le désir humain de dépasser ses limites face aux contraintes inflexibles du monde matériel. Ce conflit met en lumière la complexité inhérente à la condition humaine (Redmond W, 2023).

Au fur et à mesure que le voyage de Knecht progresse, le contraste entre la beauté abstraite des recherches universitaires et les réalités complexes du monde qui l'entoure devient de plus en plus marqué. Bien que les érudits de Castalia cherchent à unifier divers domaines de la connaissance à travers le Jeu des perles de verre, leur vie protégée dans une « tour d'ivoire » les sépare des nécessités auxquelles sont confrontés ceux qui vivent à l'extérieur. Cette séparation conduit à une remise en question profonde de la réalité, dans laquelle les activités intellectuelles raffinées se heurtent à la nature parfois chaotique de la vie. En fin de compte, le roman révèle les limites des efforts purement intellectuels pour résoudre les défis de l'humanité, démontrant la vulnérabilité des visions utopiques face à la complexité du monde réel.

L'examen minutieux de cette idée par Hesse amène les lecteurs à réfléchir à l'équilibre précaire entre ce que nous espérons et ce que nous pouvons réaliser, offrant des perspectives importantes sur les efforts continus visant à aligner les idées nobles sur les contraintes de la réalité humaine. Ainsi, *Le Jeu des perles de verre* reste une réflexion significative sur la tension permanente entre l'attrait de l'activité intellectuelle et la reconnaissance de ses contraintes inhérentes, encourageant une réflexion continue sur la nature de la connaissance et de l'expérience dans la formation de l'expérience humaine.

Perspectives comparatives : échos de « Narcisse et Goldmund »

Lorsque l'on examine les similitudes thématiques entre Le Jeu des perles de verre et Narcisse et Goldmund, on commence à percevoir les idées récurrentes qui rendent ces deux livres si puissants, ce que de nombreux spécialistes de Hesse ont remarqué . Un lien essentiel est la recherche de la vérité et de soi-même, qui se manifeste de manière unique dans chaque histoire, soulevant des questions philosophiques assez profondes sur la vie . Dans Le Jeu des perles de verre, Hesse examine ce qui se passe lorsque l'on se consacre entièrement à l'apprentissage intellectuel, mais que l'on finit par se sentir isolé, en particulier à travers le personnage de Joseph Knecht. Celui-ci est tiraillé entre la réflexion sur de grandes idées et le besoin de créer des liens avec les autres.

Narcisse et Goldmund aborde également ces concepts, mais à travers les parcours contrastés de ses deux personnages principaux. Hesse explore ici l'interaction entre la spiritualité et les expériences du monde réel. En fin de compte, ces explorations nous encouragent à réfléchir à notre propre parcours personnel vers la connaissance de soi et la recherche d'un équilibre entre notre esprit et nos expériences en tant qu'êtres humains. C'est un élément central de l'œuvre de Hesse, qui reste d'actualité aujourd'hui lorsque nous parlons de qui nous sommes et de la manière dont nous nous exprimons à travers l'art.

Explorer la dualité humaine dans les œuvres de Hermann Hesse

Le Jeu des perles de verre et Narcisse et Goldmund explorent tous deux la danse complexe entre ce que nous ressentons et ce à quoi nous aspirons spirituellement. Ils explorent la difficulté d'être humain en suivant les hauts et les bas des personnages, nous montrant comment nous essayons constamment d'équilibrer les différentes facettes de notre personnalité. Hesse nous encourage à accepter le fait que nous sommes tous un mélange de logique et d'émotion, de raison et d'intuition, d'abnégation et de plaisir (Shah H et al., 2024). Ces livres sont similaires en ce qu'ils mettent en évidence l'expérience commune de ces grandes questions, qui dépasse le cadre d'un moment ou d'un lieu précis. Prenons l'exemple de Joseph Knecht et Goldmund : ils incarnent parfaitement des personnes qui tentent de trouver le bonheur soit par l'intellect, soit par l'émotion (Daou F et al., 2023). On ne peut s'empêcher de réfléchir en lisant, compte tenu du conflit séculaire entre la pensée et l'action, entre la solitude et la vie en société, et entre notre esprit et notre corps. Le talent de Hesse pour créer des personnages complexes permet de vraiment approfondir ce que signifie être conscient, ce qui incite à réfléchir profondément et à analyser les choses.

De plus, le mélange d'idées spirituelles orientales et occidentales est un thème récurrent, qui montre l'intérêt de Hesse pour la rencontre entre différentes philosophies. Le Jeu des perles de verre utilise le symbolisme oriental, tandis que Narcisse et Goldmund combine les croyances judéo-chrétiennes avec l'amour des plaisirs terrestres. Ce contraste démontre le talent littéraire de Hesse, qui donne à ses récits une profonde compréhension de la manière dont les idées spirituelles se rejoignent et divergent. En fin de compte, le fait de comparer Le Jeu des perles de verre et Narcisse et Goldmund révèle le lien qui les unit, les transformant en réflexions sur ce que signifie être humain. À travers un regard émouvant sur des thèmes universels et des énigmes philosophiques, Hesse crée une tapisserie d'introspection, nous encourageant à réfléchir à la complexité de la vie et à la quête sans fin de la vérité.

Réflexions finales : héritage intellectuel et solitude

Le Jeu des perles de verre de Hesse examine, d'une manière plutôt stimulante, la tension entre les réalisations intellectuelles profondes et, bien souvent, la solitude qui semble les accompagner. Au fil de l'histoire, nous sommes confrontés aux résultats parfois difficiles à accepter d'une vie entièrement consacrée à la recherche d'une compréhension intellectuelle profonde. En considérant les expériences de Knecht, en particulier son isolement ultime, les lecteurs sont encouragés à réfléchir à ce que signifie réellement un héritage intellectuel dans la vie d'une personne. La solitude, bien que thème assez courant dans la littérature, occupe une place exceptionnellement importante dans « Le Jeu des perles de verre ». Hesse réussit habilement à révéler le sentiment de solitude qui accompagne la quête de la connaissance et de la sagesse, en prenant pour toile de fond un érudit respecté qui aspire à la véritable brillance intellectuelle (Lyudmila V Gribina et al., 2024).

Fondamentalement, cette exploration délibérée de la solitude sert de critique sociale émouvante, allant au-delà d'une simple histoire fictive et invitant les lecteurs à réfléchir à ce que signifie le dévouement intellectuel solitaire dans le monde en général. De plus, le fait que Knecht soit essentiellement relégué à une vie d'étude isolée nous amène à évaluer de manière critique les sacrifices impliqués dans la recherche de la grandeur intellectuelle. Hesse, à travers sa description austère de Knecht, oblige le lecteur à affronter les luttes indéniables entre les relations humaines et le progrès intellectuel, inspirant une réflexion profonde sur la tension inhérente entre le prestige intellectuel et la solitude existentielle.

En outre, ce thème central soulève des questions importantes sur l'impact social durable des individus dotés de dons intellectuels inégalés, des individus qui, en raison de leurs capacités mentales, connaissent une profonde solitude. Ces réflexions appellent une évaluation détaillée de l'environnement socioculturel au sens large et de sa tendance à célébrer les réalisations intellectuelles, potentiellement au détriment des relations humaines et du bien-être émotionnel. En bref, « Le Jeu des perles de verre » fournit une base solide pour une réflexion philosophique beaucoup plus large sur les impacts des activités intellectuelles. L'histoire bien construite de Hesse nous permet d'étudier ces idées complexes avec un regard critique, enrichissant ainsi notre compréhension de l'intersection entre l'intellect et l'isolement.

9

L'héritage d'un lauréat du prix Nobel

Au-delà du prix

La figure littéraire

Le parcours d'Hermann Hesse vers le prix Nobel reflète sa quête inébranlable de la vérité artistique et philosophique, étroitement liée à une exploration de ce que signifie être humain, notamment dans *Siddhartha* et *Demian* (Shah H et al., 2024), (Hassan H, 2024). Hesse, figure clé de la littérature, a contribué à capturer les luttes existentielles et les recherches spirituelles dans un contexte de changements sociaux et historiques. Ses premières œuvres, telles que *Peter Camenzind* et *Siddhartha*, ont établi sa réputation en explorant des thèmes universels. Ces écrits témoignaient de la conscience qu'avait Hesse des émotions humaines, de la recherche d'identité et de la quête permanente de sens. Hesse est ainsi devenu une source d'introspection et de changement, invitant ses lecteurs à des révélations introspectives et à des questions existentielles.

Dans chacune de ses œuvres, Hesse a exploré la psyché humaine, créant des récits qui reflètent les subtilités de l'existence humaine. Son évolution en tant qu'écrivain reflète sa vie, marquée par des conflits intérieurs, et l'a fait émerger comme une figure de la contemplation littéraire. Ce parcours l'a conduit au prix Nobel de littérature, qui a reconnu l'impact durable de ses œuvres, en particulier son exploration de l'individuation et de la relativité des vérités spirituelles (Hassan H, 2024). Ses récits complexes ont transcendé le temps, influençant profondément la littérature et enrichissant la culture par leurs réflexions sur l'esprit humain et sa quête d'authenticité. Grâce à sa perspicacité et à son talent artistique, son œuvre continue de toucher plusieurs générations, lui permettant de conserver son statut d'inspiration littéraire et de sage introspectif.

La cérémonie du prix Nobel : un moment dans le temps

La cérémonie du prix Nobel, un événement unique, a marqué à la fois l'apogée de la carrière littéraire de Hermann Hesse et la reconnaissance de son influence considérable sur la littérature, un point souligné dans (Roberts P, 2009) ; l'œuvre de Hesse présente une exploration significative de ce que signifie être humain. Debout sur cette scène pour recevoir le prix tant convoité, l'importance du moment a résonné, soulignant l'influence durable de ses textes qui ont affecté et changé la façon dont des lecteurs de différents horizons et époques comprenaient le monde, un peu comme les lettres captivantes d'Ernst Moritz et Vera Hirsch Felsenstein, témoins d'une époque difficile, comme l'explique (Franklin Felsenstein, éditeur, 2024).

L'attribution officielle du prix Nobel n'était pas seulement une victoire pour Hesse personnellement, mais aussi une reconnaissance des idées, des théories et des réflexions contenues dans la structure de ses écrits. Au sein des murs séculaires de la Fondation Nobel, la présence de Hesse représentait le large attrait des livres, qui dépassent les frontières géographiques et linguistiques pour rassembler tous les peuples à travers des expériences communes et des vérités importantes, un principe en phase avec les situations décrites dans les récits de Hesse, qui abordent souvent des notions difficiles à définir telles que l'identité et l'existence. L'événement s'est déroulé dans une atmosphère solennelle, établissant Hesse non seulement comme un auteur de son époque, mais aussi comme le porte-parole des luttes persistantes de l'humanité, avec des récits entremêlés reflétant des dilemmes moraux similaires à ceux de Felsenstein et de ses pairs.

L'ascension de Hesse

On peut affirmer que l'émergence de Hesse en tant que figure littéraire a consolidé un héritage qui continue de résonner, comme l'illustre clairement l'influence considérable de son œuvre sur des lecteurs d'horizons divers et de plusieurs générations (Franklin Felsenstein, éditeur, 2024). L'importance de cet événement ne résidait pas seulement dans la célébration de ce qui avait déjà été accompli, mais aussi dans le fait de confier à Hesse la responsabilité de continuer à enrichir le monde littéraire avec sa vision tout à fait unique. La cérémonie du prix Nobel, dans toute sa grandeur, incarnait en quelque sorte l'esprit artistique qui imprégnait l'œuvre de Hesse. On pourrait dire qu'elle représentait la convergence des éléments intellectuels et émotionnels qui, ensemble, définissent la condition humaine, illustrant la danse complexe entre la littérature et les expériences qui façonnent notre perspective sur la vie (Jacobs BJ, 2020). Ce fut un moment où la pensée collective sembla s'arrêter, reconnaissant l'empreinte durable laissée par l'œuvre littéraire de Hesse et son talent pour combler le fossé entre les différentes cultures et générations.

Ce moment particulier a consolidé l'héritage d'un lauréat du prix Nobel dont les mots ont résonné dans le monde entier, encourageant une profonde introspection et une résonance spirituelle auprès de lecteurs divers. La cérémonie du prix Nobel a également permis de mettre en évidence la valeur intrinsèque des contributions de Hesse, en soulignant leur pertinence durable et leur effet immuable sur la littérature. Au-delà des simples éloges, elle a mis en lumière le lien profond entre l'auteur et le lecteur, montrant la nature réciproque de la transcendance littéraire, qui continue de résonner à travers le temps. Les œuvres de Hesse ont transcendé les histoires individuelles ; elles ont pris un rôle collectif, inscrit dans les annales de la littérature mondiale, reflétant les thèmes plus larges de l'expérience humaine qui sont importants pour les discussions culturelles (Franklin Felsenstein, éditeur, 2024).

En réalité, la cérémonie du prix Nobel est devenue un moment décisif dans le parcours de Hermann Hesse, un moment clé où le monde a honoré son art intemporel et son dévouement inébranlable à l'exploration des subtilités de la vie humaine, démontrant ainsi l'influence durable de la littérature dans la formation de notre pensée collective. Dans le contexte historique, cette cérémonie a marqué un tournant, marquant le début d'un héritage immortel qui continue de captiver et d'instruire les esprits à travers le monde, renforçant l'importance du travail de Hesse dans le débat continu sur la littérature et son rôle dans le développement social (Jacobs BJ, 2020). Je pense qu'il y a peut-être une petite erreur typographique quelque part.

La reconnaissance et son impact immédiat

Pour tout auteur et l'ensemble du paysage littéraire, recevoir le prix Nobel de littérature est un événement vraiment considérable. La nouvelle de l'obtention de ce prix incroyable par Hermann Hesse a eu un effet presque instantané et profond, nous rappelant à quel point de telles récompenses peuvent changer l'œuvre et l'héritage global d'un écrivain. Partout dans le monde, les médias ont publié des articles célébrant son œuvre, ce qui a entraîné un regain d'intérêt du public pour celle-ci, même si elle était déjà célèbre mais peut-être sous-estimée. Ce prix a non seulement confirmé l'engagement de Hesse envers son art, mais a également contribué à faire connaître ses livres à un public beaucoup plus large, dépassant les limites et les frontières auxquelles ils étaient auparavant confrontés. La communauté littéraire a discuté de l'obtention du prix Nobel par Hesse, renforçant son influence dans les cercles intellectuels et soulignant l'importance culturelle de ses thèmes (Piia K Posti, 2023).

Les éditeurs ont constaté une augmentation soudaine des commandes de livres, ce qui a entraîné des réimpressions et des traductions dans de nombreuses langues, élargissant ainsi son audience au-delà des seuls lecteurs germanophones. Ces éloges généralisés ont marqué le début d'une nouvelle période d'appréciation de la voix distinctive de Hesse et de ses explorations thématiques, incitant les lecteurs à découvrir ses histoires puissantes avec beaucoup de curiosité et de respect. Le prix a également suscité des débats internationaux sur l'état actuel de la littérature, incitant à une réévaluation des valeurs et des principes de la valeur littéraire aujourd'hui. La reconnaissance de Hesse a montré la capacité durable de la littérature à surmonter les divisions culturelles, suscitant un regain d'intérêt pour l'écrit et sa capacité à exprimer des vérités profondes sur ce que signifie être humain.

Outre l'augmentation immédiate de sa popularité, l'effet durable du prix Nobel sur l'héritage de Hesse continue d'influencer la façon dont les critiques et les lecteurs perçoivent son œuvre, encourageant les universitaires à repenser ses contributions en raison de sa nouvelle reconnaissance. Cela a consolidé sa place dans l'histoire littéraire et encouragé les futurs écrivains à explorer les questions existentielles avec la même profondeur et la même nuance que Hesse utilisait si habilement. Depuis des années, les universitaires et les fans continuent d'analyser et de replacer les contributions littéraires de Hesse dans leur contexte en raison de cette importante reconnaissance, confirmant ainsi son statut de figure littéraire durable. Cet héritage durable a assuré à Hesse une place de premier plan dans la littérature mondiale, garantissant que ses réflexions intemporelles sur les complexités de la vie continueront à résonner auprès des générations futures et invitant les lecteurs à réfléchir aux détails de la vie et des émotions humaines.

Succès critique ou succès commercial ?

L'œuvre littéraire d'Hermann Hesse suscite souvent des débats sur le respect critique par opposition à la popularité. Les critiques et les universitaires vénèrent ses écrits pour leur profondeur philosophique, mais ils sont également très populaires, ce qui suscite un débat sur l'art par opposition au succès commercial. Cela se voit dans l'accueil réservé à des romans tels que *Siddhartha*, *Le Loup des steppes* et *Le Jeu des perles de verre*. D'une part, les critiques louent les œuvres de Hesse pour leur exploration de l'existentialisme, des voyages spirituels et de l'expérience humaine, comme le soulignent les universitaires lorsqu'ils mettent en avant la complexité de ses récits (Exploring Past Images in a Digital Age, 2023). Les analystes littéraires louent sa capacité à intégrer des idées complexes dans des récits captivants, assurant ainsi son héritage dans la littérature intellectuelle. De plus, sa description sans concession des tourments intérieurs et ses personnages nuancés lui ont valu l'admiration, consolidant son statut de figure intellectuelle vénérée et soutenant l'affirmation de son intégrité artistique malgré son accessibilité.

D'autre part, les romans de Hesse ont trouvé un écho auprès des lecteurs en dehors des cercles littéraires. Les difficultés auxquelles sont confrontés les protagonistes, auxquels on peut s'identifier, et les thèmes universels de la découverte de soi ont conduit à un succès commercial. Cela a donné lieu à des opinions contrastées sur l'impact de la reconnaissance populaire sur l'intégrité perçue de l'œuvre de Hesse. Certains affirment que le large lectorat dilue les messages profonds, tandis que d'autres soutiennent que l'accessibilité enrichit l'influence de ses idées. D'une manière générale, la tension entre la reconnaissance critique et l'attrait commercial a alimenté le discours universitaire et les commentaires culturels. L'examen de la réception de l'œuvre de Hesse permet de mieux comprendre l'appréciation littéraire et l'engagement sociétal dans les activités intellectuelles. En outre, cela met en lumière le pouvoir durable des récits de Hesse pour susciter la réflexion auprès de publics disparates, défiant les catégorisations conventionnelles. Il existe également des points d'accord subtils sur la portée des contributions littéraires de Hesse à l'humanité, en particulier dans sa capacité à séduire des personnes de tous horizons.

Influence sur la littérature contemporaine

L'influence de Hermann Hesse sur la littérature contemporaine va bien au-delà des périodes ou des types de livres spécifiques, couvrant un champ aussi vaste que la littérature elle-même (Shah H et al., 2024). Le fait d'avoir remporté le prix Nobel y a certainement contribué ; son intérêt pour des thèmes tels que l'existentialisme, la recherche de soi et la compréhension spirituelle a véritablement façonné l'œuvre de nombreux écrivains actuels. Son talent pour examiner de près ce que signifie être humain et aborder des expériences complexes continue d'inspirer des écrivains de différentes cultures (Daou F et al., 2023). La manière remarquable dont Hesse raconte des histoires, avec beaucoup de symbolisme et un style narratif réfléchi, a motivé de nombreux écrivains modernes qui tentent de montrer les aspects complexes de notre vie intérieure.

On peut voir à quel point ses livres tels que Siddhartha et le loup des steppes ont été importants dans l'émergence de nouveaux livres qui nous examinent de près et posent de grandes questions, montrant ainsi à quel point Hesse continue d'être important dans la littérature (Shah H et al., 2024). De plus, la manière attentive dont Hesse montre la quête de l'authenticité et de soi-même a conduit à un retour des récits centrés sur les personnages, qui examinent de près ce que ressentent les gens et comment ils tentent de trouver un sens dans un monde en mutation rapide. Au-delà des thèmes, la nouvelle façon dont Hesse mélange les idées orientales et occidentales a incité d'autres auteurs à s'intéresser aux différentes influences culturelles dans la littérature contemporaine, encourageant les écrivains à utiliser ces différentes traditions (Daou F et al., 2023). Cela a donné naissance à de nombreuses œuvres qui célèbrent la complexité et la diversité de l'expérience humaine, montrant la riche diversité de l'écriture créative inspirée par l'œuvre révolutionnaire de Hesse, d'une manière générale.

Études universitaires et interprétations

L'œuvre littéraire d'Hermann Hesse occupe depuis longtemps une place particulière dans les milieux universitaires. Les chercheurs et les critiques ont proposé d'innombrables interprétations et analyses de ses écrits. L'examen minutieux auquel ses œuvres ont été soumises a donné lieu à une grande variété d'approches et de cadres critiques. Les universitaires ont étudié les structures narratives, les thèmes et les fondements philosophiques de Hesse, cherchant à comprendre la complexité de sa prose. L'un des principaux domaines de recherche universitaire est la profondeur existentielle et philosophique de ses récits, en particulier la manière dont ils dépeignent le sentiment tragique de la condition humaine (Daou F et al., 2023).

En effet, les chercheurs ont exploré les thèmes de l'aliénation, de la découverte de soi et de la recherche de l'authenticité présents dans les romans de Hesse, qui reflètent dans la plupart des cas une réflexion sur la communitas et ses implications pour les relations humaines (Sajewska D, 2021). Cet examen des dilemmes existentiels a permis d'approfondir la compréhension de la condition humaine et la quête permanente de sens. Au-delà de cela, les universitaires ont également examiné les symboles et les allégories dans l'œuvre de Hesse, déchiffrant les significations multiples et les représentations métaphoriques qu'ils offrent. Ces interprétations ont mis en lumière le réseau d'allusions et de motifs symboliques, révélant les connotations métaphysiques et spirituelles dans les tapisseries littéraires de Hesse. Outre l'analyse textuelle, les travaux universitaires sur Hesse se sont également intéressés aux contextes socio-historiques qui ont influencé sa vision du monde, en mettant l'accent sur l'interaction entre les expériences personnelles et collectives (Sajewska D, 2021).

Les chercheurs se sont concentrés sur la relation entre la vie de Hesse, les influences sociétales et le contexte culturel, plaçant ses œuvres dans des paradigmes historiques plus larges. Cette approche interdisciplinaire contribue à une compréhension approfondie de l'héritage littéraire de Hesse. De plus, la réception et l'adaptation de l'œuvre de Hesse dans différentes cultures ont attiré l'attention des chercheurs, notamment dans le cadre d'études sur la traduction et la résonance interculturelle. Les études de littérature comparée ont mis en évidence l'impact mondial des écrits de Hesse, à travers des traductions et des adaptations dans diverses traditions littéraires. D'une manière générale, le monde des études universitaires autour de l'œuvre littéraire d'Hermann Hesse continue de se développer, reflétant la pertinence durable de ses contributions artistiques. Alors que les chercheurs continuent de démêler les récits et les idées de Hesse, le discours universitaire autour de ses œuvres reste un terrain fertile pour la recherche et l'enrichissement scientifique.

L'héritage philosophique et spirituel de Hesse

L'influence durable de Hermann Hesse, sur le plan spirituel et philosophique, est profondément ancrée dans l'existentialisme moderne ; elle représente une plongée assez profonde dans ce que signifie être humain, dans les subtilités de notre esprit et dans le cheminement vers la découverte de soi. Des œuvres telles que Siddhartha et loup des steppes illustrent l'idée de Hesse selon laquelle la vie est une dualité, une lutte entre le monde tangible et le monde spirituel. Il suggère que l'introspection est essentielle pour dépasser ce que la société nous dicte et, dans la plupart des cas, pour devenir notre véritable moi. Ce cheminement fait généralement écho aux débats actuels sur le lien entre les crises existentielles et l'identité culturelle. Il rejoint également les idées des penseurs contemporains qui soulignent un sentiment similaire de déception dans la culture occidentale moderne.

De plus, l'influence de Hesse touche la culture populaire ; ses thèmes de lutte personnelle contre les normes sociales continuent de façonner diverses expressions artistiques — le cinéma, en particulier, réinterprète souvent les idées gnostiques pour exprimer des questions existentielles. La dynamique entre les œuvres de Hesse et les débats philosophiques et spirituels actuels rend son travail pertinent à la fois comme moyen de comprendre les problèmes de la vie moderne et comme source d'inspiration pour ceux qui sont en quête d'eux-mêmes (Kwiatkowski F, 2023).

L'influence profonde d'Hermann Hesse sur la pensée philosophique et spirituelle

L'influence d'Hermann Hesse sur la pensée philosophique et spirituelle dépasse le cadre de ses livres. Son œuvre se concentre sur les vérités existentielles, le changement intérieur et la recherche de sens dans un monde en mutation, un thème qui rejoint le renouveau spirituel des années 1960, où l'exploration de soi était essentielle pour ceux qui cherchaient à se connecter au divin (Richter I, 2022). Ses écrits inspirent ceux qui cherchent à comprendre l'existence humaine, reflétant le concept de communitas de Victor Turner, qui met en évidence les expériences partagées dans le changement social (Sajewska D, 2021). Au cœur de l'héritage de Hesse se trouve sa compréhension de l'esprit humain et de la relation entre l'individu et l'universel. Ses récits explorent la conscience, invitant les lecteurs à la réflexion.

À travers des personnages tels que Siddhartha et Harry Haller, Hesse révèle la réalisation de soi, la croissance spirituelle et la recherche d'authenticité dans une société désillusionnée. De plus, l'exploration par Hesse des philosophies orientales, en particulier le bouddhisme et l'hindouisme, a eu un impact significatif sur les discussions spirituelles occidentales de l'époque. Le mélange de pensées orientales et occidentales dans des œuvres comme Siddhartha reflète le respect de Hesse pour les différentes cultures et l'universalité de l'expérience humaine, offrant une compréhension transformatrice pertinente pour les chercheurs d'aujourd'hui. Cette combinaison trouve un écho dans toutes les cultures, favorisant un sentiment d'interconnexion et d'empathie. Outre ses réflexions philosophiques, l'héritage spirituel de Hesse provient de son attachement à l'indépendance individuelle et à l'authenticité de soi. Ses écrits appellent à la libération personnelle et au rejet des pressions sociales.

Défendant l'âme humaine, Hesse promeut l'autonomie, l'expression créative et la paix intérieure au milieu du chaos. Ce message continue de guider les discussions spirituelles et d'auto-assistance contemporaines, offrant un réconfort dans un monde en mutation, à l'instar des expériences communautaires qui inspirent l'expression artistique dans le théâtre moderne. En fin de compte, l'héritage philosophique et spirituel de Hesse enrichit la pensée et les émotions humaines, servant de source constante de sagesse. Son œuvre montre la capacité de la littérature à transcender le temps et à toucher l'existence humaine. En explorant son univers littéraire, nous sommes confrontés aux vérités immuables de l'humanité et au pouvoir transformateur de l'introspection et de la découverte de soi, reflétant la recherche de liens spirituels profonds qui définissent notre culture (Richter I, 2022 ; Sajewska D, 2021).

Répercussions culturelles à travers les générations

L'influence littéraire d'Hermann Hesse reste significative, résonnant à travers le temps et influençant de nombreuses cultures . Ses thèmes universels garantissent la pertinence de son œuvre, suscitant des conversations et des interprétations au-delà des clivages culturels . Grâce à des traductions et à diverses formes artistiques, les idées de Hesse se sont répandues dans le monde entier, influençant notre compréhension de la condition humaine . L'art et la culture populaire illustrent clairement l'influence de Hesse. Les artistes, musiciens et cinéastes, attirés par l'émotion profonde des récits de Hesse, trouvent l'inspiration dans son œuvre et ajoutent une introspection existentielle à leurs propres créations.

Des arts visuels inspirés par la profondeur émotionnelle de Siddhartha aux pièces musicales reflétant la sagesse complexe du Jeu des perles de verre, l'influence de Hesse continue d'alimenter la créativité. Plus encore, les écrits de Hesse ont dépassé le cadre des artistes individuels pour toucher la culture dominante, encourageant la réflexion philosophique dans toute la société. Les idées issues des philosophies réfléchies de Hesse, notamment sur la recherche de la vérité intérieure et la nature difficile de l'être humain, se sont infiltrées dans les discussions quotidiennes, incitant à l'introspection et favorisant une culture plus contemplative (d'une manière générale).

Préservation des œuvres : archives et biographies

La préservation de l'œuvre littéraire d'Hermann Hesse reste importante pour les chercheurs, les passionnés et les historiens de la culture (Smith R, 2024). La conservation de ses écrits et de ses effets personnels est primordiale pour préserver son héritage, car son influence s'étend sur plusieurs générations (Bibliographie, 2022). Les archives consacrent des ressources à l'acquisition de manuscrits originaux, d'éditions anciennes et de correspondances, qui donnent un aperçu de son processus créatif et de sa vie. D'une manière générale, ces archives servent de référentiels de connaissances et invitent à explorer les œuvres de Hesse, favorisant ainsi la compréhension de sa personnalité. La numérisation élargit l'accès aux sources de Hesse, transcendant les barrières géographiques et permettant à un public mondial de découvrir son œuvre avec facilité et accessibilité ; elle est très utile pour les chercheurs.

Conclusion : une importance durable au-delà des distinctions

L'importance littéraire durable d'Hermann Hesse va au-delà des simples récompenses ; c'est un mélange particulier d'art et de philosophie qui nous touche encore aujourd'hui. Au-delà du prix Nobel, son influence profonde sur la littérature et la spiritualité mondiales résonne à travers les années, inspirant les lecteurs, les universitaires et les artistes, un peu comme les grands changements de pensée qui se sont produits pendant le siècle des Lumières, comme le soulignent certains philosophes (Lavaert S, 2014). Ses livres, conservés dans des archives et explorés dans des biographies, ouvrent la porte aux aspects complexes de l'être humain, nous encourageant à réfléchir et à explorer.

La capacité de Hesse à exprimer la condition humaine complexe avec une honnêteté et une empathie sincères lui assure une pertinence éternelle, à l'instar de Hobbes qui a proposé une nouvelle approche de la religion et de ce que signifie être humain (DUCHEYNE S et al., 2014). De plus, conserver les écrits de Hesse dans des archives et documenter sa vie dans des biographies permet non seulement de protéger ses œuvres littéraires, mais aussi de fournir des informations précieuses sur son processus de création, l'évolution de sa philosophie et les difficultés auxquelles il a été confronté. En consultant les archives, les lecteurs et les chercheurs peuvent découvrir les origines des récits intemporels de Hesse et mieux comprendre ce qui a influencé son écriture, tout comme l'étude des aspects méconnus de l'histoire peut nous aider à mieux apprécier le présent. Dans le même ordre d'idées, les biographies offrent un aperçu de l'esprit complexe de l'écrivain, mettant en lumière ce qui a motivé ses œuvres majeures et les questions existentielles qui ont façonné son écriture, affirmant ainsi la qualité durable de ses interrogations dans une époque en mutation.

10

Une vie privée dans le reflet public

Mariages et exil

Le monde personnel de Hesse : l'équilibre entre vie privée et vie publique

L'influence littéraire d'Hermann Hesse est étroitement liée à sa vie, un mélange complexe de créativité et d'introspection. Un regard sur ses premières relations montre à quel point elles ont façonné sa vie et son art ultérieurs, reflétant la tension entre l'identité personnelle et les attentes de la société. Malgré son succès croissant, le monde privé de Hesse lui offrait un espace tranquille pour ses véritables pensées, contrastant avec l'attention publique qui cache souvent les défis du travail artistique. Pour bien comprendre la vie de Hesse, il faut trouver un équilibre entre ses luttes intérieures et ses réalisations extérieures. La manière dont il a géré la célébrité et l'honnêteté artistique a constitué la base de son écriture. Le défi de conserver son identité personnelle tout en étant reconnu par le public est essentiel pour comprendre Hesse, où les exigences de la société entraient parfois en conflit avec l'expression authentique de soi. Il est également important de noter comment ses premières relations ont façonné sa vision de l'amour, de la solitude et de ce que signifie être humain. Ces expériences ont influencé sa pensée et son style d'écriture, montrant le lien profond entre la vie et l'art. Ce contraste montre l'équilibre délicat que Hesse a trouvé entre sa vie privée et sa vie publique, démontrant que sa nature introspective était à la fois une force et une faiblesse.

De plus, l'exploration du monde personnel de Hesse révèle la complexité de ses efforts pour équilibrer son image publique et ses désirs privés, capturant ainsi le cœur de la lutte d'un artiste. Ses interactions dans le cadre de relations intimes et de la société ont façonné sa compréhension des liens humains. En examinant ses premières relations, nous obtenons une perspective à travers laquelle nous pouvons voir l'évolution du paysage moral et émotionnel de Hesse, soulignant l'impact sur son style littéraire et ses idées philosophiques. Le contraste dans la vie de Hesse montre non seulement sa force, mais aussi les courants émotionnels qui ont stimulé sa créativité, soulignant le lien entre la sphère personnelle et l'expression artistique. En capturant magnifiquement les hauts et les bas de la quête d'équilibre de Hesse, on apprécie mieux les relations qui ont influencé son développement. Cette section vous invite dans l'univers de Hesse, en montrant d'où venait son inspiration et comment ses luttes personnelles ont nourri ses chefs-d'œuvre.

Relations précoces : fondements et influences

Les relations formatrices d'Hermann Hesse ont considérablement influencé sa perspective et sa production artistique. Ayant grandi dans une famille piétiste — un mouvement luthérien connu pour l'importance qu'il accorde à la piété personnelle (Shah H et al., 2024) —, Hesse s'est retrouvé dans un environnement imprégné de ferveur spirituelle et de valeurs strictes. Cela lui a inculqué un sens profond de l'introspection et du questionnement, thèmes qui apparaîtront plus tard dans ses écrits. La perte précoce de sa mère l'a également profondément marqué, créant un besoin permanent d'affection et d'ancrage émotionnel. Ces expériences ont constitué la base de son exploration de la solitude, du désir et de la recherche de sens. À mesure que Hesse mûrissait, ses interactions avec ses pairs et ses mentors l'ont exposé à des points de vue variés sur l'amour, l'amitié et les normes sociales. Son penchant introspectif l'a amené à nouer des liens intenses, bien que souvent brefs, qui ont façonné sa compréhension des relations et du développement personnel.

De plus, le climat intellectuel de l'époque, notamment l'exposition à des penseurs et des écrivains clés, a indéniablement façonné la vision du monde en évolution de Hesse (Blady S, 2021). Les discussions stimulantes de sa jeunesse ont élargi son intellect et favorisé sa pensée indépendante. Au cours de cette période, il a commencé à reconnaître la relation complexe entre les idéaux romantiques, l'exploration intellectuelle et la recherche permanente de soi, un thème récurrent dans son œuvre. Dans la plupart des cas, l'impact combiné de la famille, de la perte, des relations temporaires et de la curiosité intellectuelle a constitué une riche source d'inspiration. D'une manière générale, cela a nourri les germes de créativité et d'empathie qui définissent la représentation des relations et des luttes existentielles par Hesse, même avec des variations grammaticales occasionnelles dans les phrases complexes.

Mariage avec Maria Bernoulli : amour et lutte

Le mariage d'Hermann Hesse avec Maria Bernoulli a marqué un tournant, ayant profondément influencé sa vie et sans doute son œuvre . Ce partenariat était marqué à la fois par les joies de l'amour et les tensions liées à des objectifs divergents, un va-et-vient qui semble avoir façonné son travail créatif . Comme beaucoup d'autres couples, leur relation était confrontée à la difficulté de trouver un équilibre entre ambitions personnelles et attentes conjugales, une lutte familière aux esprits créatifs . Maria, avec son énergie créative et intellectuelle, animait leur vie commune, mais cela se heurtait parfois au besoin de calme et de réflexion personnelle de Hesse, une friction courante dans les relations intimes. Leur relation s'est forgée dans le feu de tempéraments opposés, un paradoxe entre proximité et conflits internes, un thème qui se retrouve subtilement dans les récits de Hesse. Le soutien de Maria aux ambitions littéraires de Hesse a donné naissance à une dualité particulière. Ses encouragements ont à la fois alimenté sa créativité et semblé attiser involontairement le feu d'un certain mécontentement, illustrant ainsi le double tranchant de l'inspiration artistique.

Le poids des attentes, la recherche incessante de l'expression individuelle et la nature intense de la compréhension artistique ont façonné leur histoire, un récit souvent entremêlé mais aussi, en apparence, irréconciliable, une caractéristique que beaucoup ont remarquée dans les études sur l'art et la vie réelle. Hesse a trouvé un certain réconfort dans son art, un lieu où les tempêtes de son mariage ont trouvé un exutoire à travers ses personnages et ses thèmes récurrents. Le dévouement de Maria envers Hesse, malgré les difficultés qu'ils ont rencontrées, souligne la force remarquable de leur lien, témoignant d'une résilience durable face à l'adversité. Les difficultés liées aux pressions sociales et aux incertitudes financières ont mis leur lien à rude épreuve, démontrant à la fois leur force émotionnelle et le pouvoir durable de l'expression créative.

S'évader grâce à l'art : le rôle de la créativité en période de turbulences

Hermann Hesse, au milieu de la tourmente, a trouvé refuge dans son art, une forme d'expression personnelle et d'évasion. La période de l'entre-deux-guerres, caractérisée par une agitation sociale et politique considérable, l'a profondément influencé (Lindal JL, 2024). Ces temps chaotiques ont posé de nombreux défis à Hesse. Il a cherché à la fois le réconfort et une libération cathartique à travers l'écriture, en plongeant dans les profondeurs de ses émotions et de ses expériences. Cette section examine le rôle de la créativité comme bouée de sauvetage au milieu du chaos, soulignant le pouvoir transformateur inhérent aux contributions littéraires de Hesse. Des œuvres telles que *Le Loup des steppes* et *Demian* résument le tourment et l'aliénation si palpables pendant ces années, révélant sa lutte contre les perturbations internes et externes (Leving Y, 2019).

Grâce aux capacités rédemptrices des arts, Hesse s'est attaqué à des questions existentielles, trouvant un refuge contre le chaos extérieur. L'acte créatif est devenu son refuge, un espace où il pouvait habiter son monde intérieur tout en examinant les nuances complexes de l'existence humaine. Tout en explorant la nature complexe de sa psyché, Hesse a tissé des récits qui parlaient aux lecteurs aspirant à la compréhension et à la connexion dans une société de plus en plus fragmentée. Les activités artistiques de Hesse ont servi de véhicule à l'introspection et à la découverte de soi. L'acte de création lui a permis d'affronter ses peurs personnelles, insufflant à son œuvre une authenticité qui résonne encore aujourd'hui. À travers les parcours de ses personnages, Hesse a confronté la dissonance entre désillusion et espoir. Il a offert un aperçu du pouvoir rédempteur des arts au milieu des bouleversements personnels et collectifs.

En canalisant ses luttes intérieures sous forme littéraire, Hesse a, d'une manière générale, transcendé les frontières temporelles et spatiales. Il a créé des paysages intemporels que les lecteurs peuvent explorer et contempler à travers leurs propres expériences. Ainsi, le dévouement de Hesse à son art pendant cette période l'a soutenu, ce qui est important, mais a également enrichi le canon littéraire de réflexions profondes sur la condition humaine. L'étude du processus créatif de Hesse met donc en lumière la résilience durable de l'esprit humain et le potentiel réparateur de l'expression artistique en période de troubles.

Transition et transformation : la fin d'une époque

La vie personnelle de Hesse, complexe et changeante, a marqué la fin d'un chapitre et le début d'un autre. Cette transition faisait écho aux principes du leadership au service des autres, soulignant la valeur du développement personnel et des liens authentiques au sein d'une communauté. Ses luttes intérieures reflétaient le contexte historique plus large et les changements sociétaux de l'époque, créant un tournant important dans sa vie, à l'instar de groupes tels que BTS qui ont utilisé leur influence pour sensibiliser le public à la santé mentale en période de turbulences, catalysant ainsi le changement (Blady S, 2021). Hesse a lutté avec son identité pendant cette période, essayant de réconcilier les différentes facettes de son être. La créativité et la profonde introspection se mêlaient aux réalités extérieures de la guerre et de l'instabilité politique, jetant une ombre sur son chemin. Au milieu de cette incertitude, la fin d'une époque a suscité une profonde résolution chez Hesse : celle de s'engager à dépasser les attentes de la société, à l'instar des mouvements actuels qui se consacrent à la promotion de la sensibilisation à la santé mentale et à la réduction de la stigmatisation (Blady S, 2021).

Deuxième mariage avec Ruth Wenger : une brève parenthèse

Hermann Hesse, qui traversait d'importants changements personnels et créatifs, a vécu une relation brève mais significative avec Ruth Wenger. Bien que ce deuxième mariage soit souvent moins évoqué que ses autres relations, il offre des informations importantes sur les nuances de la vie émotionnelle de Hesse, selon divers biographes . Après son premier divorce, Hesse a cherché du réconfort dans cette nouvelle relation. La fragilité de cette période met en évidence la complexité des relations humaines, faisant écho aux thèmes présents dans ses œuvres littéraires. Ruth Wenger, une femme aimable et gracieuse, a apporté à la fois du bonheur et de l'introspection dans la vie de Hesse, inspirant certains aspects de ses créations artistiques. Leur vie commune, bien que brève dans le contexte plus large de la vie de Hesse, a considérablement influencé son parcours artistique, comme le soulignent les études critiques.

Au milieu du chaos extérieur et de l'exploration intérieure, leur bref mariage leur a offert un moment de paix, une pause calme dans la vie autrement tumultueuse de Hesse, que certains chercheurs considèrent comme un moment clé de son parcours créatif. Bien que Ruth lui ait apporté du réconfort, cette période a également été marquée par une réflexion sur soi et une croissance continue pour Hesse, comme en témoignent ses lettres de l'époque. Au cours de cette période, Hesse a commencé à créer des œuvres importantes, explorant en profondeur les thèmes de la solitude et du désir, équilibrant le désir de connexion avec le réconfort de la solitude, une tension fréquemment examinée dans l'analyse littéraire. L'étude de cette partie moins connue de la vie de Hesse permet de comprendre en détail comment l'amour, l'art et l'esprit humain en constante évolution interagissent, reliant les faits biographiques à l'interprétation littéraire. Même s'il s'agissait d'une période de grands changements et de découverte de soi, la beauté éphémère de la relation entre Hesse et Wenger ressort comme un moment crucial, qui continue d'influencer notre compréhension de l'œuvre de Hesse, soulignant la nature temporaire mais profonde des relations humaines, comme le soulignent les analyses de son œuvre .

Définir la solitude : le choix de l'exil

Dans ses écrits, Hermann Hesse examine ce que signifie être seul et choisir l'exil, en analysant comment l'introspection est liée à la recherche de soi, en particulier lorsque la société semble brisée. Être seul, tel que Hesse le présente, ne signifie pas seulement être physiquement seul. Il s'agit plutôt d'un choix actif, d'un processus difficile qui aide à se découvrir et à grandir spirituellement. On pourrait dire que cette idée présente des similitudes avec le concept idéaliste de l'œuvre musicale mentionné dans les travaux analytiques qui traitent de compositeurs tels qu'Ernst Krenek. De cette manière, l'artiste exilé crée des œuvres qui contournent les limites du temps, exprimant un profond désir de signification au milieu du désordre (Lindal JL, 2024). Il existe également des parallèles qui invitent à la réflexion avec l'histoire intellectuelle du gnosticisme, comme en témoignent les interprétations modernes. Ici, des personnes solitaires naviguent dans leur vie à travers le chaos contemporain, tout comme les personnages de Hesse (Kwiatkowski F, 2023). Par conséquent, les thèmes qui se recoupent de la solitude et de l'exil offrent une réflexion profonde sur la nécessité parfois de s'éloigner de ce que la société attend. Cela peut aider quelqu'un à s'engager profondément dans son cheminement intérieur personnel et à atteindre une authenticité de soi.

Exil et solitude

Hermann Hesse, confronté à la fois à des bouleversements personnels et à une Europe au bord de la guerre, a choisi l'exil volontaire comme moyen de trouver la paix (Lindal JL, 2024). Ce moment de sa vie était profondément lié au monde qui l'entourait et à sa propre quête de compréhension. Choisir l'exil était un grand pas en arrière par rapport à ce que l'on attendait d'un écrivain célèbre ; c'était un choix conscient de prendre du recul par rapport aux exigences de la société. Cela montrait qu'il voulait être indépendant et maître de son travail et de son cheminement spirituel. Pour Hesse, l'exil ne consistait pas seulement à déménager dans un autre endroit ; c'était un voyage dans son propre esprit, où il pouvait affronter ses grandes questions et démêler ses sentiments contradictoires. Dans le paisible village suisse de Montagnola, Hesse a découvert un endroit où il pouvait examiner ses pensées et trouver les vérités difficiles à percevoir dans l'agitation de la ville (Kwiatkowski F, 2023). Cette période d'exil lui a permis de réfléchir profondément et de créer de nouvelles choses, le silence favorisant sa créativité.

La décision de vivre en exil fut à la fois une bénédiction et une malédiction pour Hesse, lui apportant à la fois liberté et solitude. Si elle le libéra des distractions de la vie publique, elle provoqua également un sentiment de séparation qui affecta ses relations et son implication dans la société. Sa solitude devint à la fois un terrain d'essai pour ses talents d'écrivain et un défi pour sa force émotionnelle, alors qu'il explorait son imagination tout en regrettant le réconfort de ses amis familiers. De plus, l'exil volontaire de Hesse fut une période de réflexion, durant laquelle il revint sur ses propres expériences et changements. De cette position, il put examiner son passé et son présent, remarquant les liens entre eux au milieu des hauts et des bas de la vie. À travers le prisme de la solitude, Hesse trouva le calme nécessaire pour tisser ses pensées et ses émotions dans une littérature qui perdurerait à jamais, entamant un voyage qui dépassait le monde physique. En fin de compte, son choix de l'exil montre la force d'esprit et le dévouement de Hesse à son art. Il représente le voyage courageux d'une personne seule en mer, naviguant sur les eaux difficiles de la vie humaine, fixant un cap qui va à l'encontre de la norme et embrassant l'attrait mystérieux de la solitude.

Amour et stabilité : troisième mariage avec Ninon Dolbin

Le troisième mariage d'Hermann Hesse, cette fois avec Ninon Dolbin, est souvent considéré comme un véritable tournant dans sa vie. Il est vrai qu'après avoir traversé des moments difficiles dans ses relations passées et des hauts et des bas émotionnels et spirituels, Hesse semblait avoir trouvé une sorte de paix et d'amour avec Ninon. Certains biographes ont même souligné qu'il s'agissait d'un moment clé dans son parcours émotionnel. Leur relation semblait apporter un certain calme et une certaine compréhension à la vie ultérieure de Hesse, lui apportant le soutien et la compagnie qu'il recherchait – un thème qui, curieusement, revient dans ses écrits sur l'amour et la compagnie.

Contrairement à ses mariages précédents, qui avaient connu leur lot de difficultés et d'instabilité, la relation de Hesse avec Ninon était, pour l'essentiel, une source d'harmonie et de stabilité. Cela semble avoir contribué à créer un environnement essentiel à son développement personnel et artistique. Le sentiment de paix et d'équilibre dans leur relation a peut-être permis à Hesse de se plonger véritablement dans son travail créatif, favorisant un nouveau sentiment de calme et de clarté. Des biographes et d'autres ont suggéré que la stabilité émotionnelle va souvent de pair avec la productivité artistique. Cette période plus tranquille dans la vie personnelle de Hesse a également semblé coïncider avec un regain d'activité littéraire et une reconnaissance publique encore plus grande, montrant l'impact que le contentement et la stabilité peuvent avoir sur la production d'un artiste, une relation examinée dans certaines études sur le lien entre la vie d'un artiste et son œuvre.

De plus, son mariage avec Ninon lui a offert un espace de soutien dans lequel il a pu explorer et se confronter aux idées philosophiques et existentielles profondes qui traversent son œuvre, reflétant en quelque sorte le lien entre ses expériences de vie et les thèmes qu'il a explorés dans ses livres. Grâce à leur partenariat durable, Hesse a non seulement trouvé une partenaire aimante, mais aussi une confidente avec laquelle il pouvait partager ses pensées les plus profondes, façonnant à la fois son parcours personnel et son héritage littéraire.

Lettres et réflexions : personnalité publique vs âme privée

La vie d'Hermann Hesse, vue à travers ses lettres personnelles et ses réflexions plus privées, révèle une fascinante dichotomie entre son image publique et son monde intérieur. Hesse était un épistolier assidu, et sa correspondance abondante avec un large éventail de personnes – famille, amis, autres auteurs, admirateurs – offre une compréhension riche de ses combats personnels, de ses victoires et de l'évolution de sa philosophie (Jorge J Sanchez, 2022). Nous constatons un contraste entre l'auteur respecté connu du public et les pensées privées qu'il partageait dans ses lettres. Ce contraste brosse un tableau de la relation complexe entre l'apparence extérieure de Hesse et ses pensées intimes. Ses lettres illustrent à quel point il percevait clairement la différence entre la reconnaissance dont il jouissait en tant qu'écrivain et l'agitation émotionnelle sous-jacente et les questions existentielles qui faisaient partie intégrante de sa vie privée, faisant parfois écho à des expériences traumatisantes (Taxidou O, 2021).

Franchement et ouvertement, il s'est débattu avec les problèmes liés à l'équilibre entre la réussite professionnelle et le malheur personnel, dévoilant des conflits et des insécurités cachés au public. De plus, les pensées intimes de Hesse dans ses journaux et ses notes témoignent d'une recherche constante d'authenticité et de satisfaction spirituelle, qui allait souvent à l'encontre des normes acceptées et des attentes sociales. Ses écrits montrent une quête persistante de compréhension de soi, explorant des thèmes profonds tels que l'identité, l'isolement et la recherche sans fin de sens et d'appartenance dans un monde de contradictions. Ce contraste entre les réalisations extérieures de Hesse et ses luttes intérieures met en évidence la tension séculaire entre les images idéalisées que nous montrons au monde et les réalités complexes de l'existence humaine. Ses pensées introspectives nous rappellent le conflit constant entre nos vulnérabilités et les masques extérieurs que nous créons, nous encourageant à considérer l'interaction subtile entre authenticité et faux-semblants dans l'histoire de chacun.

Lorsque nous examinons les lettres et les réflexions personnelles de Hesse, nous sommes confrontés au paradoxe durable d'un auteur célèbre aux prises avec les mêmes questions essentielles qui troublent tout le monde. Alors que Hesse parcourait les chemins difficiles de la célébrité et de l'introspection, sa correspondance témoigne de la lutte universelle pour l'acceptation de soi, les relations authentiques et la réconciliation difficile entre notre image publique et notre identité privée. À travers ces écrits personnels, Hesse nous offre une compréhension profonde de la complexité durable de ce que signifie être humain, trouvant un écho auprès des lecteurs à travers le temps et mettant en lumière les tensions permanentes entre les personas que nous présentons et les êtres que nous cachons.

Conclusion : les mariages comme miroirs du changement intérieur

Tout au long de l'histoire, le mariage a été la pierre angulaire de la vie des individus, et la vie de Hermann Hesse reflète cette réalité. Ses mariages ont été le reflet puissant de son évolution personnelle, mettant en évidence la nature complexe des liens humains, tout comme les récits littéraires du Moyen Âge explorent les thèmes de la croissance personnelle et du bonheur (Classen A, 2025). Comme nous l'avons vu précédemment, les relations de Hesse ont profondément influencé son processus créatif et sa quête de compréhension de soi, à l'instar des traditions philosophiques de l'Antiquité qui ont guidé les individus vers la distinction entre l'épanouissement authentique et le bonheur éphémère (Classen A, 2025).

Chaque mariage est devenu une scène sur laquelle il a dépeint ses perceptions changeantes de l'amour, de la solitude et des relations humaines, faisant écho aux interprétations modernes des romans historiques qui remettent en question les points de vue conventionnels sur la race et la dynamique relationnelle. Dans le récit complexe de ses mariages, Hesse a exploré les nuances de son propre esprit, utilisant souvent ces relations comme une plateforme pour ses réflexions philosophiques, faisant écho à la manière dont les médias contemporains réinterprètent les contextes historiques pour explorer des identités multifacettes. Le premier mariage de Hesse avec Maria Bernoulli a mis en évidence la tension turbulente entre l'expression artistique et les tâches domestiques, révélant les luttes personnelles ainsi que les pressions sociales qui façonnent les décisions individuelles — un chapitre qui a mis en évidence les besoins contradictoires des obligations familiales tout en établissant un lien avec les débats actuels sur l'amour et la responsabilité dans la littérature et les médias d'aujourd'hui.

11

Hermann Hesse et l'ambivalence politique

Engagement et fuite pendant le fascisme

L'œuvre littéraire d'Hermann Hesse offre une réflexion assez profonde sur les pulsions contradictoires qui poussent à s'engager et à vouloir fuir, en particulier lorsque le fascisme gagnait du terrain en Europe. Son œuvre, qui découle d'une réelle préoccupation pour la condition humaine, témoigne d'une sorte d'hésitation politique, naviguant prudemment dans l'atmosphère sociale et politique délicate de son époque. Il ne cachait pas son désaccord avec les gouvernements totalitaires en plein essor, défendant la liberté individuelle et l'expression authentique de soi ; cependant, sa tendance à se plonger dans le mysticisme et la réflexion personnelle pouvait être considérée à la fois comme un moyen de riposter et comme un moyen de fuite. Cette tension est assez claire dans des livres importants comme Le Loup des steppes et Siddhartha, où les personnages principaux sont aux prises avec ce que la société attend d'eux dans le chaos d'une politique brutale. La description que fait Hesse de la philia, ou sentiment profond d'affection fraternelle, pourrait servir de base à la construction d'une solidarité entre les peuples contre la montée des idées fascistes (Taxidou O, 2021).

Néanmoins, son penchant pour la découverte de soi soulève des questions quant à l'efficacité réelle d'une telle stratégie face aux troubles politiques du monde réel, ce qui fait écho aux discussions actuelles sur le rôle que devraient jouer l'art et la littérature en période de crise et sur leur capacité réelle à favoriser les liens communautaires dans une société qui semble se désagréger. En fin de compte, l'impact durable de Hesse met en évidence la lutte permanente entre la réponse à l'appel à combattre les injustices dans le monde et le réconfort séduisant de rester seul avec ses pensées comme forme de résistance.

Introduction au parcours politique de Hesse

Au début des années 1900, des vents politiques ont balayé l'Europe, influençant profondément les cercles intellectuels et créatifs. Hermann Hesse, auteur et penseur prolifique, n'a pas été épargné par ces événements, notamment la pensée darwinienne et le discours sociopolitique de l'époque (Hussain R et al., 2024). Son environnement a considérablement influencé sa perspective et les thèmes abordés dans ses écrits. Dans le même temps, le récit examine les conséquences de la Première Guerre mondiale, un événement qui a bouleversé la civilisation et provoqué une grande désillusion et un questionnement existentiel, comme le soulignent les analyses littéraires critiques (Smith R, 2024). Dans ce contexte d'incertitude, Hesse a navigué entre des croyances contradictoires, trouvant refuge dans l'écriture, à la fois comme exutoire et comme forme de résistance.

La perspective politique naissante de Hesse éclaire ses premières interactions avec les idéologies radicales et l'incertitude idéologique qui s'ensuit, un thème profondément lié au paysage culturel de la fin du XIXe siècle. Ce thème fait écho aux divisions sociales qui se manifestaient dans des formes architecturales telles que les cariatides, qui incarnaient divers désirs et tensions sociaux (Daniel Jütte, 2022). L'engagement de Hesse dans la pensée politique, depuis son intérêt juvénile pour les principes anarchistes jusqu'à ses réflexions sur le militarisme et l'autoritarisme, a été marqué par une recherche passionnée d'alignement éthique au milieu du tumulte des points de vue contradictoires et de l'accent mis sur les structures de pouvoir. L'étude de ces changements idéologiques fait apparaître des similitudes dans l'examen de la communauté et de l'identité, comme en témoignent les conversations modernes sur le transnationalisme, révélant ainsi comment les mouvements sociopolitiques plus larges façonnent l'expression artistique personnelle.

Les premières rencontres de Hesse avec les idéologies politiques

Hermann Hesse, célèbre pour son talent littéraire et sa profondeur philosophique, a été profondément influencé par les pensées politiques qui circulaient pendant sa jeunesse. Né à la fin du XIXe siècle, Hesse a vécu une période de grands changements politiques, des événements qui ont certainement influencé son écriture. Ayant grandi dans un foyer ancré dans de fortes croyances chrétiennes piétistes, associées aux tendances académiques de son père, il a été très tôt exposé à différentes opinions, qui ont façonné ses réflexions ultérieures sur la spiritualité, le moi et la société (Daou F et al., 2023). En tant qu'auteur en herbe, Hesse s'est trouvé attiré par les milieux culturels et artistiques où le socialisme, l'anarchisme et d'autres idées politiques faisaient l'objet de débats animés, reflétant l'atmosphère sociopolitique vibrante de l'époque. L'environnement intellectuel qu'il a rencontré en Allemagne et en Suisse au début de son âge adulte l'a initié à un large éventail d'idéologies politiques, suscitant un vif intérêt et un examen critique de leurs fondements.

Cette période a marqué le début de l'exploration des idéologies par Hesse, préparant le terrain pour ses descriptions détaillées des luttes humaines et des questions existentielles dans ses livres ultérieurs. Parallèlement, la situation sociopolitique instable en Europe, notamment au lendemain de la Première Guerre mondiale et la menace imminente du fascisme, a eu un impact significatif sur la vision du monde en développement de Hesse, influençant son style artistique et les thèmes qu'il explorait. Sa première exposition aux idéologies politiques a non seulement façonné le cœur de ses convictions personnelles, mais a également fortement influencé ses œuvres littéraires. Il a cherché à explorer la relation complexe entre la liberté personnelle et les contraintes sociales, une préoccupation partagée par certains de ses pairs (Sajewska D, 2021).

La capacité de Hesse à créer des récits complexes qui explorent l'esprit humain tout en abordant subtilement des questions sociopolitiques montre à quel point il était profondément engagé dans les idéologies politiques, soulignant leur présence dans ses récits. C'est dans ce cadre que nous pouvons vraiment comprendre l'importance des premières expériences de Hesse avec les pensées politiques, révélant les nombreuses facettes de son héritage littéraire et philosophique, qui reste important dans les discussions modernes sur les expériences individuelles par rapport aux expériences communautaires.

La Première Guerre mondiale : un changement de perspective

Le début de la Première Guerre mondiale a provoqué un changement profond dans les opinions d'Hermann Hesse sur les idéologies politiques et la nature des conflits, reflétant le désenchantement généralisé de l'époque (Allen et al., 2018). Cette guerre a été un tournant, l'amenant à réexaminer ses convictions et ses principes fondamentaux. Confronté aux ravages de la guerre, il a commencé à remettre en question les fondements du nationalisme et du militarisme qui avaient autrefois façonné ses perspectives, un sentiment partagé par les penseurs contemporains qui réfléchissaient aux dilemmes éthiques de la guerre (Charles, 2015). L'horreur absolue de la guerre des tranchées, le traumatisme profond causé par les pertes et une certaine déception face aux idéaux liés à l'honneur et à la gloire ont semé les graines du pacifisme et de l'humanisme dans la pensée de Hesse. Cela l'a aligné sur les nouveaux discours sur la nécessité d'une communauté et d'un leadership compatissants, proches de l'idée de communitas.

Les écrits de Hesse ont également connu une transformation parallèle à l'évolution des valeurs sociales de l'époque. Son idéalisme romantique initial a laissé place à une vision plus critique et introspective de l'aliénation, à la recherche persistante du sens véritable et à la nature manifestement destructrice des constructions sociales, ce qui rejoint certaines discussions anthropologiques sur la souffrance partagée et l'expérience collective

(Sajewska D, 2021). Le chagrin personnel et les crises existentielles auxquels Hesse a été confronté pendant la guerre se reflètent dans des œuvres telles que le loup des steppes et Demian. Dans ces dernières, les personnages sont confrontés à la fois à des troubles intérieurs et à un malaise social, ce qui montre l'engagement profond de Hesse dans les réflexions philosophiques de son époque, ainsi que son propre dévouement à l'examen de la condition humaine au milieu du chaos.

La montée du fascisme : premières observations

Hermann Hesse, qui a vécu le chaos de l'après-Première Guerre mondiale, a vu le monde s'effondrer. La politique européenne évoluait rapidement, avec la montée en puissance du fascisme (Ross AR, 2016). Connu pour sa réflexion profonde sur la vie et l'art, Hesse observait de près ce qui se passait dans la société. Au début, il a ressenti de l'incrédulité et de l'inquiétude face au renforcement du régime autoritaire, qui créait une tension notable dans les domaines intellectuels et culturels. La faiblesse de la démocratie et la perte de liberté dérangeaient beaucoup Hesse, le poussant à réfléchir profondément à ces grands changements. La montée des idées fascistes a également suscité de nombreux débats parmi les écrivains, qui discutaient de leur rôle dans l'influence sur les gens et la lutte contre l'oppression (Emmanuel R Hogg, 2008).

Les écrits de Hesse de cette époque montrent une inquiétude croissante face à la propagation du fascisme. Son analyse pointue soulignait les dangers immédiats d'un pouvoir sans contrôle et examinait les raisons humaines derrière la montée de l'autoritarisme. À travers ses écrits réfléchis, Hesse a commencé à partager ses préoccupations et à critiquer l'attrait dangereux du fascisme. Cependant, ses analyses étaient complexes, évitant les jugements simplistes et explorant plutôt les problèmes sociétaux et le déclin moral. Le regard de Hesse sur la montée du fascisme montre sa croyance en la force de la résistance intellectuelle et la lutte continue pour la liberté. Alors qu'il traversait cette période difficile, l'engagement profond de Hesse envers la vérité et l'éthique a préparé le terrain pour ses écrits ultérieurs contre l'oppression et les idéologies extrêmes en général.

Résistance littéraire : symbolisme et subtilité dans les œuvres

Hermann Hesse, géant de la littérature, a traversé des périodes de troubles politiques et de divisions culturelles en imprégnant ses œuvres de symbolisme et d'une forme subtile de résistance (Gellen K, 2017). Son utilisation stratégique d'allégories spirituelles, de thèmes métaphoriques et d'introspection philosophique lui a permis de conserver son intégrité artistique en ces temps troublés, une caractéristique commune aux intellectuels qui luttaient alors pour leur identité (Grishakova M, 2012).

Véhicule de dissidence cachée, la littérature a permis à Hesse de transmettre son point de vue sur les idéologies et les structures sociales dominantes, démontrant une compréhension profonde des défis individuels à relever en ces temps-là. Dans des œuvres telles que le loup des steppes et Siddhartha, Hesse a intégré un sens sous la surface du récit, offrant un aperçu des dilemmes existentiels et de l'expérience humaine au sens large, tout en soulignant la complexité de la recherche du sens lui-même. Hesse a utilisé des images symboliques et des personnages énigmatiques pour aller au-delà des commentaires politiques explicites, explorant les conflits universels et internes qui reflétaient souvent le chaos extérieur, créant ainsi une tapisserie résonnante pour les lecteurs.

Dans sa prose, la complexité invitait à la réflexion sur l'autoritarisme, l'aliénation et la recherche de l'authenticité, des thèmes toujours d'actualité. De plus, la subtilité de Hesse apparaissait dans ses explorations de l'autonomie et de la non-conformité, remettant subtilement en question les valeurs normatives des régimes totalitaires sans confrontation directe, enrichissant ainsi le discours sur l'expression de soi et la liberté dans la littérature en général.

Thèmes des conflits personnels et sociaux dans les œuvres de Hesse

Les protagonistes de Hesse, souvent aux prises avec leurs démons intérieurs et le poids de la société, mettaient en lumière le coût personnel de l'oppression politique et l'importance de la liberté spirituelle, qualités soulignées par sa narration complexe (S B Bhambar et al., 2010). Cette stratégie a permis à Hesse de nourrir une résistance cachée qui contournait la censure tout en touchant profondément les lecteurs en quête de réconfort et d'unité pendant les périodes difficiles. Il est généralement admis que Hesse a magistralement utilisé des allusions mythiques, des décors allégoriques et des rencontres énigmatiques pour transmettre des messages puissants à travers ses récits (Montanari A, 2013). Son ambiguïté intentionnelle et ses histoires complexes ont non seulement enrichi l'expérience de lecture, mais ont également protégé son œuvre créative contre d'éventuelles forces oppressives, encourageant une exploration plus approfondie de l'individualité et de la liberté.

L'importance durable des œuvres de Hesse est liée à l'impact durable de sa résistance discrète ; elles continuent de susciter la réflexion à travers les générations et divers environnements sociaux et politiques. En conclusion, l'utilisation habile par Hesse de la résistance littéraire à travers le symbolisme et les nuances témoigne de la force de l'art en tant que vecteur de subversion silencieuse et d'examen idéologique, montrant la capacité de la littérature à remettre en question les normes établies. En évitant les affrontements directs et en optant pour une introspection évocatrice, Hesse a laissé un héritage qui transcende le temps, offrant des perspectives précieuses sur l'interaction entre la créativité, la moralité et la résistance en période de chaos, contribuant ainsi de manière significative au débat continu sur le rôle de l'art dans la société.

Conflits personnels : équilibre entre art et activisme

Au cours des années turbulentes marquées par des troubles politiques, le parcours de Hermann Hesse a été, comme on pouvait s'y attendre, marqué par des désaccords internes. En tant qu'artiste profondément réfléchi et animé par des préoccupations humanitaires, Hesse a dû lutter pour trouver un équilibre difficile entre son dévouement artistique et la nécessité de l'activisme face à des troubles politiques croissants, une tension qui rappelle le concept de communitas de Victor Turner, selon lequel la recherche de l'unité surgit souvent en période de conflit social (Sajewska D, 2021). Cette division a créé un conflit interne important, évident à la fois dans les écrits et les pensées personnelles de Hesse. Son intérêt inébranlable pour la littérature et la réflexion intérieure se heurtait fréquemment aux pressions extérieures qui l'incitaient à participer à des conversations politiques ouvertes. Cela ressemble aux défis rencontrés par les personnes qui cherchent à aborder des questions sociales par le biais de moyens artistiques, comme on peut le voir dans les approches artistiques du commentaire social (Watson-Krasts D, 2020). Cette discorde est devenue un thème central de sa vie, le forçant à trouver un équilibre délicat entre ses efforts artistiques et les questions sociales urgentes de l'époque.

Conscient du pouvoir de son écriture comme moyen d'expression, Hesse a essayé d'utiliser l'allégorie et la métaphore pour aborder les questions sociopolitiques, sans pour autant sacrifier la profondeur et la subtilité de ses œuvres littéraires. Il a ainsi habilement intégré dans ses récits des critiques subtiles mais profondes des opinions politiques dominantes, utilisant son talent pour transmettre des messages puissants tout en préservant l'intégrité artistique qu'il chérissait tant. La forte conviction de Hesse que la littérature pouvait servir de catalyseur à la fois pour l'introspection sociale et le changement a souligné l'ampleur de ses conflits personnels. Ces tensions, issues du choc entre l'idéalisme artistique et l'injustice sociale, ont façonné les nuances émotionnelles présentes dans sa production littéraire, favorisant une interaction sophistiquée entre la réticence et le militantisme dans ses œuvres créatives. La lutte de Hesse pour unir les sphères de l'art et de l'activisme est une démonstration touchante des difficultés constantes auxquelles sont confrontés les artistes lorsqu'ils naviguent entre l'expression créative et l'engagement sociopolitique. En nous plongeant dans le puzzle des conflits personnels de Hesse, nous observons l'influence significative de ses luttes introspectives sur la trame complexe de son héritage littéraire, révélant la dynamique des réponses individuelles et collectives aux crises sociétales (Sajewska D, 2021 ; Watson-Krasts D, 2020).

Correspondance et essais : engagements publics

L'engagement public d'Hermann Hesse pendant la période troublée du fascisme ne se limitait pas à ses romans et à ses récits ; il transparaissait également dans ses nombreuses lettres et ses essais réfléchis. Ces écrits témoignaient d'une réelle inquiétude quant à l'état de la société et à la manière dont le totalitarisme portait atteinte à la liberté humaine. À une époque marquée par la folie politique et les conflits d'idées, Hesse a tenté d'exprimer clairement ses opinions à travers des lettres significatives adressées à ses connaissances. Il abordait les problèmes moraux et généraux auxquels les gens étaient confrontés avec la montée de l'autoritarisme. Cela rejoint la manière dont d'autres penseurs, tels que Hans Jonas et Eric Voegelin, ont utilisé des concepts tels que le gnosticisme pour décrire les problèmes de l'époque moderne et suggérer des moyens de se remettre sur la bonne voie intellectuellement et spirituellement lorsque la situation semblait sombre (Smith R, 2024).

L'engagement de Hesse à explorer les aspects psychologiques et philosophiques les plus profonds de son époque rejoint les grands débats de la pensée philosophique euro-américaine, un peu comme les explorations dans les œuvres de Carl G. Jung et la manière dont elles nous aident à comprendre ce que signifie être humain (Kwiatkowski F, 2023). À travers ses essais et ses lettres, Hesse a contribué à un débat important, soulignant combien il est essentiel de se tourner vers soi-même et de considérer l'expression artistique comme un moyen de lutter contre la montée des idées fascistes.

Les essais d'Hermann Hesse

À travers des lettres soigneusement rédigées adressées à des écrivains, des artistes et des intellectuels, Hesse a exprimé sa compréhension de l'art, de la spiritualité et des changements dans la société, démontrant son profond engagement dans les questions de son époque. Ces échanges ont montré non seulement sa conscience des événements mondiaux, mais aussi son dévouement aux conversations et au partage d'idées, reflétant un impact culturel plus large exploré dans les discussions actuelles sur l'identité artistique (Piia K Posti, 2023). De plus, les essais de Hesse lui ont permis d'aborder des sujets sociaux et politiques importants, offrant un aperçu approfondi de l'expérience humaine pendant les troubles du fascisme, un sujet abordé dans des récits adaptés à différents médias (Piia K Posti, 2023). Ses analyses détaillées allaient au-delà de simples arguments, explorant la liberté individuelle, la liberté d'expression et l'importance de la créativité pendant les conflits sociaux.

Ses essais, réputés pour leur clarté, ont servi de guides pour naviguer dans le monde complexe de la propagande politique et des croyances strictes, à l'instar de Siddhartha, reflétant les luttes individuelles contre la société. Sa capacité intellectuelle transparaissait dans ses essais, encourageant des conversations importantes et influençant son public. En interagissant avec l'environnement social et politique existant, les lettres et les essais de Hesse témoignent de son attachement à la rigueur intellectuelle, à la force morale et à la recherche de la vérité face à l'adversité, soulignant le rôle des artistes dans la remise en question des normes.

Retraite et réflexion : à la recherche de réconfort en Suisse

Hermann Hesse, se sentant de plus en plus détaché au milieu d'une atmosphère politique troublée et des critiques de ses collègues écrivains, a cherché du réconfort dans les paisibles paysages suisses, ressentant un réel besoin de s'échapper en ces temps troublés. La campagne suisse est devenue un sanctuaire personnel, entourant Hesse des vues pittoresques et de l'atmosphère calme de Montagnola, un endroit où s'éloigner du monde bruyant extérieur. Inspiré par la beauté et le calme de la région, Hesse entama une période de réflexion profonde, établissant un lien fort avec ses objectifs littéraires, à l'image des récits entremêlés de découvertes personnelles et historiques que l'on retrouve dans les lettres échangées entre Moritz et Vera Hirsch Felsenstein (Franklin Felsenstein, éditeur, 2024). L'environnement alpin immaculé donna à l'esprit créatif de Hesse une nouvelle énergie et une nouvelle clarté, qui l'aidèrent à explorer ses pensées intimes et à rafraîchir sa créativité.

Hesse a embrassé l'effet puissant de la solitude dans ce lieu magnifique, qui lui a permis de travailler sur les subtilités de son art et de ses opinions philosophiques dans un isolement total. Il a ensuite canalisé ces réflexions dans ses œuvres littéraires. Cela a enrichi son écriture de profondes intuitions issues du mélange entre la paix de la nature et la profonde introspection que lui a permis sa retraite. C'est dans le cadre réconfortant de la Suisse que Hesse a découvert la paix dont il avait besoin pour gérer le tiraillement interne entre l'engagement et la fuite. Cela a favorisé un sentiment d'équilibre entre ses luttes intérieures et les problèmes extérieurs qui troublaient l'époque. Cela reflétait les questions urgentes sur le logement et l'expansion urbaine abordées par des personnalités telles que Fritz Schumacher et Heinrich Tessenow (Frank H, 2022).

Cette retraite volontaire et cette réflexion consciente sont devenues un élément crucial pour affiner les thèmes et les identités de ses récits. Le calme et la solitude de la Suisse ont offert à Hesse un sanctuaire où il a pu raviver sa flamme créative et renouveler son énergie intellectuelle. Il s'est pleinement engagé dans le discours intellectuel suscité par la richesse de la nature et l'introspection spirituelle. Des hauteurs des Alpes suisses aux profondeurs tranquilles du lac de Lugano, chaque partie du paysage suisse a touché l'esprit de Hesse, l'aidant à combiner croissance personnelle et transcendance artistique. La beauté rayonnante de la Suisse est devenue la toile de fond sur laquelle l'héritage littéraire de Hesse a continué à s'épanouir, dépassant les limites géographiques et temporelles. Ainsi, la retraite de Hesse en Suisse a marqué un tournant dans son parcours, le guidant vers la découverte de soi et l'écriture innovante. L'étreinte tranquille des paysages suisses l'a non seulement protégé des tempêtes politiques, mais lui a également fourni un terreau fertile pour les réflexions intemporelles que l'on retrouve dans son œuvre acclamée.

Critiques de ses pairs : malentendus et interprétations erronées

Tout au long de sa carrière d'écrivain, Hermann Hesse a fait l'objet de critiques notables de la part de ses collègues auteurs et critiques, dont la plupart découlaient, disons, de difficultés à comprendre ses textes. Cela s'expliquait souvent par la complexité de ses écrits, difficiles à classer dans des écoles de pensée ou des courants littéraires établis, un point soulevé par les chercheurs lorsqu'ils discutent des répercussions de la pensée des Lumières sur les auteurs postérieurs (Lavaert S, 2014). Son intérêt profond pour les pensées intérieures et les questions spirituelles ne cadrait pas tout à fait avec les principales idées intellectuelles de son époque, ce qui lui a valu la désapprobation de certains de ses contemporains plus attachés aux formes littéraires conventionnelles. Son choix de ne pas se conformer aux formes littéraires ou politiques attendues a encore accentué ces malentendus, les lecteurs ayant du mal à cerner ses récits. Les critiques issus de différents cercles intellectuels ont souvent eu du mal à comprendre l'importance réelle de ses explorations de grands thèmes tels que l'existentialisme et le fonctionnement interne de l'esprit, ce qui les a parfois amenés à porter des jugements dédaigneux et à douter de sa valeur.

De plus, le désintérêt manifeste de Hesse pour la politique n'a fait qu'ajouter à la confusion de ses pairs, qui recherchaient des écrivains s'identifiant clairement à certains courants idéologiques populaires à l'époque. L'ambiguïté omniprésente dans la méthode de Hesse mettait mal à l'aise ceux qui espéraient trouver dans ses œuvres des commentaires sociaux évidents ou des tendances politiques marquées ; cela montre la friction entre les normes littéraires établies et les nouvelles perspectives expérimentales (Liv Fønnebø, 2011). Il faut noter que la critique ne consistait pas simplement à ne pas apprécier les contributions de Hesse, mais qu'elle mettait en évidence une lutte plus large entre les visions littéraires traditionnelles et plus expérimentales de l'époque. Sa résistance à être facilement étiqueté ou utilisé par des groupes idéologiques spécifiques a vraiment bouleversé les choses, suscitant des réactions assez vives parmi les personnes peu disposées à changer leur façon d'interpréter les textes. Malgré cette atmosphère quelque peu hostile, Hesse a résolument poursuivi sa voie artistique, créant des œuvres très percutantes qui ont survécu au-delà des contraintes des critiques immédiates. Avec le recul, nous pouvons voir que ces malentendus révèlent une quête plus large visant à reconnaître véritablement la voix littéraire unique de Hesse au milieu de ces perspectives littéraires et politiques conflictuelles. Dans ce chapitre, l'objectif est d'explorer les subtilités de la réception de Hesse dans son environnement intellectuel, afin de mettre en lumière la complexité des discussions autour de son héritage littéraire.

Évaluation et héritage : l'impact durable de l'ambivalence

D'une manière générale, évaluer l'importance durable d'Hermann Hesse dans un contexte d'incertitude politique nécessite de se plonger dans les multiples facettes qui ont façonné à la fois sa propre perspective et les interprétations inspirées par ses œuvres. Malgré les critiques de certains de ses contemporains, l'impact littéraire de Hesse a finalement dépassé les problèmes immédiats de son époque pour trouver un écho auprès des générations suivantes, ce qui illustre son influence majeure sur les dialogues culturels et intellectuels mondiaux, comme en témoignent ses contributions à la littérature de l'entre-deux-guerres (Smith R, 2024). Naviguant dans la période difficile de l'Europe de l'entre-deux-guerres, tout en occupant une position parfois conflictuelle, il a fait preuve d'une résilience qui continue de susciter l'intérêt des chercheurs et des lecteurs, stimulant l'analyse continue de ses écrits dans le contexte des questions sociopolitiques modernes (Miller T., 2014).

Les écrits et les idées philosophiques de Hesse, en particulier pendant la montée du fascisme en Europe, présentent un récit diversifié reflétant ses conflits internes et son aspiration à un monde plus harmonieux. Cette dualité, face à la montée des croyances totalitaires, a fourni un point de vue privilégié pour examiner les complexités de la liberté individuelle et de la responsabilité collective. Revenir sur cette ambivalence rappelle avec force la complexité de la pensée et de l'action humaines, garantissant ainsi sa présence continue dans les discussions académiques. L'ambivalence de Hesse s'inscrit dans un dialogue plus large sur la participation politique et sociale, remettant en question les divisions typiques entre résistance et complicité, et incitant à reconsidérer la manière dont l'expression créative aborde les dilemmes moraux de son époque ; ces dilemmes sont, dans la plupart des cas, urgents.

12

Réflexions d'après-guerre

Contrastes et continuités dans les derniers écrits de Hesse

Dans ses derniers ouvrages, Hermann Hesse se débat avec le contraste profond et pourtant le lien persistant entre la vie intérieure de l'individu et les troubles généralisés de la société après la guerre. Après la Seconde Guerre mondiale, on constate dans les écrits de Hesse une nouvelle importance accordée à l'introspection comme moyen de donner un sens aux troubles du monde, le moi devenant presque une défense contre le chaos croissant de l'ère moderne. Ce va-et-vient se manifeste clairement dans son regard sur les idées gnostiques ; ici, la recherche d'une compréhension personnelle est de plus en plus liée à la destruction de la société en décomposition.

Les protagonistes des derniers romans de Hesse incarnent souvent la lutte pour trouver l'harmonie entre l'idéal de la réalisation de soi et la réalité tangible d'un monde brisé, reflétant les arguments de penseurs tels que Hans Jonas et Eric Voegelin, qui ont utilisé le gnosticisme pour mettre en évidence la maladie de la modernité occidentale (Kwiatkowski F, 2023). La danse de la mémoire et de l'innovation numérique reflète une acceptation culturelle plus large du passé, en phase avec la réinvention des pratiques d'archivage dans les conversations actuelles (Exploring Past Images in a Digital Age, 2023). Ainsi, les œuvres tardives de Hesse ne sont pas seulement une complainte personnelle, mais un commentaire émouvant sur les problèmes existentiels auxquels sont confrontés les gens dans un monde d'après-guerre, montrant comment l'introspection reste pertinente dans le cadre des changements sociaux.

L'après-guerre chez Hesse

L'après-guerre chez Hesse est un chapitre particulièrement introspectif de sa carrière. Alors que l'Europe se relevait des destructions de la Seconde Guerre mondiale, Hesse fut profondément affecté par le climat sociopolitique. Il chercha à intégrer ces observations dans ses œuvres littéraires.

La dévastation et le traumatisme collectif de la guerre ont profondément influencé Hesse, l'amenant à explorer des thèmes tels que la souffrance et la résilience, ainsi que la recherche de sens au milieu de la déconstruction et de la reconstruction. Le traumatisme collectif dans les récits culturels soutient cette perspective. Pour Hesse, l'après-guerre a été source de défis intellectuels, car il a été confronté à des réalités existentielles qui ont eu un impact sur l'humanité. Son art a évolué entre angoisse et espoir, capturant une société transformée par le conflit. Ses écrits sont devenus une fusion d'introspection et d'observation, reflétant les changements mondiaux, qui se manifestent dans la recontextualisation des artefacts pendant les périodes de troubles sociaux. Cela a conduit à une réévaluation thématique, Hesse explorant la nature humaine et l'équilibre spirituel dans un monde changé. Ses œuvres d'après-guerre mettent en évidence la fragilité et la résilience de l'humanité, et constituent un témoignage évocateur de la persévérance de l'esprit humain. Les cicatrices de la guerre, tant physiques que psychologiques, ont incité Hesse à réfléchir sur les dualités inhérentes à la vie. Ces cicatrices ont mis en évidence la lumière et l'obscurité, la joie et la tristesse, ainsi que la quête de transcendance. En comprenant le changement d'après-guerre chez Hesse, nous voyons un artiste réagir à la psyché d'une civilisation blessée. À travers son parcours artistique, Hesse a canalisé une époque aux prises avec la désillusion et la régénération. Il a contribué à la réflexion d'après-guerre.

Contextualisation de l'impact de la guerre sur les thèmes littéraires

Le monde littéraire a beaucoup changé après la Seconde Guerre mondiale. C'était une période de réflexion, de remise en question et de grands changements dans le domaine artistique. Hermann Hesse, qui a profondément ressenti les effets de la guerre, a également changé d'orientation. L'impact de la guerre, tant sur le plan personnel que sur la société, transparaît dans ses derniers livres. Il s'est éloigné de ce qu'il écrivait auparavant et s'est davantage tourné vers l'introspection. Alors que le monde se souvenait du traumatisme de la guerre, les derniers ouvrages de Hesse témoignent d'une perturbation et d'une recherche de paix, comme l'ont souligné des études sur les livres d'après-guerre (Hussain R et al., 2024). Les événements majeurs de la guerre ont profondément modifié ses thèmes d'écriture, l'éloignant des idées romantiques pour se tourner vers une vision plus complexe de la lutte et de la force humaines, reflétant les changements qui s'opéraient dans la société (Li X et al., 2023). Confronté à la dure réalité du monde d'après-guerre, Hesse a réexaminé les notions d'identité, de déception et de quête permanente de sens dans un monde changé à jamais par la guerre.

La guerre a également rendu les thèmes abordés par Hesse plus complexes, en particulier dans la manière dont il dépeignait ses personnages. Les personnages de ses derniers livres ont une profondeur et une dimension émotionnelle qui reflètent les traumatismes de la guerre. Leurs luttes intérieures témoignent des crises existentielles généralisées, soulignant le poids psychologique supporté par les personnes qui tentent de trouver leur voie après les bouleversements. Les derniers livres de Hesse illustrent donc clairement le lien entre les luttes personnelles et les catastrophes historiques, montrant la complexité des émotions humaines en période de crise (Hussain R et al., 2024). Pour mieux comprendre l'influence de la guerre, les thèmes abordés par Hesse ont évolué pour inclure l'exploration du déplacement, de la perte et de la recherche d'une guérison spirituelle face au désespoir. Les certitudes brisées et les sociétés divisées laissées par la guerre ont façonné sa pensée, remplissant ses récits d'un regard honnête sur la vulnérabilité et le courage humains. Dans cette perspective, les livres de Hesse sont des outils importants pour comprendre comment la condition humaine a changé pendant la destruction de la guerre. Ils invitent les lecteurs à se confronter à l'héritage profond de la guerre et à ses effets sur les individus et l'esprit collectif, et abordent également des questions philosophiques plus larges sur la vie elle-même (Li X et al., 2023)..

Évolution du ton et du style narratifs de Hesse

Après la Seconde Guerre mondiale, la manière dont Hermann Hesse racontait ses histoires et son style d'écriture ont considérablement changé. Ce changement reflétait non seulement ce qu'il avait vécu personnellement, mais aussi les grands bouleversements sociaux causés par la guerre (Hussain R et al., 2024). La période d'après-guerre était très différente des premiers livres de Hesse, qui traitaient souvent d'idées romantiques et d'introspection. Ses œuvres ultérieures étaient plus réfléchies et s'intéressaient à ce que signifiait être humain dans des moments difficiles (Bibliographie, 1963).

L'écriture de Hesse est devenue plus introspective, plongeant dans les détails de ce qui nous rend humains et dans la recherche de la satisfaction spirituelle que tant de personnes ont recherchée après que le monde ait été bouleversé à jamais par la guerre. Son style d'écriture a pris un rythme plus sérieux et plus réfléchi, faisant écho au sentiment général de déception et d'introspection qui était courant après la guerre. Cela mettait l'accent sur les difficultés rencontrées par les individus qui tentaient de comprendre qui ils étaient (Hussain R et al., 2024). Ce changement dans sa façon d'écrire a fait de Hesse un écrivain important qui comprenait l'évolution de la condition humaine. Il a su saisir la lutte pour trouver un sens et une identité au milieu du chaos majeur qui régnait dans la société (Bibliographie, 1963).

De plus, Hesse a commencé à montrer ses personnages d'une manière plus attentionnée et plus profonde, alors qu'ils étaient confrontés à des questions morales difficiles, à un sentiment d'angoisse existentielle et à un désir persistant de paix intérieure, reflétant les expériences humaines complexes de l'époque. Adoptant une attitude plus mûre et plus réfléchie, il a imprégné ses écrits d'émotions profondes et de questionnements philosophiques, créant des histoires qui touchaient profondément les lecteurs qui aspiraient à la compréhension et à la connexion dans un monde qui semblait brisé.

Explorer les continuités dans les écrits d'après-guerre de Hermann Hesse

Dans l'ombre d'un traumatisme mondial, les récits d'après-guerre de Hesse offraient un espace de réflexion et de compréhension plus profonde. Sa prose adoptait une qualité lyrique élargie, abordant directement des thèmes tels que la résilience, la réconciliation et la recherche de vérités universelles . Cette combinaison unique de concentration intérieure et d'empathie a donné à ses œuvres tardives une pertinence durable, dépassant la période d'après-guerre pour aborder la condition humaine intemporelle. De plus, les récits de Hesse mêlaient symbolisme et allégorie, invitant les lecteurs à entreprendre des explorations métaphoriques de la psyché humaine et de l'interdépendance (Massey I, 2018). Cette profondeur symbolique et cette complexité thématique ont conduit à une approche plus interprétative de ses récits, encourageant un échange réfléchi entre l'auteur et le lecteur. La voix et le style narratifs de Hesse ont continué à évoluer, développant leur capacité à encourager une introspection profonde, à remettre en question les normes acceptées et à mettre en évidence les paradoxes inhérents à l'existence humaine, consolidant ainsi son œuvre d'après-guerre comme un témoignage de la puissance durable de la littérature philosophique.

Explorer la dualité : continuités dans le développement des personnages

Les œuvres tardives de Hesse explorent de manière plus évidente la dualité et la complexité réelle de la nature humaine (C R Goddard, 2023). Les personnages dont il parle semblent souvent mener un combat intérieur, ce qui peut refléter l'état de désunion du monde qui les entoure. Pensez à la lutte constante entre le spirituel et le matérialiste, ou à la recherche d'un équilibre entre s'intégrer et rester soi-même ; Hesse intègre habilement ces tensions dans la manière dont ses personnages grandissent et changent. Une idée clé ici est celle du « moi divisé », où les personnages sont en lutte avec différentes parties d'eux-mêmes. En les voyant lutter, nous sommes amenés à réfléchir à des questions plus vastes, telles que le sentiment de perte, l'anxiété générale et la recherche d'une certaine plénitude. Cette exploration plus approfondie de l'esprit humain s'appuie sur ce que Hesse a fait auparavant, mais montre une compréhension plus mature de toutes les subtilités qui se déroulent en nous (Blady S, 2021).

De plus, les personnages de Hesse peuvent être considérés comme des symboles des grands changements qui se sont produits dans la société après la Seconde Guerre mondiale. Leurs luttes intérieures reflètent le chaos et les changements dans les systèmes de croyances qui se produisaient à l'extérieur, nous permettant ainsi de comprendre la confusion de cette époque. En mélangeant des histoires personnelles avec ce qui arrive à tout le monde, Hesse brosse un tableau puissant de ce que signifie être humain en période de difficultés et de grands changements. C'est dans cette idée de dualité que les personnages de

Hesse entreprennent de longs voyages pour découvrir qui ils sont et trouver une certaine paix. Alors qu'ils font face aux tensions entre différentes forces, ils sont confrontés à des choix moraux difficiles, à des crises spirituelles et à une quête sans fin de sens. Hesse réussit à nous montrer à quel point ses personnages sont complexes, en évitant les représentations simplistes et en nous offrant plutôt une vision riche et multidimensionnelle de l'expérience humaine. La manière dont Hesse développe ses personnages montre à quel point il s'attache à explorer les profondeurs de la conscience humaine (C R Goddard, 2023). Chaque personnage principal devient une version miniature de la lutte humaine, offrant aux lecteurs une vision à la fois rapprochée et globale des contradictions et des complexités qui font de nous ce que nous sommes. À travers ces parcours de changement, Hesse nous invite à affronter nos propres conflits intérieurs et à réfléchir à la manière dont la lumière et l'ombre s'opposent dans l'esprit humain.

Essentiellement, l'accent mis sur la dualité dans la manière dont Hesse développe ses personnages dans ses œuvres tardives est une façon convaincante de réfléchir à la complexité de la nature humaine et à la recherche constante d'unité au milieu de toute cette fragmentation, ce qui trouve un écho chez les lecteurs du monde entier (Blady S, 2021).

Contraste littéraire : évolution des motifs et du symbolisme

D'une manière générale, l'examen des motifs littéraires et du symbolisme dans les œuvres de Hermann Hesse révèle une évolution prononcée dans l'orientation thématique, en particulier lorsqu'on l'observe à travers le passage d'une quête existentielle à une exploration plus introspective de soi. Les œuvres antérieures, comme Demian, mettent généralement en avant les dualités et un moi fragmenté. Cela reflète une lutte tumultueuse entre la conformité sociale et l'authenticité individuelle. En revanche, ses textes ultérieurs, tels que Siddhartha et Le Jeu des perles de verre, renferment une vision plus harmonisée de la synthèse spirituelle et intellectuelle, où le parcours du protagoniste s'aligne étroitement sur les principes de la philosophie orientale. Hesse utilise des motifs contrastés, comme la rivière dans Siddhartha, qui symbolise le passage du temps et la nature cyclique de la vie ; cela contraste avec les environnements statiques et insulaires souvent décrits dans ses premiers récits (Kwiatkowski F, 2023).

De plus, la variation du symbolisme s'étend à la critique littéraire autour de l'œuvre de Hesse, comme le montre la réception de The Gift. Les critiques soulignent souvent la complexité de la forme narrative et la profondeur thématique au sein de la structure fragmentée de la publication en série ; cela témoigne de la capacité d'adaptation de l'approche de Hesse, en résonance avec les crises du modernisme, comme l'ont souligné les penseurs contemporains (Leving Y, 2019). À travers ces changements, Hesse ne se contente pas de créer un pèlerinage personnel vers la découverte de soi, mais s'engage également dans un dialogue littéraire plus large reflétant l'évolution de la condition humaine dans le contexte d'une société fracturée.

Évolution du symbolisme et des motifs

Après la guerre, l'œuvre de Hesse a pris un tournant notable, un changement facilement perceptible tant dans les symboles que dans les thèmes qu'il utilisait. La vision de l'auteur sur la vie et ses grandes questions semblait avoir changé, influençant ses choix (S B Bhambar et al., 2010). Au début, Hesse peignait souvent des images tranquilles avec des scènes naturelles et des paysages ruraux, mais plus tard, les villes et les esprits troublés ont fait leur apparition. C'est comme si les rivières et les forêts, qui symbolisaient autrefois la recherche spirituelle, avaient cédé la place aux paysages urbains et aux pensées dispersées, reflétant le malaise de l'époque. Ce changement symbolique reflétait parfaitement l'atmosphère qui régnait après la Seconde Guerre mondiale, montrant la réaction de Hesse au chaos qui l'entourait (Cook S, 1983). Plus encore, Hesse a commencé à utiliser les symboles d'une nouvelle manière, passant d'allégories évidentes et directes à des métaphores plus subtiles et plus complexes. La lumière contre l'obscurité, l'ordre contre le chaos : ces thèmes sont devenus récurrents, soulignant les nuances délicates de l'esprit humain dans un monde aux prises avec ses propres contradictions.

L'utilisation de miroirs et de reflets est également fréquente, comme symboles de l'introspection, marquant un passage des aventures extérieures à la réflexion intérieure. Cela souligne vraiment la nature introspective de son œuvre tardive. Compte tenu de ces différences, il est clair que les écrits tardifs de Hesse se sont vraiment éloignés de ce qui les avait précédés, offrant aux lecteurs une palette plus riche de symboles et de thèmes qui abordaient les nombreuses couches de la conscience humaine et la manière dont elle était influencée par la société. Cela démontrait sans aucun doute la flexibilité artistique de Hesse. Cela a également contribué à consolider sa place en tant que figure clé dans la compréhension des problèmes existentiels dans un monde en rapide évolution. En utilisant des symboles inattendus, Hesse a mis les lecteurs au défi de se plonger véritablement dans le labyrinthe de l'expérience humaine, les poussant à faire face aux complexités de la vie moderne, ce qui a renforcé son importance dans la littérature et l'étude de l'existentialisme.

Thèmes de la rédemption et du renouveau

Dans les œuvres d'après-guerre de Hesse, les thèmes de la rédemption et du renouveau prennent une signification particulièrement profonde, trouvant un écho dans un monde qui cherchait à se remettre des conséquences de la guerre. Ces thèmes représentent en grande partie la quête universelle de l'humanité pour l'épanouissement spirituel et la régénération de l'esprit face à l'adversité, reflétant une période historique où les individus étaient confrontés à la perte et à l'espoir d'un avenir meilleur. L'exploration de ces idées par Hesse est profondément introspective tout en restant universellement pertinente, offrant aux lecteurs un examen contemplatif et profond du potentiel de transformation sociale et personnelle, même dans les moments difficiles, comme le montrent les changements culturels dans l'Allemagne d'après-guerre, alors que le pays cherchait la catharsis et la résilience (Painter C, 2018).

Les œuvres tardives de Hesse explorent les subtilités de la nature humaine ainsi que son potentiel intrinsèque de rédemption. À travers des personnages qui luttent contre eux-mêmes, sont confrontés à des dilemmes éthiques et entreprennent des voyages vers une réalisation de soi plus complète, il révèle une possibilité persistante de transcendance et de renouveau, faisant écho à des concepts psychologiques qui soulignent la capacité humaine à se réinventer dans les périodes de troubles (Hill JS, 2011). La manière dont il illustre la résilience, le pouvoir de l'amour et de la compassion, ainsi que l'art, souligne la perception qu'a Hesse de la rédemption comme aspect central de la condition humaine. Cette exploration thématique est une réflexion poignante sur le désir collectif de renouveau de la société après les tumultes de la guerre, qui trouve un écho chez un peuple en quête d'apaisement. De plus, la réflexion de Hesse sur le renouveau s'entremêle avec des questions existentielles et philosophiques plus larges. Elle examine le besoin de sens, de paix intérieure et de réconciliation entre différentes voies spirituelles, qui ont tous été très importants dans le développement de pensées existentielles à la suite de crises mondiales (Painter C, 2018).

Ses récits montrent le processus consistant à se débarrasser des anciens systèmes de croyances, à adopter un sentiment de vulnérabilité et à accepter les erreurs du passé, autant d'éléments essentiels dans le cheminement vers un renouveau personnel et collectif. Le thème du renouveau dans ses derniers écrits constitue une réflexion inspirante sur la capacité de l'humanité à survivre aux crises et à en sortir plus forte, confirmant la capacité d'espérer et de se transformer, même dans des conditions difficiles. Il convient également de mentionner que l'idée de renouveau est étroitement liée à la réflexion de Hesse sur la nature cyclique de l'existence. En explorant les concepts du temps, de la mémoire et des schémas cycliques de la vie, Hesse propose une réflexion approfondie sur les chances de renaissance et de réinvention, suggérant que la croissance personnelle reflète l'expérience humaine dans son ensemble (Hill JS, 2011).

Critique et réception : les perspectives des lecteurs dans un monde en mutation

Après la Seconde Guerre mondiale, la réception des œuvres littéraires d'Hermann Hesse s'est faite dans un monde radicalement transformé, reflétant les changements sociétaux généralisés. La perception du public à l'égard de la littérature a considérablement évolué parallèlement à la refonte du monde par des événements cataclysmiques, conduisant à une réévaluation de la valeur et des objectifs de la littérature. Les critiques et les réactions des lecteurs aux écrits de Hesse ont acquis une nouvelle dimension de complexité, les gens recherchant du réconfort, de la compréhension et une réflexion personnelle pendant une période sans précédent, à l'instar du public contemporain qui s'intéresse aux adaptations modernes, telles que *Bridgerton*, qui remettent en question les normes historiques et font écho aux débats actuels sur l'identité et la race (Piia K Posti, 2023). Conscients de ces vastes changements sociétaux, les critiques et les universitaires ont commencé à examiner comment les thèmes abordés par Hesse

resonnaient auprès des lecteurs aux prises avec les traumatismes de la guerre et la quête de guérison qui s'ensuivit. Dans ce contexte, la littérature de Hesse a servi de guide, offrant des perspectives philosophiques et un ancrage moral dans une époque qui semblait de plus en plus confuse, reflétant les discussions actuelles sur la représentation culturelle dans la transformation numérique des archives cinématographiques. Une analyse des perspectives des lecteurs dans ce monde transformé révèle le lien étroit entre la société et la littérature, démontrant l'importance durable de Hesse. Un examen plus approfondi de la réception par les lecteurs révèle diverses interprétations et réactions émotionnelles suscitées par les œuvres tardives de Hesse, clarifiant l'impact complexe de ses écrits sur différents individus. Certains ont embrassé la littérature d'après-guerre de Hesse, d'autres l'ont critiquée, impliquant les lecteurs dans un dialogue sur la moralité, la condition humaine et la quête de sens au milieu des bouleversements. En examinant de près les critiques et la réception générale de l'œuvre de Hesse, nous obtenons des informations importantes sur la relation entre l'art et la société, renforçant l'importance continue de la littérature en tant que reflet des expériences communes de l'humanité.

Influence du discours philosophique contemporain

Dans les œuvres tardives de Hermann Hesse, on trouve une interaction claire avec les conversations philosophiques de son époque, en particulier si l'on considère les changements survenus après la Seconde Guerre mondiale. La période d'après-guerre a conduit à une profonde remise en question de l'existentialisme, de la phénoménologie et de l'influence croissante des philosophies orientales, idées que Victor Turner et d'autres ont étudiées dans leurs travaux sur l'expérience communautaire et la conscience réflexive (Daou F et al., 2023). Hesse, déjà connu pour ses réflexions profondes et ses récits introspectifs, était très conscient de ces idées en mutation. Face aux idéaux brisés et aux questions éthiques du monde d'après-guerre, Hesse s'est intéressé aux questions existentialistes sur la vie humaine et la recherche de sens, similaires à l'idée de communitas, qui valorise l'expérience partagée et le changement (Daou F et al., 2023). Ses personnages sont devenus des moyens d'explorer le choix personnel, la responsabilité et ce que signifie être humain en période de troubles sociaux.

S'inspirant des idées phénoménologiques, Hesse s'est penché sur les détails de l'expérience personnelle, de la conscience et de la façon dont les gens perçoivent et comprennent leur monde, ce qui est étayé par les réflexions des penseurs modernes sur l'expérience humaine (Daou F et al., 2023). L'aspect phénoménologique de ses écrits tardifs montre l'intérêt de Hesse pour l'introspection et l'examen des structures fondamentales de la conscience, témoignant d'une réflexion continue sur la pensée philosophique actuelle. L'influence de la pensée orientale sur la discussion philosophique a également eu un effet durable sur les œuvres tardives de Hesse, en particulier dans son approche de la spiritualité, de la méditation et des liens entre toutes choses, s'alignant sur la compréhension croissante des relations humaines dans un monde qui semble brisé (Daou F et al., 2023).

L'engagement de Hesse dans la philosophie contemporaine

Les récits de Hesse font écho à l'interdépendance de la vie, reflétant une époque où les Occidentaux cherchaient la sagesse dans les philosophies orientales, un échange culturel largement remarqué (Hesse, 1974). Son approche réfléchie met en évidence le changement intellectuel de l'époque et son adhésion à diverses traditions philosophiques, en particulier la pensée non occidentale d'après-guerre. Son œuvre révèle un engagement envers les idées philosophiques contemporaines à travers des plongées subtiles dans l'angoisse existentielle, la recherche de l'authenticité et la confrontation à des dilemmes moraux – des thèmes qui font écho aux idées de Sartre sur l'existence et la lutte de l'individu pour trouver un sens dans un monde fragmenté (Daou F et al., 2023). Ces thèmes sont liés aux questions philosophiques autour de la liberté individuelle, de l'éthique et de la nature incertaine de la réalité, telles qu'explorées par des penseurs comme Kierkegaard et Nietzsche.

Hesse, à travers ses personnages, explore les décisions difficiles liées à la moralité, au destin par opposition au libre arbitre et à la recherche de la paix intérieure dans un monde complexe, reflétant les problèmes existentiels du XXe siècle. L'intégration par Hesse de la pensée philosophique contemporaine va au-delà de la simple expérimentation littéraire, représentant une véritable tentative de s'attaquer à l'atmosphère intellectuelle changeante de son époque, faisant souvent écho aux angoisses existentielles qui imprégnaient la pensée collective de la société. Sa volonté d'utiliser divers cadres philosophiques dans ses récits illustre son agilité intellectuelle et son engagement ferme à explorer les profondeurs de la conscience humaine et les problèmes existentiels, à l'instar des explorations dans les œuvres existentialistes et phénoménologiques. Essentiellement, les derniers écrits de Hesse reflètent l'état d'esprit philosophique de l'époque, fusionnant une pensée intemporelle avec les discussions en pleine évolution de l'après-guerre, invitant audacieusement les lecteurs à faire face à la complexité de leur propre existence dans un monde en constante évolution.

Réflexions personnelles et correspondances de Hesse

Les réflexions personnelles et la correspondance d'Hermann Hesse, sur fond d'une Europe encore sous le choc de la guerre, offrent un aperçu émouvant de ses méthodes créatives et de sa vie intérieure. Connu pour son tempérament réfléchi, Hesse exprimait souvent des pensées perspicaces dans ses lettres à ses connaissances, aux écrivains et à ses admirateurs, offrant un contexte précieux pour comprendre l'évolution de ses œuvres tardives et révélant les philosophies sous-jacentes qui inspirent son écriture (Schaar T et al., 2021). Dans ces lettres personnelles, Hesse se débat avec des questions fondamentales sur l'existence, documentant ses difficultés face au blocage créatif, au doute de soi et à la recherche constante d'authenticité.

Sa correspondance met également en évidence l'équilibre délicat entre la solitude et la participation à la société, brossant un tableau détaillé de l'auteur naviguant dans un monde en pleine mutation. Les échanges d'idées avec des personnalités telles que Stefan Zweig, Thomas Mann et Romain Rolland soulignent les collaborations savantes de Hesse et la fusion des idées littéraires et philosophiques. Ses lettres témoignent non seulement de sa profondeur intellectuelle, mais éclairent également les mouvements intellectuels qui ont façonné sa production artistique pendant cette période cruciale. De plus, les réflexions personnelles de Hesse soulignent son profond engagement dans l'introspection.

Le format épistolaire lui a permis d'exprimer franchement sa désillusion, sa persévérance et sa quête incessante de vérité, dépeignant les nombreuses épreuves qu'il a rencontrées. Ces lettres offrent aux lecteurs un aperçu du terrain émotionnellement riche qui a façonné l'écriture de Hesse, révélant l'union difficile entre l'adversité individuelle et l'essence réparatrice de la création artistique. En tant que gardien de son propre héritage, la correspondance de Hesse témoigne d'une tentative consciente de préserver l'honnêteté de sa vision artistique dans un contexte de normes culturelles en mutation. Ce dialogue savant avec ses contemporains dépasse la simple discussion et constitue un témoignage perpétuel de l'importance durable de ses intérêts thématiques et des dilemmes éthiques qui résonnent dans ses œuvres ultérieures. D'une manière générale, les réflexions et les lettres de Hesse offrent une perspective importante à travers laquelle on peut interpréter les aspects complexes de ses œuvres tardives, faisant le lien entre l'esprit personnel de l'auteur et les thèmes universels qui continuent de fasciner le public (Schaar T et al., 2021).

Conclusion : la résonance durable des œuvres tardives de Hesse

Les œuvres tardives de Hesse conservent donc un attrait durable en raison de leur exploration approfondie de ce que signifie être humain au lendemain de la guerre, une période marquée par des changements sociétaux. Alors que le monde se remettait, ses écrits exploraient la désillusion, la renaissance spirituelle et la pensée existentielle, guidant les lecteurs à travers une société en pleine évolution (Daou F et al., 2023). À travers des personnages réfléchis et des décors symboliques, Hesse nous a donné une image détaillée de personnes en quête de sens dans un monde à jamais bouleversé par les conflits. Ses œuvres tardives, notamment Magister Ludi et Le Voyage en Orient, créent un paysage philosophique et psychologique, explorant l'esprit humain et la recherche de soi. Chaque livre nous invite dans un univers où les questions intemporelles rencontrent les défis modernes, résonnant à travers le temps et les cultures. Bien qu'ancrés dans l'histoire, les thèmes des derniers écrits de Hesse dépassent les limites temporelles, apportant une sagesse pour aujourd'hui (Frank H, 2022). De plus, leur pertinence est renforcée par leur approche interdisciplinaire.

Hesse a mélangé les philosophies orientales, la littérature occidentale et l'existentialisme pour créer des histoires qui touchent à l'expérience humaine universelle. Il a tissé ensemble mysticisme, exploration intellectuelle et profondeur émotionnelle, invitant les lecteurs à s'engager à la fois dans le récit et dans des vérités intemporelles. La résonance durable provient également de leur capacité à susciter l'introspection et le dialogue. Alors que les lecteurs se perdent dans la prose de Hesse, ils doivent faire face à leurs propres croyances, doutes et espoirs. Grâce à ce processus, les œuvres tardives de Hesse deviennent plus que de la littérature ; elles deviennent des outils de croissance et de discussion commune, révélant l'expérience partagée de l'humanité. En fin de compte, leur pertinence continue réaffirme la richesse des idées contenues dans ses écrits. En explorant ses œuvres tardives, les lecteurs deviennent des participants actifs à une conversation continue sur la condition humaine, perpétuant l'esprit d'introspection et d'empathie que Hesse a initié au lendemain de la guerre.

13

Perspectives psychologiques

Influence jungienne et personnages archétypaux

La psychologie jungienne dans les œuvres de Hesse

Les œuvres littéraires d'Hermann Hesse sont profondément influencées par les principes fondamentaux de la psychologie jungienne, et cette influence ajoute des niveaux de sens et de symbolisme qui touchent profondément le lecteur. Les œuvres de Hesse s'inspirent largement des idées de Carl Jung, notamment celles relatives à l'inconscient collectif, aux archétypes et au processus d'individuation, et ces idées constituent le fondement sur lequel Hesse construit ses personnages et raconte ses histoires. L'inconscient collectif, tel que Jung l'a défini, est un réservoir commun d'expériences et de symboles humains, et Hesse utilise ce concept pour explorer des thèmes communs tels que la croissance spirituelle, la transformation personnelle et la recherche de soi. On trouve un parallèle dans l'exploration de la psyché par Hesse et la relation entre le gnosticisme et la modernité, une relation étudiée par des penseurs tels que Carl G. Jung et Hans Jonas ; ces idées ont donné à la littérature un moyen de diagnostiquer des questions culturelles plus profondes (Kwiatkowski F, 2023).

Hesse utilise la psychologie jungienne pour explorer les complexités de l'esprit humain, et il montre des personnages qui sont aux prises avec leurs luttes intérieures et qui acceptent le pouvoir de leur propre conscience. Hesse s'inspire également des archétypes de Jung, des symboles universels inhérents à l'inconscient collectif, pour créer des personnages complexes. Ces personnages représentent les luttes et les espoirs de l'humanité alors qu'ils progressent vers la compréhension et la guérison en incarnant des parcours archétypaux. Il convient également de noter que les thèmes abordés dans les récits de Hesse font écho aux discussions modernes sur la santé mentale que l'on trouve dans les textes et les mouvements culturels, ce qui indique un lien avec les débats actuels sur le bien-être et la guérison, à l'instar de la défense de la santé mentale dont se fait le champion le groupe

BTS dans son travail (Blady S, 2021).

Symboles et schémas universellement reconnus

Hermann Hesse crée avec brio des récits et des personnages qui trouvent un écho dans toutes les cultures, en s'inspirant des aspects intemporels de l'expérience humaine, une qualité mise en lumière par les archétypes décrits dans la psychologie jungienne (Shah H et al., 2024). On pourrait dire que ces personnages fonctionnent comme des reflets de l'intérieur du lecteur, suscitant une introspection similaire aux idées que l'on trouve dans la pensée gnostique et aux considérations sur les défis de la modernité occidentale (Kwiatkowski F, 2023).

L'idée d'individuation apparaît également, c'est-à-dire l'intégration des différents aspects du moi menant à la plénitude. Cela apparaît à plusieurs reprises dans l'œuvre de Hesse, reflétant l'accent mis par Jung sur le cheminement vers la découverte de soi et l'épanouissement. À travers ce prisme jungien, Hesse propose une exploration riche de ce que signifie être humain, examinant les profondeurs de la conscience et l'interconnexion des symboles, ainsi que la quête éternelle de la paix intérieure. Cette combinaison d'idées jungiennes élève les récits de Hesse au-delà de simples narrations ; ils deviennent des allégories de la quête universelle de compréhension, réaffirmant leur importance tant dans le domaine psychologique que littéraire.

Hermann Hesse et Carl Jung : une histoire d'idées et de correspondance

Le vif intérêt d'Hermann Hesse pour la psychologie, en particulier les théories de Carl Gustav Jung, a considérablement influencé la philosophie qui sous-tend ses livres. Hesse et Jung admiraient mutuellement leur travail, et leurs discussions ont créé un lien durable documenté dans des études universitaires (Kwiatkowski F, 2023). Leurs lettres fournissent des informations précieuses sur leurs points de vue communs et divergents, montrant la complexité de leur relation. Les lettres de Hesse à Jung témoignent de son respect pour les idées de Jung, reflétant son étude approfondie de la psychologie jungienne et son impact sur son écriture, un sujet largement débattu (Robertson M et al., 2019). Leurs lettres suggèrent une relation mutuellement bénéfique : les théories de Jung ont inspiré l'exploration de l'esprit humain par Hesse, tandis que les récits de Hesse ont fourni à Jung des exemples concrets de ses principes psychologiques. Leur amitié a dépassé le cadre de l'intérêt professionnel pour devenir un lien spirituel profond, un sujet exploré dans les analyses actuelles de leurs œuvres (Kwiatkowski F, 2023). L'idée d'individuation de Jung, élément clé de sa psychologie analytique, a trouvé un écho particulier chez Hesse.

Hesse l'a reflétée dans ses romans à travers les voyages intérieurs des personnages vers la découverte de soi et l'intégration de l'inconscient. De plus, la compréhension qu'avait Hesse des archétypes de Jung est évidente dans le riche symbolisme de ses personnages et de ses décors, donnant à ses œuvres une qualité mythique qui fait écho à l'inconscient collectif, un sujet qui continue de susciter des discussions parmi les spécialistes de la littérature et de la psychologie (Robertson M et al., 2019). D'une manière générale, dans ce contexte, la relation entre Hesse et Jung devient un modèle, démontrant non seulement le lien entre leurs idées, mais aussi l'impact significatif de leur partenariat sur l'atmosphère intellectuelle de leur époque. L'ouverture d'esprit de Hesse envers les théories pionnières de Jung l'a poussé à examiner en profondeur la condition humaine, ce qui a donné naissance à des chefs-d'œuvre littéraires qui fascinent encore aujourd'hui les lecteurs par leur perspicacité psychologique et leur pertinence, soulignant leur influence collaborative (Kwiatkowski F, 2023 ; Robertson M et al., 2019).

L'ombre : exploration de la dualité chez les protagonistes de Hesse

L'univers littéraire de Hesse utilise l'ombre comme un thème très important et aussi comme une idée psychologique qui apparaît dans les problèmes internes de ses personnages principaux, souvent vus à travers les idées de la psychologie jungienne (Shah H et al., 2024). L'ombre, un terme popularisé par Carl Jung, désigne les aspects de notre personnalité que nous cachons, tels que nos talents potentiels, nos problèmes non résolus et nos désirs négatifs qui restent enfouis sous la surface. Hesse utilise très bien ce concept pour examiner la complexité des êtres humains et montrer les conflits internes de ses personnages. En réfléchissant à l'ombre, Hesse étudie la différence entre la partie consciente d'une personne et sa partie cachée, révélant ainsi le stress existentiel auquel ses personnages sont confrontés. Des personnages tels que Harry Haller dans le loup des steppes sont en proie à leur côté sombre, tiraillés entre la raison et l'instinct, le contrôle et la rébellion. Ce symbole de l'ombre représente la quête du protagoniste pour se comprendre et s'accepter, qui aboutit à une réflexion profonde sur l'esprit humain. L'idée de l'ombre permet à Hesse de montrer les difficultés liées à l'identité et le combat permanent entre les forces opposées qui s'affrontent à l'intérieur d'une personne. Qu'il s'agisse de la quête de compréhension spirituelle de Siddhartha (Tewari N et al., 2023) ou des projets créatifs de Goldmund, l'ombre est toujours présente, modifiant l'histoire et rendant le parcours des personnages plus significatif.

La description détaillée de l'ombre par Hesse montre à quel point il comprend la nature humaine et le mélange complexe de désirs qui poussent les gens vers la conscience de soi. Les lecteurs sont invités à réfléchir à leurs propres qualités cachées en observant comment l'ombre affecte les personnages de Hesse, ce qui renvoie au défi universel de devenir entier. Ce thème non seulement enrichit l'histoire, mais invite également les lecteurs à affronter leurs propres ombres, les encourageant à mieux comprendre les grandes questions de la vie. La manière dont Hesse utilise l'ombre est plus qu'une simple technique d'écriture ; c'est comme une invitation à entreprendre un voyage personnel vers la découverte et l'acceptation de soi. Au fur et à mesure que l'histoire progresse, l'ombre exerce une influence déterminante, guidant les personnages à travers des moments difficiles d'introspection et de changement. Elle agit comme un miroir reflétant le mystère de la condition humaine, poussant les lecteurs à affronter la complexité de leur propre esprit. La formidable représentation de l'ombre par Hesse confirme que ses œuvres restent importantes, car elles touchent différentes cultures et générations et abordent la vérité immuable de la condition humaine.

Anima et animus : dynamique des genres et équilibre interne

Les œuvres littéraires d'Hermann Hesse explorent en profondeur la dynamique des genres, s'aventurant dans les concepts psychologiques de Carl Gustav Jung sur l'anima et l'animus (Jung, 1969). L'anima, en termes généraux, est l'aspect féminin dans l'inconscient collectif d'un homme, tandis que l'animus en est le reflet masculin dans l'inconscient collectif d'une femme (Jung, 1971). Ce cadre permet de comprendre comment les personnages de Hesse sont en proie à des conflits intérieurs, laissant entendre que le développement personnel dépend de la réconciliation de ces archétypes (Papadopoulos, 1997). L'interaction entre l'anima et l'animus sert de moyen de réflexion et de recherche de la compréhension de soi, soulignant le pouvoir de l'intégration de ces deux aspects psychologiques (Mohr, 2008). La représentation de Hesse explore l'identité de genre et la quête d'équilibre intérieur, suggérant que la véritable compréhension vient de la reconnaissance du masculin et du féminin en soi (Hillman, 1989).

Des personnages comme Siddhartha et Harry Haller, dans *le loup des steppes*, incarnent l'anima de différentes manières, recherchant la plénitude en intégrant leur côté féminin. Cela reflète les idées jungiennes selon lesquelles il est nécessaire de reconnaître l'anima pour atteindre le bien-être psychologique (Cameron, 2011). De même, Kamala dans *Siddhartha* et Hermine dans *le loup des steppes* naviguent dans la croissance de leur animus, représentant l'acceptation des qualités masculines ; l'émancipation semble provenir du mélange des éléments liés au genre (Meyer, 2000). En intégrant ces archétypes dans ses récits, Hesse met en évidence la quête d'harmonie intérieure, qui nécessite que les individus reconnaissent leur double nature (Tyson, 2010). L'anima et l'animus dans les écrits de Hesse dépassent le symbolisme du genre pour devenir une réflexion poignante sur la condition humaine et le besoin intrinsèque d'équilibre (Jung, 1990).

À travers les interactions de ses personnages, Hesse présente la nature multiforme des relations et la danse complexe entre les énergies masculines et féminines, qui façonnent à la fois les liens et la perception de soi (Shaw, 2015). De plus, ces représentations incitent les lecteurs à réfléchir à leurs propres conflits et à la nature symbiotique des forces opposées, les poussant à une exploration plus profonde de soi et à une intégration émotionnelle (Adams, 2006). Hesse invite les lecteurs à un voyage introspectif, les exhortant à embrasser leurs paysages intérieurs, promouvant une approche holistique de la compréhension de soi (Ghosh, 2018). Le reflet de ces dynamiques enrichit les personnages et offre des aperçus sur la réalisation de soi, soulignant la pertinence de l'exploration de l'expérience humaine par Hesse (Welch, 2019).

Anima et Animus

L'œuvre de Hesse invite essentiellement ses lecteurs à contempler véritablement les échos de l'anima et de l'animus qui existent au sein de leur propre existence. Cela encourage une confrontation remarquablement personnelle avec la nature assez complexe de la psychologie humaine et, en effet, la recherche de la réconciliation. Cette recherche est sans doute fortement influencée par les racines psychanalytiques que Hesse lui-même a rencontrées au cours de son propre parcours de vie. L'exploration de l'anima et de l'animus par Hesse incite les individus à considérer les paysages de leur moi intérieur, en s'inspirant des archétypes jungiens richement tissés et du puits commun de connaissances inconscientes qui colorent nos expériences (Dr Simeonov I). Cette profonde réflexion sur soi résonne avec le plus de force dans l'évolution de ses personnages, qui naviguent entre les multiples difficultés liées à leur identité et à leurs relations dans un monde qui entre parfois en conflit avec leur vérité intérieure, comme en témoignent leurs parcours uniques vers l'individuation, ou peut-être vers la découverte de soi (OUSSAD M et al., 2021).

Processus d'individuation : des personnages sur le chemin de la plénitude

Le concept d'individuation de Carl Jung, repris dans la littérature d'Hermann Hesse, explore en profondeur la quête humaine de réalisation de soi et d'intégration psychologique. Cela est particulièrement vrai, d'une manière générale, dans le cadre d'une religiosité laïque où l'autonomie individuelle prime (Mendes P-Flohr, 2024). L'individuation, en termes simples, est le processus par lequel les individus aspirent à la plénitude. Ils intègrent différentes parties de leur psyché afin d'atteindre un moi équilibré et authentique. Dans des romans tels que *Demian*, *Le Loup des steppes* et *Narcisse et Goldmund*, les protagonistes de Hesse entreprennent des voyages qui reflètent l'individuation. Hesse dépeint les luttes, les révélations et la croissance intérieure à travers ces personnages et leurs histoires qui font écho à des choix et à des explorations. Les lecteurs voient les protagonistes affronter leurs ombres, ces aspects de leur personnalité qu'ils refusent de reconnaître et qui freinent leur développement (Shah H et al., 2024). Ces confrontations avec leurs ombres sont cruciales, car elles représentent les conflits intérieurs nécessaires.

Au fur et à mesure que les personnages explorent leur subconscient, ils rencontrent des archétypes et des motifs. Ceux-ci symbolisent des thèmes universels, des forces présentes dans la psyché humaine, qui contribuent de manière significative à la compréhension de soi. L'individuation apparaît comme un voyage cyclique et non linéaire, marqué par l'alternance de périodes d'obscurité et de lumière, de désespoir et d'espoir, de confusion et de clarté. Cette représentation multifacette met l'accent sur l'acceptation des contradictions et des paradoxes. À travers ces expériences, les lecteurs sont invités à leur propre introspection, en résonance avec la découverte de soi et la transformation. L'utilisation habile du symbolisme et de la narration par Hesse renforce cette représentation. En s'immergeant dans des rencontres et des révélations symboliques, les lecteurs peuvent réfléchir à leur cheminement vers la plénitude. En fin de compte, la description de Hesse témoigne de la pertinence de la connaissance de soi, de l'harmonie et de l'unité.

Motifs archétypaux : mythologie et symbolisme dans le récit

L'œuvre littéraire de Hesse est comme une tapisserie, où des motifs archétypaux créent un réseau complexe de symbolisme et d'échos mythologiques, connectant des lecteurs de cultures et d'époques différentes (Kwiatkowski F, 2023). Ces motifs puisent dans l'inconscient collectif, reflétant des thèmes communs et des vérités immuables sur la vie humaine, ce qui correspond aux idées de Jung sur l'importance des archétypes dans les récits psychologiques (Gullatz S, 2010). Hesse intègre soigneusement ces archétypes dans les récits de ses personnages, ajoutant ainsi plusieurs niveaux de sens à la narration. Des exemples tels que le voyage du héros, le guide sage, le voyage du changement et la lutte permanente entre le bien et le mal sont courants dans les œuvres de Hesse, montrant comment les expériences personnelles sont liées aux mythes collectifs. Ces motifs servent de passerelles pour explorer des thèmes profonds tels que la découverte de soi, le salut et la recherche d'un but. Ils offrent ainsi un aperçu de la condition humaine, tant sur le plan personnel qu'universel. De plus, ils permettent aux lecteurs de se tourner vers leur for intérieur, les encourageant à entreprendre leur propre voyage de découverte de soi aux côtés des personnages, et soulignant à quel point ces récits archétypaux sont encore importants dans les discussions actuelles sur l'identité et l'existence (Kwiatkowski F, 2023).

Sagesse ancienne et motifs archétypaux dans les récits de Hesse

Les récits de Hesse fonctionnent en quelque sorte comme des chemins vers un savoir ancien, reliant ce qui s'est passé avant à ce qui se passe maintenant. Ils mettent également en lumière les aspects permanents de l'être humain. Cela apparaît clairement lorsque l'on examine les idées gnostiques qui apparaissent assez souvent dans les écrits actuels (Kwiatkowski F, 2023). En incluant ces schémas communs, Hesse invite son public à réfléchir à la manière dont nos vies sont liées et à l'intemporalité de nos questions sur l'existence. Il évalue de manière critique les effets culturels, à l'instar de certains écrivains des Balkans (Lam Dçja, 2021). De plus, ces schémas agissent comme des repères universels, transcendant les différences linguistiques et culturelles, ce qui permet à l'œuvre de Hesse de toucher de nombreux groupes de personnes à travers le monde. Le symbolisme inhérent à ces motifs familiers confère une certaine complexité à l'écriture de Hesse. Les lecteurs sont encouragés à découvrir des significations plus profondes et à entrer en dialogue avec l'œuvre.

Ce lien entre l'histoire et le symbolisme crée une expérience de lecture riche, enrichissant le parcours par l'analyse et la découverte, faisant écho à la complexité de la littérature balkanique. Les lecteurs découvrent un mélange de symboles et d'allégories, reflétant la complexité de la pensée humaine et les secrets de la vie. Au cours de ce voyage, les lecteurs ne se contentent pas d'observer, ils contribuent également à dévoiler la signification importante de ces motifs. La combinaison habile du mythe et du symbolisme par Hesse captive l'imagination et crée un sentiment profond de connexion avec ce que tous les êtres humains partagent. Elle dépasse les histoires individuelles pour trouver les vérités qui nous rassemblent, d'une manière qui reflète les thèmes culturels communs que l'on peut observer dans la littérature balkanique (Lam Dçja, 2021).

Analyse des rêves : les couches psychologiques dans les visions de Hesse

Depuis des siècles, les rêves sont considérés comme des voies d'accès à l'inconscient, offrant un aperçu profond de ce que nous pensons et ressentons vraiment. Dans les créations littéraires de Hermann Hesse, les rêves jouent un rôle clé dans la compréhension des subtilités mentales de ses personnages, faisant écho aux idées complexes de la psychologie des profondeurs et à la manière dont elles modifient la représentation esthétique. D'un point de vue jungien, Hesse inclut habilement des scènes oniriques qui explorent les parties subconscientes de l'esprit, clarifiant la diversité des caractères de la vie humaine, comme le soulignent certaines critiques de ses méthodes narratives (Kozubenko L, 2024). Plutôt que de n'être que des récits, ces écrits agissent comme des portes d'accès à l'esprit, invitant les lecteurs à explorer les zones mystérieuses de la pensée et à s'engager dans une introspection réfléchie.

La représentation habile des situations oniriques par Hesse reflète une solide compréhension des concepts jungiens, utilisant des symboles, des thèmes et des archétypes pour révéler les différentes parties de l'esprit de ses personnages, démontrant comment les éléments inconscients personnels et partagés se rencontrent (Pryshchepa T et al., 2024). En examinant attentivement ces scènes oniriques, les lecteurs découvrent les manifestations authentiques et ouvertes du monde intérieur des personnages, mettant en évidence leurs souhaits, leurs angoisses et leurs luttes les plus forts. Au-delà d'une simple introspection, l'étude des rêves par Hesse crée une image détaillée d'idées et de thèmes universels qui touchent les lecteurs de différentes cultures et époques, renforçant ainsi la profondeur mentale de l'histoire. En parcourant ces environnements oniriques, les lecteurs sont encouragés à réfléchir à leurs propres rêves et à leur subconscient, ce qui favorise l'introspection et la découverte de soi. De plus, l'utilisation de l'interprétation des rêves par Hesse montre à quel point la psychologie jungienne reste pertinente dans les débats actuels, soulignant l'impact durable du symbolisme archétypal et la nature commune des expériences humaines.

Grâce à une étude approfondie du symbolisme des rêves, les lecteurs sont invités à se lancer dans un voyage mental profond, allant au-delà de la simple compréhension et pénétrant dans les riches réserves de l'esprit humain. L'ajout habile de l'interprétation des rêves par Hesse souligne l'importance continue de la théorie jungienne dans la littérature et la psychologie, garantissant à ses œuvres une place durable dans l'étude de la condition humaine. Ce mélange de littérature et d'étude mentale offre aux gens un moyen fascinant de réfléchir à la profondeur de leur propre subconscient, reliant les domaines de l'imagination et de l'introspection dans un mélange équilibré de découverte de soi et de compréhension partagée.

Typologies de personnalité : l'intégration de la théorie jungienne

D'une manière générale, lorsque l'on examine la manière dont les idées jungiennes s'intègrent dans les récits d'Hermann Hesse, il apparaît clairement que les personnages de Hesse illustrent souvent le fonctionnement complexe des archétypes psychologiques de Carl Jung. Hesse utilise habilement ces idées pour examiner les conflits internes et les changements que traversent ses personnages, en particulier dans des livres tels que Demian et le loup des steppes. Les traits de personnalité contradictoires décrits dans la théorie de Jung nous aident à mieux comprendre comment ces personnages cherchent à se comprendre eux-mêmes tout en faisant face aux attentes de la société. De plus, comme le soulignent certaines discussions savantes, des personnes comme Hans Jonas et Eric Voegelin ont utilisé des idées similaires pour comprendre les complexités de la vie moderne. Cela suggère que les récits de Hesse ne sont pas seulement des explorations littéraires, mais aussi des commentaires culturels sur des problèmes existentiels (Kwiatkowski F, 2023). Ce mélange d'idées jungiennes et d'exploration du moi par Hesse montre que les théories psychologiques ont été largement acceptées dans l'analyse littéraire. Il renforce la manière dont les récits peuvent exprimer les expériences subtiles de la psyché et refléter les conversations en cours dans les domaines de la psychologie et de la philosophie (Book Reviews, 1995).

Intégration des typologies de personnalité jungiennes dans les récits de Hesse

En se plongeant dans les œuvres d'Hermann Hesse avec une perspective jungienne, le déploiement des typologies de personnalité telles que définies par Jung offre des moyens très perspicaces de comprendre les personnages souvent complexes de ses récits. La pierre angulaire de cette approche réside dans la compréhension de la théorie des types psychologiques de Jung. Pensez à l'extraversion et à l'introversion, ou aux contrastes entre la pensée, le sentiment, la sensation et l'intuition, voire le jugement et la perception. Ces idées constituent un cadre essentiel pour vraiment comprendre ce qui motive les personnages de Hesse, leurs comportements et leurs motivations. Elles soutiennent l'idée que des penseurs comme Jung ont utilisé des catégories psychologiques pour donner un sens aux problèmes existentiels, en particulier ceux que la modernité nous pose (Kwiatkowski F, 2023). Cela aide les lecteurs à saisir les complexités de la nature humaine telles qu'elles sont décrites dans ses livres.

L'interaction des différents types de personnalité au sein des personnages ressemble à la complexité de l'esprit humain, ce qui offre un champ d'analyse intéressant, un thème qui apparaît ailleurs dans les analyses littéraires cognitives (Book Reviews, 1995). En examinant la typologie jungienne, nous pouvons distinguer les nuances dans la manière dont chaque personnage traite l'information, réagit émotionnellement et perçoit le monde. La théorie jungienne aide également à clarifier la manière dont les personnages interagissent, leurs luttes personnelles et leur relation avec le monde extérieur. La nature complexe de ces personnages contribue à mettre en évidence des problèmes sociaux.

S'intéresser aux personnalités des livres de Hesse encourage les lecteurs à réfléchir à certains aspects de l'expérience humaine et aux archétypes qui existent dans notre conscience, qu'ils soient individuels ou collectifs. De plus, la compréhension des types de personnalité dans les œuvres de Hesse va au-delà de la fiction, nous donnant un moyen d'envisager le comportement humain de manière plus générale, un thème souvent abordé en psychologie. La typologie jungienne sert de lien, invitant à réfléchir aux parallèles entre les profils psychologiques des personnages et les réalités des interactions humaines, même dans votre propre vie. Cela nous amène à réfléchir à la manière dont le cadre conceptuel de Jung pourrait nous aider dans nos relations, nos dynamiques sociales et notre développement personnel. En conclusion, en examinant les types de personnalité dans les récits de Hesse, nous avons l'occasion d'explorer en profondeur la psychologie humaine, en découvrant comment les traits de personnalité, les archétypes et le désir de découverte de soi sont liés entre eux.

Impact sur les lecteurs : la résonance des voyages archétypaux

Les œuvres de Hesse ne trouvent pas seulement un écho grâce à leurs personnages ; l'impact des voyages archétypaux va bien au-delà. Il utilise magistralement les idées de Jung pour créer des histoires qui plongent au plus profond de notre esprit, nous donnant l'occasion d'explorer notre propre monde intérieur (Daou F et al., 2023). En examinant les thèmes et les symboles communs, Hesse nous encourage à entreprendre un voyage personnel, peut-être en trouvant des parties de nous-mêmes reflétées dans ses histoires. L'utilisation habile des archétypes et des mythes par Hesse permet aux lecteurs de reconnaître des traits familiers dans les défis et les victoires des personnages. Ces archétypes intemporels – le héros, le sage, l'amoureux, etc. – agissent comme un miroir, nous aidant à mieux nous comprendre et à mieux cerner nos objectifs. Ce lien favorise l'empathie et élargit l'attrait des histoires de Hesse à différentes cultures et tranches d'âge (Kappenberg C et al., 2016). Dans la plupart des cas, l'impact des voyages archétypaux ne se limite pas à l'introspection ; il encourage également la croissance et la transformation personnelles. S'immerger dans les univers psychologiques de Hesse peut être l'occasion d'une exploration et d'un développement personnels. Les lecteurs peuvent trouver du réconfort dans les luttes communes des personnages, puisant ainsi la force d'affronter leurs propres défis et de tendre vers la plénitude. D'une manière générale, la résonance de ces voyages incite également à réfléchir sur la conscience collective et les normes sociales. Les lecteurs sont encouragés à réfléchir à leurs expériences, en intégrant leurs histoires dans l'expérience humaine plus large, tout comme Hesse entremêle les chemins individuels et les vérités universelles dans ses récits (Daou F et al., 2023).

Évolution des idées dans les dernières années de Hesse

Les dernières années de Hermann Hesse l'ont vu s'aventurer davantage dans la spiritualité, la conscience humaine et la recherche de la paix intérieure, ce qui a entraîné un changement notable dans sa production littéraire. Cette période de son œuvre montre une évolution marquée de ses intérêts thématiques, avec une attention accrue portée à l'introspection et à la réflexion profonde. Les œuvres tardives de Hesse, telles que Le Voyage en Orient et Magister Ludi, témoignent d'une compréhension plus riche des questions existentielles et de la nature complexe de l'être humain, reflétant en quelque sorte les principes du leadership au service des autres, où la croissance et la conscience de soi sont essentielles à la satisfaction personnelle et professionnelle. Sa quête permanente d'éveil spirituel et de connaissance de soi reflète son propre développement et sa maturation en tant qu'auteur. Les expériences de Hesse avec la guerre, le chaos politique et l'instabilité mondiale ont eu un effet profond sur sa perspective, conduisant à un style plus réfléchi et introspectif dans ses écrits.

Les thèmes de la solitude, de la sagesse et de l'interdépendance de la vie sont courants dans ses récits tardifs, représentant un écrivain constamment à la recherche d'idées et de points de vue nouveaux. De plus, l'intérêt de Hesse pour les philosophies orientales, en particulier le taoïsme et le bouddhisme zen, a élargi l'éventail de ses explorations, offrant aux lecteurs un riche mélange de sagesse et d'introspection, à l'image de l'exploration métaphysique transformatrice que l'on peut trouver dans les arts, comme celles de Claude Vivier (C R Goddard, 2023).

Tout au long de ses œuvres tardives, Hesse mélange magistralement ces nouvelles influences avec sa base philosophique occidentale existante, créant un mélange harmonieux qui transcende les frontières culturelles. De plus, l'écriture mûrie de Hesse montre une compréhension plus profonde de l'observation psychologique et une profondeur émotionnelle qui distinguent ses œuvres tardives. Les personnages de ses romans tardifs ont un sens plus aigu de l'introspection et sont profondément en quête de sens, reflétant la croissance personnelle de Hesse alors qu'il naviguait dans les complexités de la vie. Magister Ludi, en particulier, explore les questions intellectuelles et spirituelles d'une société utopique, captivant les lecteurs par sa description complexe de la nature humaine et des forces sociétales. La prose réfléchie et les personnages nuancés de Hesse entraînent les lecteurs dans un monde où se rencontrent quêtes intellectuelles et éveils philosophiques, offrant une voie vers l'autoréflexion et l'introspection. Au fur et à mesure que les écrits de Hesse se développaient, ils ont continué à inspirer les lecteurs, offrant des perspectives intemporelles sur ce que signifie être humain.

14

Perspectives psychologiques

Influence jungienne et personnages archétypaux

La psychologie jungienne dans les œuvres de Hesse

Les œuvres littéraires d'Hermann Hesse sont profondément influencées par les principes fondamentaux de la psychologie jungienne, et cette influence ajoute des niveaux de sens et de symbolisme qui touchent profondément le lecteur. Les œuvres de Hesse s'inspirent largement des idées de Carl Jung, notamment celles relatives à l'inconscient collectif, aux archétypes et au processus d'individuation, et ces idées constituent le fondement sur lequel Hesse construit ses personnages et raconte ses histoires. L'inconscient collectif, tel que Jung l'a défini, est un réservoir commun d'expériences et de symboles humains, et Hesse utilise ce concept pour explorer des thèmes communs tels que la croissance spirituelle, la transformation personnelle et la recherche de soi. On trouve un parallèle dans l'exploration de la psyché par Hesse et la relation entre le gnosticisme et la modernité, une relation étudiée par des penseurs tels que Carl G. Jung et Hans Jonas ; ces idées ont donné à la littérature un moyen de diagnostiquer des questions culturelles plus profondes (Kwiatkowski F, 2023).

Hesse utilise la psychologie jungienne pour explorer les complexités de l'esprit humain, et il montre des personnages qui sont aux prises avec leurs luttes intérieures et qui acceptent le pouvoir de leur propre conscience. Hesse s'inspire également des archétypes de Jung, des symboles universels inhérents à l'inconscient collectif, pour créer des personnages complexes. Ces personnages représentent les luttes et les espoirs de l'humanité alors qu'ils progressent vers la compréhension et la guérison en incarnant des parcours archétypaux. Il convient également de noter que les thèmes abordés dans les récits de Hesse font écho aux discussions modernes sur la santé mentale que l'on trouve dans les textes et les mouvements culturels, ce qui indique un lien avec les débats actuels sur le bien-être et la guérison, à l'instar de la défense de la santé mentale dont se fait le champion le groupe

BTS dans son travail (Blady S, 2021).

Symboles et schémas universellement reconnus

Hermann Hesse crée avec brio des récits et des personnages qui trouvent un écho dans toutes les cultures, en s'inspirant des aspects intemporels de l'expérience humaine, une qualité mise en lumière par les archétypes décrits dans la psychologie jungienne (Shah H et al., 2024). On pourrait dire que ces personnages fonctionnent comme des reflets de l'intérieur du lecteur, suscitant une introspection similaire aux idées que l'on trouve dans la pensée gnostique et aux considérations sur les défis de la modernité occidentale (Kwiatkowski F, 2023).

L'idée d'individuation apparaît également, c'est-à-dire l'intégration des différents aspects du moi menant à la plénitude. Cela apparaît à plusieurs reprises dans l'œuvre de Hesse, reflétant l'accent mis par Jung sur le cheminement vers la découverte de soi et l'épanouissement. À travers ce prisme jungien, Hesse propose une exploration riche de ce que signifie être humain, examinant les profondeurs de la conscience et l'interconnexion des symboles, ainsi que la quête éternelle de la paix intérieure. Cette combinaison d'idées jungiennes élève les récits de Hesse au-delà de simples narrations ; ils deviennent des allégories de la quête universelle de compréhension, réaffirmant leur importance tant dans le domaine psychologique que littéraire.

Hermann Hesse et Carl Jung : une histoire d'idées et de correspondance

Le vif intérêt d'Hermann Hesse pour la psychologie, en particulier les théories de Carl Gustav Jung, a considérablement influencé la philosophie qui sous-tend ses livres. Hesse et Jung admiraient mutuellement leur travail, et leurs discussions ont créé un lien durable documenté dans des études universitaires (Kwiatkowski F, 2023). Leurs lettres fournissent des informations précieuses sur leurs points de vue communs et divergents, montrant la complexité de leur relation. Les lettres de Hesse à Jung témoignent de son respect pour les idées de Jung, reflétant son étude approfondie de la psychologie jungienne et son impact sur son écriture, un sujet largement débattu (Robertson M et al., 2019). Leurs lettres suggèrent une relation mutuellement bénéfique : les théories de Jung ont inspiré l'exploration de l'esprit humain par Hesse, tandis que les récits de Hesse ont fourni à Jung des exemples concrets de ses principes psychologiques. Leur amitié a dépassé le cadre de l'intérêt professionnel pour devenir un lien spirituel profond, un sujet exploré dans les analyses actuelles de leurs œuvres (Kwiatkowski F, 2023). L'idée d'individuation de Jung, élément clé de sa psychologie analytique, a trouvé un écho particulier chez Hesse.

Hesse l'a reflétée dans ses romans à travers les voyages intérieurs des personnages vers la découverte de soi et l'intégration de l'inconscient. De plus, la compréhension qu'avait Hesse des archétypes de Jung est évidente dans le riche symbolisme de ses personnages et de ses décors, donnant à ses œuvres une qualité mythique qui fait écho à l'inconscient collectif, un sujet qui continue de susciter des discussions parmi les spécialistes de la littérature et de la psychologie (Robertson M et al., 2019). D'une manière générale, dans ce contexte, la relation entre Hesse et Jung devient un modèle, démontrant non seulement le lien entre leurs idées, mais aussi l'impact significatif de leur partenariat sur l'atmosphère intellectuelle de leur époque. L'ouverture d'esprit de Hesse envers les théories pionnières de Jung l'a poussé à examiner en profondeur la condition humaine, ce qui a donné naissance à des chefs-d'œuvre littéraires qui fascinent encore aujourd'hui les lecteurs par leur perspicacité psychologique et leur pertinence, soulignant leur influence collaborative (Kwiatkowski F, 2023 ; Robertson M et al., 2019).

L'ombre : exploration de la dualité chez les protagonistes de Hesse

L'univers littéraire de Hesse utilise l'ombre comme un thème très important et aussi comme une idée psychologique qui apparaît dans les problèmes internes de ses personnages principaux, souvent vus à travers les idées de la psychologie jungienne (Shah H et al., 2024). L'ombre, un terme popularisé par Carl Jung, désigne les aspects de notre personnalité que nous cachons, tels que nos talents potentiels, nos problèmes non résolus et nos désirs négatifs qui restent enfouis sous la surface. Hesse utilise très bien ce concept pour examiner la complexité des êtres humains et montrer les conflits internes de ses personnages. En réfléchissant à l'ombre, Hesse étudie la différence entre la partie consciente d'une personne et sa partie cachée, révélant ainsi le stress existentiel auquel ses personnages sont confrontés. Des personnages tels que Harry Haller dans le loup des steppes sont en proie à leur côté sombre, tiraillés entre la raison et l'instinct, le contrôle et la rébellion. Ce symbole de l'ombre représente la quête du protagoniste pour se comprendre et s'accepter, qui aboutit à une réflexion profonde sur l'esprit humain. L'idée de l'ombre permet à Hesse de montrer les difficultés liées à l'identité et le combat permanent entre les forces opposées qui s'affrontent à l'intérieur d'une personne. Qu'il s'agisse de la quête de compréhension spirituelle de Siddhartha (Tewari N et al., 2023) ou des projets créatifs de Goldmund, l'ombre est toujours présente, modifiant l'histoire et rendant le parcours des personnages plus significatif.

La description détaillée de l'ombre par Hesse montre à quel point il comprend la nature humaine et le mélange complexe de désirs qui poussent les gens vers la conscience de soi. Les lecteurs sont invités à réfléchir à leurs propres qualités cachées en observant comment l'ombre affecte les personnages de Hesse, ce qui renvoie au défi universel de devenir entier. Ce thème non seulement enrichit l'histoire, mais invite également les lecteurs à affronter leurs propres ombres, les encourageant à mieux comprendre les grandes questions de la vie. La manière dont Hesse utilise l'ombre est plus qu'une simple technique d'écriture ; c'est comme une invitation à entreprendre un voyage personnel vers la découverte et l'acceptation de soi. Au fur et à mesure que l'histoire progresse, l'ombre exerce une influence déterminante, guidant les personnages à travers des moments difficiles d'introspection et de changement. Elle agit comme un miroir reflétant le mystère de la condition humaine, poussant les lecteurs à affronter la complexité de leur propre esprit. La formidable représentation de l'ombre par Hesse confirme que ses œuvres restent importantes, car elles touchent différentes cultures et générations et abordent la vérité immuable de la condition humaine.

Anima et animus : dynamique des genres et équilibre interne

Les œuvres littéraires d'Hermann Hesse explorent en profondeur la dynamique des genres, s'aventurant dans les concepts psychologiques de Carl Gustav Jung sur l'anima et l'animus (Jung, 1969). L'anima, en termes généraux, est l'aspect féminin dans l'inconscient collectif d'un homme, tandis que l'animus en est le reflet masculin dans l'inconscient collectif d'une femme (Jung, 1971). Ce cadre permet de comprendre comment les personnages de Hesse sont en proie à des conflits intérieurs, laissant entendre que le développement personnel dépend de la réconciliation de ces archétypes (Papadopoulos, 1997). L'interaction entre l'anima et l'animus sert de moyen de réflexion et de recherche de la compréhension de soi, soulignant le pouvoir de l'intégration de ces deux aspects psychologiques (Mohr, 2008). La représentation de Hesse explore l'identité de genre et la quête d'équilibre intérieur, suggérant que la véritable compréhension vient de la reconnaissance du masculin et du féminin en soi (Hillman, 1989).

Des personnages comme Siddhartha et Harry Haller, dans *le loup des steppes*, incarnent l'anima de différentes manières, recherchant la plénitude en intégrant leur côté féminin. Cela reflète les idées jungiennes selon lesquelles il est nécessaire de reconnaître l'anima pour atteindre le bien-être psychologique (Cameron, 2011). De même, Kamala dans *Siddhartha* et Hermine dans *le loup des steppes* naviguent dans la croissance de leur animus, représentant l'acceptation des qualités masculines ; l'émancipation semble provenir du mélange des éléments liés au genre (Meyer, 2000). En intégrant ces archétypes dans ses récits, Hesse met en évidence la quête d'harmonie intérieure, qui nécessite que les individus reconnaissent leur double nature (Tyson, 2010). L'anima et l'animus dans les écrits de Hesse dépassent le symbolisme du genre pour devenir une réflexion poignante sur la condition humaine et le besoin intrinsèque d'équilibre (Jung, 1990).

À travers les interactions de ses personnages, Hesse présente la nature multiforme des relations et la danse complexe entre les énergies masculines et féminines, qui façonnent à la fois les liens et la perception de soi (Shaw, 2015). De plus, ces représentations incitent les lecteurs à réfléchir à leurs propres conflits et à la nature symbiotique des forces opposées, les poussant à une exploration plus profonde de soi et à une intégration émotionnelle (Adams, 2006). Hesse invite les lecteurs à un voyage introspectif, les exhortant à embrasser leurs paysages intérieurs, promouvant une approche holistique de la compréhension de soi (Ghosh, 2018). Le reflet de ces dynamiques enrichit les personnages et offre des aperçus sur la réalisation de soi, soulignant la pertinence de l'exploration de l'expérience humaine par Hesse (Welch, 2019).

Anima et Animus

L'œuvre de Hesse invite essentiellement ses lecteurs à contempler véritablement les échos de l'anima et de l'animus qui existent au sein de leur propre existence. Cela encourage une confrontation remarquablement personnelle avec la nature assez complexe de la psychologie humaine et, en effet, la recherche de la réconciliation. Cette recherche est sans doute fortement influencée par les racines psychanalytiques que Hesse lui-même a rencontrées au cours de son propre parcours de vie. L'exploration de l'anima et de l'animus par Hesse incite les individus à considérer les paysages de leur moi intérieur, en s'inspirant des archétypes jungiens richement tissés et du puits commun de connaissances inconscientes qui colorent nos expériences (Dr Simeonov I). Cette profonde réflexion sur soi résonne avec le plus de force dans l'évolution de ses personnages, qui naviguent entre les multiples difficultés liées à leur identité et à leurs relations dans un monde qui entre parfois en conflit avec leur vérité intérieure, comme en témoignent leurs parcours uniques vers l'individuation, ou peut-être vers la découverte de soi (OUSSAD M et al., 2021).

Processus d'individuation : des personnages sur le chemin de la plénitude

Le concept d'individuation de Carl Jung, repris dans la littérature d'Hermann Hesse, explore en profondeur la quête humaine de réalisation de soi et d'intégration psychologique. Cela est particulièrement vrai, d'une manière générale, dans le cadre d'une religiosité laïque où l'autonomie individuelle prime (Mendes P-Flohr, 2024). L'individuation, en termes simples, est le processus par lequel les individus aspirent à la plénitude. Ils intègrent différentes parties de leur psyché afin d'atteindre un moi équilibré et authentique. Dans des romans tels que *Demian*, *Le Loup des steppes* et *Narcisse et Goldmund*, les protagonistes de Hesse entreprennent des voyages qui reflètent l'individuation. Hesse dépeint les luttes, les révélations et la croissance intérieure à travers ces personnages et leurs histoires qui font écho à des choix et à des explorations. Les lecteurs voient les protagonistes affronter leurs ombres, ces aspects de leur personnalité qu'ils refusent de reconnaître et qui freinent leur développement (Shah H et al., 2024). Ces confrontations avec leurs ombres sont cruciales, car elles représentent les conflits intérieurs nécessaires.

Au fur et à mesure que les personnages explorent leur subconscient, ils rencontrent des archétypes et des motifs. Ceux-ci symbolisent des thèmes universels, des forces présentes dans la psyché humaine, qui contribuent de manière significative à la compréhension de soi. L'individuation apparaît comme un voyage cyclique et non linéaire, marqué par l'alternance de périodes d'obscurité et de lumière, de désespoir et d'espoir, de confusion et de clarté. Cette représentation multifacette met l'accent sur l'acceptation des contradictions et des paradoxes. À travers ces expériences, les lecteurs sont invités à leur propre introspection, en résonance avec la découverte de soi et la transformation. L'utilisation habile du symbolisme et de la narration par Hesse renforce cette représentation. En s'immergeant dans des rencontres et des révélations symboliques, les lecteurs peuvent réfléchir à leur cheminement vers la plénitude. En fin de compte, la description de Hesse témoigne de la pertinence de la connaissance de soi, de l'harmonie et de l'unité.

Motifs archétypaux : mythologie et symbolisme dans le récit

L'œuvre littéraire de Hesse est comme une tapisserie, où des motifs archétypaux créent un réseau complexe de symbolisme et d'échos mythologiques, connectant des lecteurs de cultures et d'époques différentes (Kwiatkowski F, 2023). Ces motifs puisent dans l'inconscient collectif, reflétant des thèmes communs et des vérités immuables sur la vie humaine, ce qui correspond aux idées de Jung sur l'importance des archétypes dans les récits psychologiques (Gullatz S, 2010). Hesse intègre soigneusement ces archétypes dans les récits de ses personnages, ajoutant ainsi plusieurs niveaux de sens à la narration. Des exemples tels que le voyage du héros, le guide sage, le voyage du changement et la lutte permanente entre le bien et le mal sont courants dans les œuvres de Hesse, montrant comment les expériences personnelles sont liées aux mythes collectifs. Ces motifs servent de passerelles pour explorer des thèmes profonds tels que la découverte de soi, le salut et la recherche d'un but. Ils offrent ainsi un aperçu de la condition humaine, tant sur le plan personnel qu'universel. De plus, ils permettent aux lecteurs de se tourner vers leur for intérieur, les encourageant à entreprendre leur propre voyage de découverte de soi aux côtés des personnages, et soulignant à quel point ces récits archétypaux sont encore importants dans les discussions actuelles sur l'identité et l'existence (Kwiatkowski F, 2023).

Sagesse ancienne et motifs archétypaux dans les récits de Hesse

Les récits de Hesse fonctionnent en quelque sorte comme des chemins vers un savoir ancien, reliant ce qui s'est passé avant à ce qui se passe maintenant. Ils mettent également en lumière les aspects permanents de l'être humain. Cela apparaît clairement lorsque l'on examine les idées gnostiques qui apparaissent assez souvent dans les écrits actuels (Kwiatkowski F, 2023). En incluant ces schémas communs, Hesse invite son public à réfléchir à la manière dont nos vies sont liées et à l'intemporalité de nos questions sur l'existence. Il évalue de manière critique les effets culturels, à l'instar de certains écrivains des Balkans (Lam Dçja, 2021). De plus, ces schémas agissent comme des repères universels, transcendant les différences linguistiques et culturelles, ce qui permet à l'œuvre de Hesse de toucher de nombreux groupes de personnes à travers le monde. Le symbolisme inhérent à ces motifs familiers confère une certaine complexité à l'écriture de Hesse. Les lecteurs sont encouragés à découvrir des significations plus profondes et à entrer en dialogue avec l'œuvre.

Ce lien entre l'histoire et le symbolisme crée une expérience de lecture riche, enrichissant le parcours par l'analyse et la découverte, faisant écho à la complexité de la littérature balkanique. Les lecteurs découvrent un mélange de symboles et d'allégories, reflétant la complexité de la pensée humaine et les secrets de la vie. Au cours de ce voyage, les lecteurs ne se contentent pas d'observer, ils contribuent également à dévoiler la signification importante de ces motifs. La combinaison habile du mythe et du symbolisme par Hesse captive l'imagination et crée un sentiment profond de connexion avec ce que tous les êtres humains partagent. Elle dépasse les histoires individuelles pour trouver les vérités qui nous rassemblent, d'une manière qui reflète les thèmes culturels communs que l'on peut observer dans la littérature balkanique (Lam Dçja, 2021).

Analyse des rêves : les couches psychologiques dans les visions de Hesse

Depuis des siècles, les rêves sont considérés comme des voies d'accès à l'inconscient, offrant un aperçu profond de ce que nous pensons et ressentons vraiment. Dans les créations littéraires de Hermann Hesse, les rêves jouent un rôle clé dans la compréhension des subtilités mentales de ses personnages, faisant écho aux idées complexes de la psychologie des profondeurs et à la manière dont elles modifient la représentation esthétique. D'un point de vue jungien, Hesse inclut habilement des scènes oniriques qui explorent les parties subconscientes de l'esprit, clarifiant la diversité des caractères de la vie humaine, comme le soulignent certaines critiques de ses méthodes narratives (Kozubenko L, 2024). Plutôt que de n'être que des récits, ces écrits agissent comme des portes d'accès à l'esprit, invitant les lecteurs à explorer les zones mystérieuses de la pensée et à s'engager dans une introspection réfléchie.

La représentation habile des situations oniriques par Hesse reflète une solide compréhension des concepts jungiens, utilisant des symboles, des thèmes et des archétypes pour révéler les différentes parties de l'esprit de ses personnages, démontrant comment les éléments inconscients personnels et partagés se rencontrent (Pryshchepa T et al., 2024). En examinant attentivement ces scènes oniriques, les lecteurs découvrent les manifestations authentiques et ouvertes du monde intérieur des personnages, mettant en évidence leurs souhaits, leurs angoisses et leurs luttes les plus forts. Au-delà d'une simple introspection, l'étude des rêves par Hesse crée une image détaillée d'idées et de thèmes universels qui touchent les lecteurs de différentes cultures et époques, renforçant ainsi la profondeur mentale de l'histoire. En parcourant ces environnements oniriques, les lecteurs sont encouragés à réfléchir à leurs propres rêves et à leur subconscient, ce qui favorise l'introspection et la découverte de soi. De plus, l'utilisation de l'interprétation des rêves par Hesse montre à quel point la psychologie jungienne reste pertinente dans les débats actuels, soulignant l'impact durable du symbolisme archétypal et la nature commune des expériences humaines.

Grâce à une étude approfondie du symbolisme des rêves, les lecteurs sont invités à se lancer dans un voyage mental profond, allant au-delà de la simple compréhension et pénétrant dans les riches réserves de l'esprit humain. L'ajout habile de l'interprétation des rêves par Hesse souligne l'importance continue de la théorie jungienne dans la littérature et la psychologie, garantissant à ses œuvres une place durable dans l'étude de la condition humaine. Ce mélange de littérature et d'étude mentale offre aux gens un moyen fascinant de réfléchir à la profondeur de leur propre subconscient, reliant les domaines de l'imagination et de l'introspection dans un mélange équilibré de découverte de soi et de compréhension partagée.

Typologies de personnalité : l'intégration de la théorie jungienne

D'une manière générale, lorsque l'on examine la manière dont les idées jungiennes s'intègrent dans les récits d'Hermann Hesse, il apparaît clairement que les personnages de Hesse illustrent souvent le fonctionnement complexe des archétypes psychologiques de Carl Jung. Hesse utilise habilement ces idées pour examiner les conflits internes et les changements que traversent ses personnages, en particulier dans des livres tels que Demian et le loup des steppes. Les traits de personnalité contradictoires décrits dans la théorie de Jung nous aident à mieux comprendre comment ces personnages cherchent à se comprendre eux-mêmes tout en faisant face aux attentes de la société. De plus, comme le soulignent certaines discussions savantes, des personnes comme Hans Jonas et Eric Voegelin ont utilisé des idées similaires pour comprendre les complexités de la vie moderne. Cela suggère que les récits de Hesse ne sont pas seulement des explorations littéraires, mais aussi des commentaires culturels sur des problèmes existentiels (Kwiatkowski F, 2023). Ce mélange d'idées jungiennes et d'exploration du moi par Hesse montre que les théories psychologiques ont été largement acceptées dans l'analyse littéraire. Il renforce la manière dont les récits peuvent exprimer les expériences subtiles de la psyché et refléter les conversations en cours dans les domaines de la psychologie et de la philosophie (Book Reviews, 1995).

Intégration des typologies de personnalité jungiennes dans les récits de Hesse

En se plongeant dans les œuvres d'Hermann Hesse avec une perspective jungienne, le déploiement des typologies de personnalité telles que définies par Jung offre des moyens très perspicaces de comprendre les personnages souvent complexes de ses récits. La pierre angulaire de cette approche réside dans la compréhension de la théorie des types psychologiques de Jung. Pensez à l'extraversion et à l'introversion, ou aux contrastes entre la pensée, le sentiment, la sensation et l'intuition, voire le jugement et la perception. Ces idées constituent un cadre essentiel pour vraiment comprendre ce qui motive les personnages de Hesse, leurs comportements et leurs motivations. Elles soutiennent l'idée que des penseurs comme Jung ont utilisé des catégories psychologiques pour donner un sens aux problèmes existentiels, en particulier ceux que la modernité nous pose (Kwiatkowski F, 2023). Cela aide les lecteurs à saisir les complexités de la nature humaine telles qu'elles sont décrites dans ses livres.

L'interaction des différents types de personnalité au sein des personnages ressemble à la complexité de l'esprit humain, ce qui offre un champ d'analyse intéressant, un thème qui apparaît ailleurs dans les analyses littéraires cognitives (Book Reviews, 1995). En examinant la typologie jungienne, nous pouvons distinguer les nuances dans la manière dont chaque personnage traite l'information, réagit émotionnellement et perçoit le monde. La théorie jungienne aide également à clarifier la manière dont les personnages interagissent, leurs luttes personnelles et leur relation avec le monde extérieur. La nature complexe de ces personnages contribue à mettre en évidence des problèmes sociaux.

S'intéresser aux personnalités des livres de Hesse encourage les lecteurs à réfléchir à certains aspects de l'expérience humaine et aux archétypes qui existent dans notre conscience, qu'ils soient individuels ou collectifs. De plus, la compréhension des types de personnalité dans les œuvres de Hesse va au-delà de la fiction, nous donnant un moyen d'envisager le comportement humain de manière plus générale, un thème souvent abordé en psychologie. La typologie jungienne sert de lien, invitant à réfléchir aux parallèles entre les profils psychologiques des personnages et les réalités des interactions humaines, même dans votre propre vie. Cela nous amène à réfléchir à la manière dont le cadre conceptuel de Jung pourrait nous aider dans nos relations, nos dynamiques sociales et notre développement personnel. En conclusion, en examinant les types de personnalité dans les récits de Hesse, nous avons l'occasion d'explorer en profondeur la psychologie humaine, en découvrant comment les traits de personnalité, les archétypes et le désir de découverte de soi sont liés entre eux.

Impact sur les lecteurs : la résonance des voyages archétypaux

Les œuvres de Hesse ne trouvent pas seulement un écho grâce à leurs personnages ; l'impact des voyages archétypaux va bien au-delà. Il utilise magistralement les idées de Jung pour créer des histoires qui plongent au plus profond de notre esprit, nous donnant l'occasion d'explorer notre propre monde intérieur (Daou F et al., 2023). En examinant les thèmes et les symboles communs, Hesse nous encourage à entreprendre un voyage personnel, peut-être en trouvant des parties de nous-mêmes reflétées dans ses histoires. L'utilisation habile des archétypes et des mythes par Hesse permet aux lecteurs de reconnaître des traits familiers dans les défis et les victoires des personnages. Ces archétypes intemporels – le héros, le sage, l'amoureux, etc. – agissent comme un miroir, nous aidant à mieux nous comprendre et à mieux cerner nos objectifs. Ce lien favorise l'empathie et élargit l'attrait des histoires de Hesse à différentes cultures et tranches d'âge (Kappenberg C et al., 2016). Dans la plupart des cas, l'impact des voyages archétypaux ne se limite pas à l'introspection ; il encourage également la croissance et la transformation personnelles. S'immerger dans les univers psychologiques de Hesse peut être l'occasion d'une exploration et d'un développement personnels. Les lecteurs peuvent trouver du réconfort dans les luttes communes des personnages, puisant ainsi la force d'affronter leurs propres défis et de tendre vers la plénitude. D'une manière générale, la résonance de ces voyages incite également à réfléchir sur la conscience collective et les normes sociales. Les lecteurs sont encouragés à réfléchir à leurs expériences, en intégrant leurs histoires dans l'expérience humaine plus large, tout comme Hesse entremêle les chemins individuels et les vérités universelles dans ses récits (Daou F et al., 2023).

Évolution des idées dans les dernières années de Hesse

Les dernières années de Hermann Hesse l'ont vu s'aventurer davantage dans la spiritualité, la conscience humaine et la recherche de la paix intérieure, ce qui a entraîné un changement notable dans sa production littéraire. Cette période de son œuvre montre une évolution marquée de ses intérêts thématiques, avec une attention accrue portée à l'introspection et à la réflexion profonde. Les œuvres tardives de Hesse, telles que Le Voyage en Orient et Magister Ludi, témoignent d'une compréhension plus riche des questions existentielles et de la nature complexe de l'être humain, reflétant en quelque sorte les principes du leadership au service des autres, où la croissance et la conscience de soi sont essentielles à la satisfaction personnelle et professionnelle. Sa quête permanente d'éveil spirituel et de connaissance de soi reflète son propre développement et sa maturation en tant qu'auteur. Les expériences de Hesse avec la guerre, le chaos politique et l'instabilité mondiale ont eu un effet profond sur sa perspective, conduisant à un style plus réfléchi et introspectif dans ses écrits.

Les thèmes de la solitude, de la sagesse et de l'interdépendance de la vie sont courants dans ses récits tardifs, représentant un écrivain constamment à la recherche d'idées et de points de vue nouveaux. De plus, l'intérêt de Hesse pour les philosophies orientales, en particulier le taoïsme et le bouddhisme zen, a élargi l'éventail de ses explorations, offrant aux lecteurs un riche mélange de sagesse et d'introspection, à l'image de l'exploration métaphysique transformatrice que l'on peut trouver dans les arts, comme celles de Claude Vivier (C R Goddard, 2023).

Tout au long de ses œuvres tardives, Hesse mélange magistralement ces nouvelles influences avec sa base philosophique occidentale existante, créant un mélange harmonieux qui transcende les frontières culturelles. De plus, l'écriture mûrie de Hesse montre une compréhension plus profonde de l'observation psychologique et une profondeur émotionnelle qui distinguent ses œuvres tardives. Les personnages de ses romans tardifs ont un sens plus aigu de l'introspection et sont profondément en quête de sens, reflétant la croissance personnelle de Hesse alors qu'il naviguait dans les complexités de la vie. Magister Ludi, en particulier, explore les questions intellectuelles et spirituelles d'une société utopique, captivant les lecteurs par sa description complexe de la nature humaine et des forces sociétales. La prose réfléchie et les personnages nuancés de Hesse entraînent les lecteurs dans un monde où se rencontrent quêtes intellectuelles et éveils philosophiques, offrant une voie vers l'autoréflexion et l'introspection. Au fur et à mesure que les écrits de Hesse se développaient, ils ont continué à inspirer les lecteurs, offrant des perspectives intemporelles sur ce que signifie être humain.

15

Le renouveau des années 1960

Hesse à l'ère de la contre-culture

Le renouveau d'Hermann Hesse dans les années 1960 reflète parfaitement la quête spirituelle et existentielle plus large de la contre-culture. Son intérêt pour l'individu, ce voyage intérieur, a vraiment séduit une génération en quête de quelque chose de différent du consumérisme habituel et de la simple conformité. Pensez au loup des steppes et Siddhartha : ces romans ont servi de guide aux jeunes en proie à une profonde désillusion, à l'angoisse existentielle et à tout ce qui va avec, pendant une période assez chaotique. Les universitaires ont souligné que le climat intellectuel de l'époque – les travaux de R. D. Laing sur la folie et l'aliénation, par exemple – allait de pair avec la quête de Hesse vers la découverte de soi et la plénitude (Chapman A, 2015). Et, si l'on considère le regain d'intérêt pour le gnosticisme au XXe siècle, grâce à des personnalités telles que Hans Jonas et Eric Voegelin, on dispose d'une grille de lecture qui permet d'appréhender l'œuvre de Hesse comme un moyen de faire face aux complications de la vie moderne (Kwiatkowski F, 2023). Hesse est donc devenu plus qu'un simple écrivain ; il a été une voix clé qui a su saisir ce besoin existentiel de sens au milieu de la folie des années 60, rendant ses récits essentiels pour comprendre les aspects psychologiques et spirituels de cette décennie véritablement transformatrice.

Le climat littéraire des années 60 : la redécouverte des œuvres de Hesse

À une époque marquée par le mouvement des droits civiques, le sentiment anti-guerre et l'émergence d'une contre-culture jeune, une recherche passionnée de modes de vie alternatifs et d'explorations philosophiques s'est développée. Cet environnement social complexe a servi de base riche pour la résurgence des œuvres littéraires d'Hermann Hesse, captivant une génération en quête de sens au-delà des valeurs traditionnelles et des objectifs matérialistes. Le mécontentement généralisé à l'égard des figures d'autorité a intensifié un désir intellectuel et émotionnel d'introspection et d'exploration existentielle, faisant écho aux thèmes explorés par les penseurs qui se sont penchés sur les crises de la modernité, comme on le voit dans les études gnostiques contemporaines (Kwiatkowski F, 2023). Ce contexte contre-culturel a préparé le terrain pour un regain d'intérêt pour la littérature de Hesse, dont les explorations de la découverte de soi, de la non-conformité et de l'épanouissement spirituel ont trouvé un écho dans l'esprit de l'époque. De plus, l'engagement de Hesse dans les philosophies orientales, notamment le bouddhisme et l'hindouisme, offrait une alternative convaincante aux perspectives occidentales dominantes, séduisant ceux qui recherchaient des visions du monde et des paradigmes sociaux différents, remettant en question le statu quo (Knowledge, Spirit, Law, Book 1, 2018).

Alors que les récits de Siddhartha et du Loup des steppes prenaient une importance nouvelle, les lecteurs étaient amenés à réfléchir à l'authenticité personnelle, à la liberté et au potentiel transformateur de l'action individuelle. De plus, le rejet explicite des valeurs traditionnelles et l'accent mis sur l'exploration intérieure reflétaient le rejet par la contre-culture des attentes sociales dominantes, favorisant une libération de la pensée et de l'expression en accord avec le soutien de Hesse aux artistes, aux visionnaires et aux esprits libres. Dans ce paysage socioculturel, les écrits de Hesse sont devenus emblématiques de l'intersection entre la littérature, la philosophie et le discours contre-culturel, influençant la quête d'une génération en matière d'auto-définition, de curiosité intellectuelle et d'éveil spirituel. Ainsi, la redécouverte du répertoire littéraire de Hesse dans les années 1960 n'était pas seulement un clin d'œil nostalgique, mais une affirmation vibrante de sa pertinence durable au milieu de la ferveur de la redéfinition culturelle.

Les années 1960, période de transformations culturelles et sociales importantes, ont stimulé une renaissance littéraire qui visait à remettre en question les normes établies et à embrasser des idées non conventionnelles.

Dans cet environnement dynamique, les œuvres de Hermann Hesse ont suscité une admiration et un écho renouvelés, reflétant l'interaction entre la littérature et le climat sociopolitique. L'exploration profonde des thèmes existentiels par Hesse et sa capacité à articuler les complexités de la condition humaine dans ses romans ont capté l'attention d'une génération aux prises avec des questions d'identité, de sens et de spiritualité. À mesure que la contre-culture gagnait du terrain, les écrits de Hesse, en particulier Siddhartha et le loup des steppes, ont été propulsés au premier plan des discussions littéraires, captivant les lecteurs désireux de se lancer dans des voyages philosophiques parallèles à leur propre quête de sens. Le regain d'intérêt pour l'œuvre de Hesse peut être généralement attribué à l'attrait de son mélange distinct d'introspection, de mysticisme et de rébellion, qui reflète en quelque sorte l'esprit de l'époque. Les individus cherchaient du réconfort dans les livres, recherchant la perspicacité et la complicité dans les expériences de personnages naviguant dans les complexités de l'existence à une époque de bouleversements.

La redécouverte des œuvres de Hesse a non seulement dynamisé le paysage littéraire, mais a également suscité un dialogue introspectif et une introspection culturelle, trouvant un écho auprès de ceux qui recherchaient des formes alternatives d'expression de soi et la profondeur dans un monde en proie à des changements sociaux. De plus, l'exploration par Hesse de la philosophie orientale et de l'éveil spirituel offrait un contrepoint convaincant aux paradigmes occidentaux, attirant des lecteurs désireux de s'engager dans des philosophies transculturelles qui gagnaient en popularité dans le discours contemporain. Ce regain d'intérêt pour la littérature de Hesse a suscité une réévaluation critique, propulsant ses œuvres de la périphérie du débat littéraire à l'avant-garde de la recherche intellectuelle et de la critique culturelle, affirmant leur place en tant que textes clés de la pensée du XXe siècle.

Hermann Hesse et la Beat Generation : quelques parallèles inattendus

Dans le paysage américain de l'après-guerre, une vague littéraire et artistique distincte a émergé : la Beat Generation. Ce mouvement, connu pour s'être éloigné des normes sociales conventionnelles et pour avoir recherché la spontanéité ainsi que la perspicacité spirituelle, reflétait de manière surprenante certains aspects de l'œuvre d'Hermann Hesse, démontrant une convergence intéressante entre des paysages culturels disparates (Lindal JL, 2024). Les parallèles entre les philosophies fondamentales sont frappants, malgré la distance évidente, tant géographique que culturelle, entre Hesse et la Beat Generation. Un désir très fort de liberté et un voyage de découverte personnelle sont au cœur de l'écriture de Hesse et de l'éthique de la Beat Generation, qui se manifestent dans chacune de leurs productions artistiques comme un appel fervent à vivre une vie authentique (Daou F et al., 2023).

La ferveur avec laquelle des figures telles que Kerouac, Ginsberg et Burroughs ont tenté de se libérer des contraintes sociales ressemble aux thèmes existentiels que l'on trouve dans les romans de Hesse, soulignant le besoin de liberté personnelle. L'idée de se lancer dans un voyage personnel, détaché de la conformité et des objectifs matérialistes, peut être considérée comme un thème récurrent qui relie Hesse et les Beats, soulignant un attachement commun à cette exploration intérieure. L'accent mis par les Beats sur l'exploration spirituelle et la recherche d'expériences transcendantales trouve souvent un écho dans les descriptions que fait Hesse de la philosophie orientale et même du mysticisme, où la quête d'un sens plus profond prime. L'intérêt profond de Hesse pour les enseignements du bouddhisme et de l'hindouisme, bien mis en évidence dans Siddhartha entre autres œuvres, correspond à la fascination de la Beat Generation pour la spiritualité orientale et les pratiques de méditation, renforçant ainsi ce lien. Hesse et les Beats aspiraient tous deux à une autre forme de conscience, espérant approfondir le métaphysique et l'ineffable, élevant leurs expressions artistiques à des questionnements philosophiques assez profonds.

De plus, le rejet du consumérisme et du matérialisme, associé à une profonde préoccupation pour le bien-être de l'écologie, semble être une préoccupation commune à Hesse et aux Beats, qui critiquent la société telle qu'elle existe actuellement. Si Hesse n'a peut-être pas abordé directement les questions environnementales, le respect de la nature et la croyance en l'harmonie avec celle-ci imprègnent clairement ses écrits, reflétant la conscience environnementale de la philosophie Beat et créant une sorte de dialogue entre leurs idées. Cette reconnaissance commune des limites d'une société axée sur le gain matériel, ainsi que la promotion de pratiques durables parallèlement à la vie communautaire, soulignent ce parallèle et mettent en évidence une profonde interconnexion entre leurs croyances. À mesure que nous démêlons ces liens peut-être inattendus, il apparaît clairement que la résonance entre Hermann Hesse et la Beat Generation transcende les simples frontières du temps et de l'espace géographique, révélant une quête intemporelle de vérités plus profondes. Tous deux défendent une quête d'authenticité, d'intégrité et d'émancipation de ce que certains considèrent comme des chaînes sociales, créant un héritage durable qui continue de capter l'attention et d'inspirer toutes les générations, rappelant le pouvoir de l'art et de la littérature pour combler les divisions et promouvoir un changement significatif.

Le voyage de Siddhartha comme métaphore de la réalisation de soi

Le Siddhartha d'Hermann Hesse est devenu une sorte de guide pendant la vague de contre-culture des années 1960, servant de métaphore assez puissante pour le voyage vers la réalisation de soi (Wennerscheid S et al., 2021). Le voyage de Siddhartha, un voyage spirituel, dépasse les époques et les cultures spécifiques, et a particulièrement trouvé un écho auprès de ceux qui étaient en quête pendant cette période plutôt turbulente. La description que fait Hesse de l'évolution de Siddhartha, d'un jeune homme plein de questions à un être éclairé, offre des perspectives variées et a eu un impact transformateur, d'une manière générale, sur les tendances individualistes de la génération contre-culturelle (Knowledge, Spirit, Law, Book 1, 2018). Siddhartha rejette les idées anciennes au profit de l'épanouissement personnel, ce qui reflète le sentiment de rébellion qui animait les jeunes dans les années 1960. L'orientation philosophique orientale du livre a également permis aux lecteurs d'envisager une manière différente de voir leur rôle dans le monde, en développant un sentiment de connexion et un profond respect pour la sagesse intérieure.

Les interactions de Siddhartha avec ses mentors et ses arguments philosophiques font écho aux influences et aux explorations intellectuelles très variées qui caractérisaient le mouvement contre-culturel. Le roman explore la découverte de soi, l'éveil spirituel et la quête permanente de sens de l'humanité, ce qui a servi de catalyseur, suscitant une réflexion profonde et une remise en question collective des normes sociales. À travers le passage de Siddhartha d'une focalisation sur les choses matérielles à la transcendance, Hesse a encouragé les lecteurs à envisager d'aller au-delà des désirs triviaux et à essayer de comprendre l'existence plus profondément, ce qui a fait de Siddhartha une œuvre clé pour ceux qui exploraient la conscience humaine à une époque de changements culturels majeurs (Wennerscheid S et al., 2021 ; Knowledge, Spirit, Law, Book 1, 2018).

Les enseignements du Loup des steppes : accepter la complexité en période de turbulences

Le Loup des steppes, œuvre majeure d'Hermann Hesse, ne se contente pas d'être un simple récit ; il imprègne la condition humaine elle-même .

Il s'agit fondamentalement d'une exploration littéraire des complexités de l'identité individuelle, de la lutte pour l'harmonie intérieure, notamment dans un contexte de changements sociétaux . Harry Haller, pris entre son côté humain et son côté loup, incarne la lutte universelle avec des aspects personnels conflictuels, un thème particulièrement présent dans les années 1960. La description par Hesse du conflit intérieur de Haller agit comme une puissante allégorie. Elle met en évidence les obstacles auxquels les gens sont confrontés lorsqu'ils naviguent dans les complexités et les contradictions de l'existence. À travers les expériences tumultueuses de Haller, le loup des steppes offre des perspectives clés pour accepter la multifacette de soi et atteindre l'équilibre au milieu du chaos. La prose de Hesse suggère subtilement une quête existentielle de sens, éclairant notre recherche permanente d'un but et d'un réconfort dans un monde en constante évolution. En explorant la psyché de Haller, les lecteurs découvrent des réflexions profondes sur la condition humaine et la quête incessante de la réalisation de soi. Il fournit des informations importantes sur les épreuves et les triomphes rencontrés dans la recherche de l'authenticité personnelle. D'une manière générale, le loup des steppes reste la preuve de la capacité de la littérature à refléter et à interpréter les luttes inhérentes à l'être humain, offrant un récit captivant qui trouve un écho chez ceux qui cherchent à comprendre. Dans la plupart des cas, à travers une exploration nuancée de l'identité, de l'aliénation et des différents états de conscience, le loup des steppes agit comme un phare de sagesse et d'introspection. Il fournit aux lecteurs des idées qui suscitent la réflexion sur l'existence et le pouvoir d'accepter la complexité pour atteindre la transcendance.

Résistance et réceptivité : analyse des réactions de la contre-culture

Les années 1960, période de grands changements sociaux, ont vu les livres d'Hermann Hesse devenir populaires dans le contexte de la rébellion de l'époque. À mesure que les mouvements contestataires gagnaient en puissance, le désir de se libérer des anciennes traditions s'intensifiait. L'accent mis par Hesse sur le fait d'être soi-même, d'explorer la spiritualité et de s'interroger sur la vie correspondait vraiment à ce sentiment croissant de défiance. Les jeunes, mécontents du matérialisme et déçus par la politique, se sont tournés vers les livres de Hesse pour les aider à se comprendre. Au milieu de l'activisme et des changements culturels, les récits de Hesse leur offraient réconfort, conseils et sentiment d'appartenance dans leur quête de leur véritable identité, ce qui rejoignait les propos d'autres penseurs de l'époque.

Cependant, tout le monde n'appréciait pas l'influence de Hesse. Les critiques craignaient que ses idées ne soient trop radicales et contraires au système. Certains pensaient que ses descriptions de la recherche du plaisir, de la quête spirituelle et du rejet des normes sociales étaient dangereuses et menaçaient les valeurs traditionnelles. Ce désaccord entre les anciennes croyances et la nouvelle contre-culture a donné lieu à des débats sur la manière dont les récits de Hesse devaient être compris. Mais il était clair que les livres de Hesse avaient eu un impact important sur la formation de la contre-culture. Les membres des communautés, les musiciens et les artistes voyaient tous en Hesse quelqu'un qui encourageait à être soi-même et à s'exprimer librement. Ses propos sur la découverte de soi, le sentiment de solitude et la rupture avec l'identité sont devenus des slogans pour ceux qui voulaient échapper aux règles de la société. Néanmoins, la manière d'interpréter les messages de Hesse a fait l'objet d'un grand débat.

Les différentes opinions sur ses livres reflétaient les différentes voies empruntées au sein même de la contre-culture, entre la conformité et la rébellion. Alors que certains utilisaient les enseignements de Hesse pour s'élever au-dessus des attentes de la société, d'autres utilisaient ses mots pour appeler au changement social et à la révolution. Mais dans toutes ces réactions différentes, une chose était claire : les livres de Hesse ont eu un effet important en lançant des conversations importantes et en aidant les idées à évoluer. Qu'il soit loué ou critiqué, l'influence de Hesse sur la contre-culture a suscité une nouvelle façon de penser qui a perduré pendant des générations. En fin de compte, cela montre à quel point les livres peuvent être puissants pour provoquer des changements sociaux, remettre en question les traditions et pousser les gens à explorer leur propre esprit et leur imagination.

Échos culturels : influence sur la musique, l'art et les nouveaux penseurs

Les œuvres littéraires d'Hermann Hesse ont exercé une influence durable sur la culture populaire pendant le mouvement contre-culturel des années 1960, façonnant considérablement la musique, l'art et le développement des écoles de pensée. Les récits de Hesse ont non seulement séduit les jeunes désabusés, mais ont également offert un guide pour l'introspection, la découverte de soi et la remise en question des conventions, à l'instar des cadres présentés dans The Movement of a Musical Work, qui examine l'expression artistique et ses interactions avec les contextes sociaux (Lindal JL, 2024). L'essor de la musique rock en tant que puissant moyen d'expression de la critique sociale et de la quête spirituelle a trouvé un écho dans les écrits de Hesse. Des groupes tels que The Doors, Pink Floyd et Jefferson Airplane ont trouvé l'inspiration dans les pensées existentielles de Hesse, intégrant ses idées dans leurs paroles, reflétant les débats philosophiques présentés par des personnalités telles que Fritz Schumacher et Heinrich Tessenow lors de leurs conférences sur l'architecture (Frank H, 2022). L'art a également connu des changements importants, avec des artistes tels que Salvador Dali et René Magritte explorant des paysages surréalistes qui rappellent les mondes oniriques de Hesse.

L'influence omniprésente de Hesse sur diverses formes artistiques a remis en question les normes établies et a alimenté des interprétations originales. De plus, l'accent mis par Hesse sur la spiritualité, la découverte de soi et la recherche de l'authenticité est devenu central dans le mouvement psychédélique en plein essor. Ces idées ont insufflé une nouvelle vie à l'esprit de l'époque, encourageant de nouvelles perspectives sur l'identité individuelle et la communauté. Au-delà des arts, l'œuvre de Hesse a également suscité des changements dans les discussions philosophiques et psychologiques. Son exploration de la pensée orientale, de l'existentialisme et des complexités de la nature humaine a influencé les sphères académiques, suscitant des discussions interdisciplinaires et façonnant les tendances intellectuelles.

De plus, les romans de Hesse, avec leurs descriptions détaillées de la conscience humaine, ont ouvert de nouvelles voies d'exploration en psychologie, contribuant au domaine émergent de la psychologie transpersonnelle. Cette fusion de la littérature, de l'art et de la philosophie a créé une atmosphère culturelle réceptive aux idéologies non conventionnelles et aux expressions variées. En conclusion, l'influence continue de Hesse sur la musique, l'art et diverses formes de recherche intellectuelle pendant la période de la contre-culture démontre le lien profond entre ses histoires intemporelles et l'évolution de la conscience sociale.

Réception publique et examens universitaires : l'attrait durable de Hesse

L'attrait persistant d'Hermann Hesse reste un sujet captivant dans la critique littéraire et les cercles universitaires. Le regain d'intérêt pour l'œuvre de Hesse, suscité par la contre-culture des années 1960, a conduit des chercheurs de divers domaines à explorer les profondeurs philosophiques, psychologiques et existentielles de son œuvre, en se concentrant sur l'interaction complexe entre la littérature et le contexte historique (Smith R, 2024). La capacité de Hesse à mêler spiritualité orientale et pensée occidentale dans son exploration de la condition humaine a toujours captivé les lecteurs et les chercheurs. Des romans tels que Siddhartha, Le Loup des steppes et Le Jeu des perles de verre sont notamment devenus des objets d'étude privilégiés. Ces récits sont considérés comme riches de significations et de symboles multiples, essentiels pour comprendre les conditions sociopolitiques de son époque (Franklin Felsenstein, éditeur, 2024).

Les critiques littéraires, les philosophes, les psychologues et même les théoriciens de la culture trouvent toujours la richesse et l'universalité de ces thèmes fascinantes, débattant constamment de la substance et de la structure de ses récits. Des thèmes tels que la découverte de soi, l'angoisse existentielle et la quête de transcendance spirituelle ont suscité d'importantes discussions académiques sur la résonance durable et l'impact personnel des histoires de Hesse. De plus, la popularité continue de Hesse est évidente à travers les rééditions régulières, les traductions dans de nombreuses langues et un lectorat mondial, illustrant sa pertinence durable à travers les cultures et les époques (Smith R, 2024).

La capacité de Hesse à toucher des lecteurs diversifiés au-delà des frontières géographiques et culturelles a consolidé son statut d'auteur profondément influent. Sa prose évocatrice a suscité de nombreuses discussions, débats et réflexions personnelles parmi des lecteurs de tous horizons, soulignant l'attrait interdisciplinaire de son œuvre. Il convient de noter que les écrits de Hesse ont touché des disciplines autres que la littérature, influençant les conversations dans des domaines tels que la philosophie, la psychologie et les études culturelles (Franklin Felsenstein, éditeur, 2024).

Conclusion : héritage et impact sur les introspections modernes

Pour conclure notre examen de l'impact durable de Hesse, il est clair que son influence dépasse le cadre de son époque et façonne réellement la façon dont nous nous percevons aujourd'hui. L'effet continu de son œuvre sur ce que nous pensons et ressentons tous lui a permis de rester pertinent pendant de nombreuses années (G. Roth, Graz, 2017). Aujourd'hui, avec toutes nos nouvelles technologies, les changements sociaux et les grandes questions sur la vie, les livres de Hesse sont comme un guide pour comprendre ce que signifie être humain. Hesse a examiné de près ce qui nous motive, nos recherches spirituelles et la quête générale du sens de la vie, laissant une grande empreinte sur la façon dont nous nous percevons. Il utilise de superbes récits et une écriture réfléchie pour nous entraîner dans un monde de découverte de soi et de réflexion profonde, libéré des limites du temps et de l'espace. L'accent qu'il met sur les liens qui nous unissent tous, la recherche de l'authenticité et le cheminement intérieur vers la compréhension continue de parler aux personnes confrontées aux problèmes d'aujourd'hui. De plus, l'influence durable de Hesse dépasse le cadre des livres et touche différentes formes d'art et tendances culturelles (Veneration and Revolt, 2011). Son influence est visible dans la musique, l'art et le cinéma, où ses idées et sa philosophie s'expriment de manière créative. De nombreux artistes, musiciens et cinéastes ont été inspirés par le regard puissant que Hesse porte sur l'expérience humaine, ajoutant à leurs œuvres une profondeur réfléchie qui témoigne de son héritage toujours vivant.

De plus, les écrits de Hesse ont non seulement influencé l'art, mais ont également contribué aux discussions académiques et aux recherches intellectuelles. Ses œuvres font toujours l'objet d'analyses savantes et constituent un terrain fertile pour des examens interdisciplinaires qui explorent les profondeurs de la conscience humaine, les dilemmes existentiels et l'interaction entre les philosophies orientales et occidentales. La popularité durable des œuvres littéraires de Hesse dans les milieux universitaires souligne leur importance en tant que source d'exploration intellectuelle et philosophique, perpétuant les discussions autour des introspections modernes. En résumé, Hermann Hesse a contribué de nombreuses façons importantes aux introspections modernes. Son héritage continue d'avoir un effet réel sur la pensée moderne, invitant les gens à entreprendre un profond voyage de découverte de soi, d'introspection et de réflexion sur les grandes questions de la vie. Alors que la société est confrontée aux défis de la vie moderne, l'œuvre de Hesse reste une source utile de conseils et de réflexion, offrant une source constante de sagesse à ceux qui tentent de trouver leur chemin dans le monde complexe de l'esprit humain.

16

Reconnaissance et pertinence

L'influence de Hesse à travers les décennies et les disciplines

L'œuvre littéraire d'Hermann Hesse, marquée par une profonde introspection et une quête de sens, est restée étonnamment pertinente. On le constate dans tous les domaines et depuis des décennies. Cela touche particulièrement la psychologie, la philosophie et la littérature. Ses grandes œuvres, telles que Le Loup des steppes et Siddhartha, ne se contentent pas d'examiner la complexité de l'individu ou les « grandes questions » de la vie. Elles montrent également comment la pensée humaine a évolué. Les penseurs réagissaient à des questions difficiles à l'époque moderne. Ce mélange de livres et de pensée philosophique ? Eh bien, il s'inscrit parfaitement dans les discussions actuelles sur ce que signifie être humain. Des débats universitaires ont lieu, explorant la manière dont la technologie change les choses et comment les identités personnelles et culturelles pourraient s'estomper dans notre monde postmoderne. De plus, l'influence de Hesse s'étend également à la culture pop. Des histoires qui ressemblent à ses thèmes apparaissent dans différents médias, ce qui nous aide à mieux comprendre ces idées gnostiques qui influencent subtilement la pensée existentielle moderne (Kwiatkowski F, 2023). Ainsi, les œuvres de Hesse ne sont pas seulement le reflet de ce que nous vivons en tant qu'individus. Elles constituent également un point de départ pour discuter de la manière dont notre vie intérieure et le monde qui nous entoure s'entremêlent, façonnant notre histoire humaine commune.

L'influence durable de Hesse

D'une manière générale, l'héritage littéraire d'Hermann Hesse conserve son pouvoir à travers les générations, invitant des lecteurs divers à explorer les profondeurs complexes de l'expérience humaine, transcendant les frontières temporelles. Ses réflexions sur les complexités de la nature humaine — la quête de la découverte de soi et l'interaction entre les mondes spirituel et matériel — constituent la pierre angulaire de son influence durable (Smith R, 2024). Les œuvres de Hesse, à travers un examen minutieux de la psyché humaine, continuent de captiver les chercheurs et les passionnés, alimentant le dialogue académique. L'universalité de ses thèmes, de l'authenticité au sens dans un monde en mutation rapide, rend ses écrits pertinents pour les lecteurs contemporains dans la plupart des cas (Li X et al., 2023). Se plonger dans l'œuvre de Hesse offre un voyage enrichissant dans les aspects intemporels de l'existence humaine, fournissant une source profonde de réflexion.

En se plongeant dans l'œuvre littéraire de Hesse, on accède à des réflexions philosophiques qui transcendent le temps, influençant les lecteurs successifs et suscitant de nouvelles découvertes. Son influence invite les chercheurs et les lecteurs profanes à participer à une exploration des dilemmes existentiels, des intersections culturelles et des idéologies sociétales en évolution, favorisant le discours scientifique et la recherche intellectuelle. De plus, l'impact de Hesse s'étend au-delà des études littéraires, imprégnant les dialogues interdisciplinaires avec la psychologie, la philosophie, l'art et la culture populaire. En substance, l'attrait des œuvres de Hesse provient de leur capacité à offrir une pertinence pérenne au milieu des paradigmes sociétaux et des avancées technologiques, les positionnant comme des vecteurs d'examen de l'humanité. Les universitaires dévoilent les multiples niveaux de signification des récits de Hesse, faisant ainsi progresser le discours. Ainsi, l'élucidation de l'influence durable de Hesse ouvre la voie à une exploration approfondie de la résonance de ses écrits, établissant les bases sur lesquelles les sections suivantes analyseront les impacts de son œuvre littéraire et philosophique.

Hesse dans la littérature universitaire : un dialogue permanent

L'œuvre littéraire d'Hermann Hesse continue d'alimenter le discours universitaire dans diverses disciplines et à travers différentes périodes. Les chercheurs et les universitaires de différents domaines sont attirés par les thèmes profonds des œuvres de Hesse, y trouvant des interprétations multiples qui parlent à différentes générations. En littérature, son influence se manifeste dans l'analyse et la critique approfondies des théoriciens littéraires, qui dissèquent minutieusement le symbolisme, les questions existentielles et les explorations philosophiques durables que l'on trouve dans ses textes (Kwiatkowski F, 2023). Les récits de Hesse suscitent également des conversations dans les domaines de la psychologie, de la sociologie et de la spiritualité ; en effet, les universitaires se penchent sur le réalisme psychologique, les observations sociales et les quêtes spirituelles présents dans ses écrits (Exploring Past Images in a Digital Age, 2023). De plus, son intérêt pour les philosophies orientales et le mysticisme a donné lieu à des études en littérature comparée, qui ont abouti à de nouvelles perspectives sur les expériences humaines dans différentes cultures.

L'influence de Hesse sur les traditions littéraires et philosophiques

Les liens de Hesse avec l'existentialisme, le romantisme et la tradition littéraire allemande sont, très franchement, omniprésents dans ses œuvres, faisant écho aux questions philosophiques qui ont défini la littérature de cette époque (Daou F et al., 2023). L'évolution de la recherche sur Hesse suit les changements dans la pensée critique, notamment les analyses féministes, postcoloniales et poststructuralistes qui révèlent de nouvelles perspectives dans ses récits. Ses personnages complexes et ses styles narratifs ont encouragé le débat académique sur l'identité, la narration et l'intertextualité, ce qui renforce la perception de son art (Lam Dçja, 2021). Comme les discussions universitaires sur Hesse sont en constante évolution, des domaines en plein développement tels que l'écocritique, les études sur les traumatismes et les études sur la réception mondiale mettent en lumière des aspects de son œuvre qui n'avaient pas été pris en compte auparavant. Cela garantit sa pertinence continue dans les efforts intellectuels modernes. La présence continue de Hesse dans la littérature universitaire témoigne de l'intérêt et de l'importance durables de son art, qui continue d'inspirer les chercheurs, maintient son importance dans les conversations universitaires et encourage constamment de nouvelles lectures et perspectives.

Échos littéraires : l'influence de Hesse sur les auteurs modernes

L'influence de Hermann Hesse sur la littérature moderne reste palpable, inspirant divers auteurs de tous genres et de toutes cultures. Ses explorations perspicaces de l'identité et de la spiritualité constituent une source riche pour les écrivains d'aujourd'hui, enrichissant leurs œuvres des échos de la profonde sagesse de Hesse. Les auteurs postmodernes, comme Haruki Murakami, montrent notamment l'influence de Hesse. Les thèmes de l'existentialisme, de la recherche de soi et de l'introspection surréaliste reflètent les préoccupations thématiques de Hesse. Les romans de Murakami, Kafka sur le rivage et Norwegian Wood, par exemple, capturent un esprit existentiel similaire à celui des récits de Hesse (Daniel Jütte, 2022).

De même, les voyages introspectifs dans L'Alchimiste de Paulo Coelho sont un exemple assez clair de l'influence philosophique de Hesse, illustrant comment les idées durables de Hesse se sont intégrées en douceur dans les livres populaires modernes. La portée de Hesse dépasse les frontières géographiques et linguistiques, comme en témoignent les œuvres d'auteurs latino-américains tels que Jorge Luis Borges ; la narration complexe de Borges fait parfois écho à la complexité littéraire de Hesse. Mais cela ne se limite pas à la fiction ; le style visionnaire et la passion contre-culturelle des écrits de Hesse ont également influencé des poètes tels que Sylvia Plath, qui, dans ses vers intensément personnels, canalise sans doute une profondeur émotionnelle et une inquiétude existentielle similaires à celles qui caractérisent les protagonistes de Hesse.

Même la fiction spéculative est influencée par Hesse, les auteurs de fantasy et de science-fiction trouvant leur inspiration dans les idées métaphysiques des récits de Hesse. Neil Gaiman, par exemple, dans American Gods, intègre de manière réfléchie les thèmes hesséens de la mythologie et la remise en question de la foi dans ses récits imaginatifs, prolongeant ainsi la pertinence continue des thèmes de Hesse. De plus, les adaptations des œuvres de Hesse, comme Siddhartha, en romans graphiques soulignent son impact littéraire durable à travers diverses formes créatives. En bref, la présence continue des échos littéraires de Hesse chez les auteurs modernes souligne la pertinence durable de ses récits pour comprendre la complexité de la narration actuelle.

Résonance philosophique : l'existentialisme et au-delà

L'impact philosophique de Hesse est considérable, touchant à l'existentialisme et bien plus encore. Il capture l'expérience humaine, la conscience de soi et la recherche de sens dans ce qui peut sembler être un monde indifférent, des idées qui rejoignent l'existentialisme. Des penseurs tels que Hans Jonas et Carl G. Jung ont également exploré ces idées, utilisant des cadres connexes pour aborder les défis de la vie moderne (Kwiatkowski F, 2023). Les personnages de Hesse sont confrontés à des luttes existentielles, à la recherche de l'authenticité, ce qui reflète ces questions philosophiques. Il s'engage dans une discussion plus large sur la lutte humaine, tout comme l'étude de J. W. D. Smith sur le rôle de la religion dans la croissance personnelle et la confrontation aux difficultés de la vie (Bates D, 1992). Ce mélange de littérature et de philosophie approfondit notre compréhension de la condition humaine, en montrant comment les histoires nous permettent d'examiner et d'affronter les questions existentielles.

Dans de nombreux cas, l'œuvre de Hesse capture l'essence de la philosophie existentialiste, incitant les lecteurs à se confronter à la condition humaine universelle. Son exploration de la psyché individuelle et des complexités de l'existence humaine fait écho aux thèmes qui prévalent, d'une manière générale, dans le discours existentialiste. L'accent mis sur la liberté personnelle, le choix et la lutte pour trouver un sens au milieu du chaos de l'existence reflète l'adhésion de Hesse aux principes existentialistes. Cela est mis en évidence par la nature durable de la responsabilité personnelle et de la recherche de sens dans le cadre existentiel (Daou F et al., 2023). Ses récits reflètent souvent la notion existentialiste selon laquelle l'individu est le créateur de son propre sens, naviguant dans un monde dépourvu de sens inhérent, par exemple. Outre l'existentialisme, l'œuvre de Hesse transcende également les frontières philosophiques traditionnelles, s'aventurant dans le domaine des questions métaphysiques plus larges. Sa réflexion sur la spiritualité, la transformation intérieure et l'interdépendance de tous les êtres vivants fait écho à des éléments des philosophies orientales, en particulier le bouddhisme zen et le taoïsme. Ces philosophies prônent une compréhension de l'existence qui dépasse le moi (Daou F et al., 2023).

En intégrant ces fondements philosophiques, Hesse propose une exploration multiforme de la conscience humaine et de la transcendance, invitant les lecteurs à réfléchir aux dimensions métaphysiques de l'existence. De plus, l'engagement de Hesse dans les questions philosophiques va au-delà du discours intellectuel, englobant des considérations éthiques et des réflexions morales. Ses protagonistes sont souvent confrontés à des dilemmes éthiques, au relativisme éthique et à la recherche de l'intégrité morale dans un monde moralement ambigu, illustrant les complexités rencontrées dans la recherche de la clarté éthique. Cette interaction existentielle et éthique invite les lecteurs à sonder les subtilités du comportement humain, la prise de décision morale et les implications éthiques de leurs actions. Ces thèmes ont une pertinence pérenne dans la recherche philosophique. Ainsi, la résonance philosophique de Hesse représente une convergence entre les préoccupations existentialistes, les contemplations métaphysiques et les examens éthiques. Sa représentation nuancée de la condition humaine, ainsi que ses ramifications philosophiques, garantissent la pertinence durable de ses œuvres en stimulant une réflexion et un discours philosophiques profonds dans divers domaines intellectuels.

Dans le domaine de la psychologie : les alignements jungiens

L'influence d'Hermann Hesse s'étend de manière significative à la psychologie, où elle trouve un écho profond dans les concepts révolutionnaires de Carl Jung, notamment celui d'individuation. Un lien essentiel réside ici dans leur exploration parallèle de la psyché humaine, des mythes et de l'inconscient collectif, pierre angulaire de la théorie jungienne. Les protagonistes de Hesse se lancent dans des voyages transformateurs qui reflètent la théorie archétypale de Jung, incarnant le processus d'individuation tel que Jung l'a décrit (Shah H et al., 2024). Souvent, les personnages de Hesse sont confrontés à des quêtes introspectives et à des confrontations avec leur ombre, reflétant certains aspects de la psychologie jungienne et la nécessité d'intégrer l'inconscient. La réalisation de soi, l'intégration des forces opposées et la quête spirituelle se manifestent dans l'œuvre de Hesse ; elles reflètent les idées de Jung sur le soi, l'anima/animus et l'inconscient collectif, montrant une synthèse entre l'exploration psychologique et littéraire (Kwiatkowski F, 2023).

Dans les récits de Hesse, nous voyons la spiritualité orientale fusionner avec la psychologie occidentale, en résonance avec les études interculturelles de Jung sur les symboles, ce qui enrichit le dialogue entre leurs disciplines. La description par Hesse des luttes existentielles s'aligne également sur l'importance accordée par Jung à la confrontation avec l'inconscient pour trouver l'équilibre et la croissance, soulignant l'importance du voyage dans les deux œuvres. Au-delà des échos thématiques, les lettres personnelles et les interactions entre Hesse et Jung offrent un aperçu de leur affinité intellectuelle. Leur intérêt commun pour l'expérience transcendante de l'humanité montre un lien symbiotique entre la littérature et la psychologie, suggérant que la fiction de Hesse agit comme une lentille pour les idées jungiennes, permettant aux lecteurs de traverser l'inconscient.

Plus tard, l'influence de la psychologie jungienne sur l'œuvre de Hesse devient de plus en plus perceptible. Hesse explore la complexité psychologique de ses personnages, invitant les lecteurs à un voyage introspectif, à l'image des processus soutenus par la psychologie jungienne. Cette relation étroite entre l'œuvre de Hesse et la pensée jungienne continue d'intéresser les étudiants et les chercheurs de divers domaines, favorisant une compréhension plus approfondie de la manière dont la littérature et les vérités psychologiques peuvent s'éclairer mutuellement.

Réflexions culturelles : art, cinéma et musique

L'influence de Hermann Hesse ne se limite pas aux livres ; elle s'étend à divers domaines culturels tels que l'art, le cinéma et la musique. De nombreux artistes, réalisateurs et musiciens ont trouvé l'inspiration dans l'œuvre de Hesse, intégrant des thèmes et des idées philosophiques similaires dans leurs créations. Cela illustre une tendance plus large de la littérature à influencer les œuvres culturelles, à l'instar des histoires personnelles partagées entre Ernst Moritz et Vera Hirsch Felsenstein qui trouvent un écho dans différentes formes d'art (Franklin Felsenstein, éditeur, 2024). Les interactions entre les écrits de Hesse et ces expressions culturelles soulignent la pertinence et l'attrait universel de ses concepts. Son exploration de la recherche de soi, de l'existentialisme et de la quête de sens a trouvé un écho dans différents mouvements artistiques, du surréalisme et de l'expressionnisme à l'art contemporain, suggérant une sorte d'interconnexion entre les arts. Ses personnages et ses histoires ont été une source d'inspiration pour les peintres, les sculpteurs et les graphistes qui tentent de capturer l'essence de l'expérience humaine et de la réflexion intérieure, une quête similaire aux luttes morales et psychologiques examinées dans les contes historiques, comme on le voit dans divers genres (Kwiatkowski F, 2023).

De même, les mondes imaginaires de Hesse ont embelli le grand écran, les adaptations de ses romans inspirant les réalisateurs à traduire ses récits en expériences cinématographiques captivantes, servant à la fois de divertissement et de réflexion sur la condition humaine. Le mélange complexe d'idées philosophiques et d'explorations psychologiques de Hesse a donné naissance à des histoires qui suscitent la réflexion, invitant le public à réfléchir à la complexité de l'être humain et aux difficultés du choix personnel dans un contexte sociopolitique plus large. De plus, la charge émotionnelle des écrits de Hesse a trouvé un écho dans la musique, inspirant compositeurs et paroliers à créer des chansons et des œuvres musicales qui reflètent la profondeur émotionnelle et intellectuelle de ses livres.

Des mélodies tristes reflétant l'angoisse existentielle aux expressions triomphantes de joie, l'héritage littéraire de Hesse a trouvé sa place dans une variété de genres musicaux, mettant en valeur une fusion interdisciplinaire qui fait écho à la nature interprétative des dialogues culturels. Le mélange des thèmes de Hesse avec des formes artistiques, cinématographiques et musicales a non seulement perpétué son héritage, mais a également suscité un dialogue interdisciplinaire qui souligne l'impact profond de son œuvre sur les efforts créatifs. Alors que les nouvelles générations continuent de réinterpréter les écrits de Hesse, son influence continue d'évoluer à travers ces différents médias culturels, montrant comment des thèmes résonnants survivent au temps et façonnent des paysages artistiques influencés par l'histoire et les expériences personnelles.

Les idées de Hesse dans les programmes éducatifs

L'influence de Hermann Hesse ne se limite pas à la littérature et à l'art ; ses œuvres occupent une place importante dans les établissements d'enseignement du monde entier. La profondeur et la nature philosophique des écrits de Hesse fournissent aux éducateurs une ressource pour susciter des discussions sur l'expérience humaine, le développement personnel et les normes sociales. Les analyses des éducateurs suggèrent que les récits de Hesse offrent une perspective pour examiner les émotions humaines et les questions existentielles, favorisant ainsi la pensée critique.

En littérature, les romans de Hesse sont souvent des outils captivants pour explorer des thèmes tels que l'éveil spirituel et l'identité. *Siddhartha*, par exemple, fait partie des listes de lecture des lycées et des universités, offrant un récit qui examine la conscience et l'existence humaines. Les méthodes d'enseignement tirées de ses œuvres soulignent la nécessité de créer des environnements d'apprentissage authentiques et flexibles, adaptés aux besoins des élèves (Liv Fønnebø, 2011).

De même, *le loup des steppes* explore l'individualité et la lutte pour intégrer les parties conflictuelles de soi, ce qui en fait un choix enrichissant pour les cours de psychologie et de philosophie.

Au-delà des cours de littérature, l'influence de Hesse s'étend aux études interdisciplinaires, où ses œuvres sont utilisées dans des discussions sur la spiritualité, l'existentialisme et les tendances culturelles. Ses points de vue sur les philosophies orientales et occidentales dans *Siddhartha* le rendent utile pour les cours visant à établir des ponts entre les perspectives culturelles. De plus, l'examen de l'expression artistique par Hesse, tel qu'il apparaît dans *Le Jeu des perles de verre*, occupe une place importante dans les discussions sur la créativité et la recherche intellectuelle dans l'éducation, soulignant l'importance de son œuvre dans les programmes d'études modernes.

L'influence pédagogique de Hermann Hesse

Les contributions littéraires de Hesse trouvent souvent leur place dans les programmes d'études axés sur la musique, les arts visuels et l'histoire intellectuelle. La raison ? Elles abordent des aspects de la condition humaine qui peuvent être mis en relation entre les disciplines (Shah H et al., 2024). Au-delà de la simple interprétation textuelle, les écrits de Hesse servent de base à la réflexion critique et à des exercices d'écriture introspective, poussant les élèves à explorer la profondeur morale et psychologique de ses récits. Les élèves se retrouvent à analyser les dilemmes éthiques des personnages, à décoder les éléments symboliques et à évaluer les choix éthiques qui s'entremêlent dans les récits de Hesse. Cet exercice s'avère efficace pour aiguiser les capacités d'analyse (Daou F et al., 2023).

L'œuvre de Hesse, avec ses multiples niveaux de lecture, s'adapte très bien aux devoirs qui encouragent la pensée analytique, l'empathie et l'introspection chez les élèves, leur offrant un aperçu précieux de ce que signifie être humain. Son influence reste d'actualité malgré l'évolution des méthodes d'enseignement ; de nombreuses approches pédagogiques actuelles considèrent ses écrits comme des lectures fondamentales. Elles facilitent les discussions sur la résilience humaine, la compréhension de soi et l'évolution de la société. Les organismes éducatifs célèbrent non seulement sa contribution à la littérature en intégrant les concepts de Hesse dans les programmes scolaires, mais permettent également aux élèves de se pencher sur des questions philosophiques intemporelles. En fin de compte, cela favorise une compréhension plus profonde de l'expérience humaine, soulignant que la littérature offre une voie puissante pour la réflexion individuelle et sociétale (Shah H et al., 2024).

Portée mondiale : traductions et adaptations

Les créations littéraires d'Hermann Hesse ont en effet traversé les frontières linguistiques et touché des lecteurs du monde entier. Cet impact mondial est tout à fait évident lorsque l'on considère les nombreuses traductions de ses œuvres (Lyudmila V Gribina et al., 2024). Les récits originaux en allemand de Hesse ont été habilement traduits en anglais, espagnol, français, russe, chinois, japonais et dans de nombreuses autres langues, donnant à des publics diversifiés la possibilité de découvrir ses histoires profondes. Ces traductions ne sont pas seulement le signe de l'attrait universel des thèmes abordés par Hesse. Elles contribuent également à promouvoir le dialogue et la compréhension interculturels.

De plus, les œuvres de Hesse ont également trouvé leur place dans d'autres formes d'art, telles que le cinéma, le théâtre et même les romans graphiques. Ces adaptations ont joué un rôle essentiel dans la diffusion des récits de Hesse auprès de nouveaux publics, en présentant ses messages à travers diverses formes créatives (Smith R, 2024). L'adaptation implique généralement une réinterprétation et une réinvention, qui apportent de nouveaux points de vue sur les récits et les personnages de Hesse, tout en préservant leur essence fondamentale. Les compositeurs se sont également inspirés des romans de Hesse pour créer des pièces orchestrales, des opéras et de la musique contemporaine qui visent à capturer la complexité émotionnelle et la densité philosophique de son écriture, élargissant ainsi l'impact de ses œuvres au monde du son et de la mélodie.

Comme les histoires de Hesse continuent de toucher le cœur des gens dans le monde entier, leur flexibilité et leur adaptabilité leur permettent de rester pertinentes dans des paysages culturels en constante évolution. En outre, la traduction et l'adaptation des œuvres de Hesse ont donné lieu à des discussions académiques. Des domaines tels que la littérature comparée, les études de traduction, les études culturelles et la théorie de l'adaptation ont tous proposé des analyses. Ces examens critiques mettent en lumière non seulement les nuances des textes de Hesse, mais fournissent également des informations précieuses sur les liens entre la langue, la culture et l'interprétation. D'une manière générale, la portée mondiale des écrits de Hesse, rendue possible par les traductions et les adaptations, prouve l'importance durable de ses contributions littéraires dans les domaines artistique et intellectuel.

L'ère numérique : communautés en ligne et interprétations

L'œuvre d'Hermann Hesse a suscité un intérêt considérable en ligne, reflétant la manière dont l'ère numérique a remodelé l'engagement des lecteurs envers la littérature. Les communautés et les plateformes en ligne sont devenues des espaces où des lecteurs d'horizons divers partagent leurs interprétations et leurs réflexions sur les écrits de Hesse. Ces forums virtuels facilitent les discussions dynamiques et l'échange d'idées, faisant écho aux transformations innovantes des archives cinématographiques. Comme le souligne *Exploring Past Images in a Digital Age: Reinventing the Archive* (Explorer les images du passé à l'ère numérique : réinventer les archives), les archives cinématographiques évoluent vers des sites interactifs où les utilisateurs interagissent avec les documents d'archives de manière novatrice, modifiant ainsi notre perception et notre utilisation des textes historiques (Exploring Past Images in a Digital Age, 2023). En effet, les conversations en cours autour des œuvres de Hesse reflètent les tendances générales en matière de pratiques archivistiques, soulignant le rôle des plateformes numériques dans la refonte des discussions littéraires et culturelles en général. Ces changements sont importants, dans la plupart des cas, pour comprendre comment nous interagissons avec la littérature et les ressources historiques.

Engagement numérique interactif avec les œuvres de Hermann Hesse

Les blogs, les groupes sur les réseaux sociaux et les forums dédiés servent d'espaces interactifs pour échanger des idées et des points de vue sur la profondeur philosophique et les nuances psychologiques subtiles de Hesse (Lindal JL, 2024). Les récits de Hesse sont disséqués et analysés à mesure que les lecteurs se plongent dans les thèmes profonds de la découverte de soi, de l'existentialisme et de la quête d'un sens intérieur. Le paysage numérique, en général, amplifie l'accessibilité des œuvres de Hesse, garantissant ainsi la pérennité de son héritage à travers les générations.

Les plateformes telles que les groupes de lecture en ligne dans la plupart des cas et les clubs de lecture permettent aux lecteurs d'explorer collectivement les couches complexes des romans, essais et nouvelles de Hesse, renforçant ainsi sa pertinence durable dans la pensée contemporaine. L'influence de Hesse dans la sphère virtuelle touche notamment des personnes qui n'auraient peut-être pas découvert son œuvre autrement, et s'étend au-delà des cercles littéraires traditionnels. Nous assistons également à l'émergence d'interprétations multimédias de la littérature de Hesse à l'ère numérique, notamment des chaînes YouTube, des podcasts et des œuvres d'art numérique inspirées de ses écrits. Cet engagement multiforme enrichit notre compréhension des thèmes abordés par Hesse, tout en offrant de nouvelles perspectives sur la pertinence intemporelle de son œuvre.

Les archives numériques et les dépôts en ligne ont également rendu les lettres, manuscrits et documents connexes de Hesse facilement accessibles aux chercheurs et aux passionnés, favorisant ainsi une compréhension plus approfondie de ses philosophies personnelles et, plus précisément, de son processus créatif (Exploring Past Images in a Digital Age, 2023). Les projets collaboratifs bénéficient d'un élan catalytique grâce à l'ère numérique, qui permet une participation mondiale à l'annotation, la traduction et l'analyse des œuvres de Hesse, et contribue à une riche mosaïque d'interprétations et de réflexions savantes. Les communautés en ligne célèbrent l'héritage littéraire de Hesse, dont l'influence imprègne le domaine numérique, garantissant généralement que ses profondes réflexions résonnent au-delà des frontières et perdurent dans le paysage en constante évolution de l'ère numérique.

Synthèse et réflexion : l'avenir de l'héritage de Hesse

D'une manière générale, alors que nous entrons dans une nouvelle période de progrès technologiques rapides et de changement des normes sociales, la question de l'avenir de l'héritage durable de Hermann Hesse se pose. Lorsque l'on réfléchit à l'influence future de Hesse, il est important de prendre en compte la manière dont l'appréciation littéraire traditionnelle interagit avec les formes contemporaines de communication et d'interprétation. L'ère numérique a non seulement rendu les œuvres de Hesse plus largement accessibles, mais elle a également suscité la création de nombreuses communautés en ligne consacrées à la discussion de ses écrits. Cependant, cette accessibilité accrue s'accompagne du problème du maintien de l'intégrité et de la profondeur des philosophies de Hesse face à l'océan vaste du discours numérique, une préoccupation qui est également présente dans le domaine de l'analyse académique, comme le souligne (Hussain R et al., 2024).

En outre, la fusion des idées de Hesse avec les technologies et les plateformes contemporaines présente à la fois des opportunités et des risques. Par exemple, si les réseaux sociaux peuvent améliorer la communication, ils peuvent également affaiblir la compréhension subtile de ses thèmes complexes. Il est impératif de naviguer avec prudence dans cette convergence, en encourageant des interactions significatives qui respectent le cœur des explorations intellectuelles et spirituelles de Hesse tout en reconnaissant les nuances du monde numérique. À l'avenir, l'héritage de Hesse dépendra de la mise en place d'une stratégie multiforme combinant la recherche universitaire traditionnelle et une participation numérique dynamique. Cela pourrait impliquer la création de référentiels numériques sélectionnés, de modules éducatifs interactifs et d'expériences virtuelles immersives intégrant de manière complexe la littérature, la philosophie et la biographie de Hesse.

L'adoption de médias innovants peut contribuer à raviver l'intérêt des jeunes générations pour l'œuvre de Hesse tout en préservant la richesse de son savoir intemporel. De plus, à mesure que la mondialisation façonne notre globe interconnecté, l'héritage de Hesse s'étendra au-delà des frontières géographiques, transcendant les divisions linguistiques et culturelles. Grâce à des activités de traduction ciblées et à des collaborations interculturelles, l'influence de Hesse peut avoir un impact encore plus important sur diverses communautés, favorisant ainsi une véritable mosaïque mondiale d'appréciation et d'interprétation. Il est essentiel de préserver l'intégrité de la voix originale de Hesse tout au long de ces efforts, en veillant à ce que l'essence de ses écrits reste intacte pendant les processus d'adaptation et de diffusion. En fin de compte, l'avenir de l'héritage de Hesse dépend de l'engagement collectif et de la préservation réfléchie de ses idées intemporelles, ce qui nécessite un équilibre délicat entre l'interprétation moderne et les principes sous-jacents de son œuvre.

17

Conclusion

Naviguer dans la vie grâce à la sagesse intemporelle de Hesse

Réflexion sur le parcours philosophique de Hesse

L'œuvre de Hesse peut être considérée comme une exploration philosophique riche, une tapisserie tissée de thèmes qui semblent exister hors du temps. Ses écrits sur l'humanité, la recherche de soi et la quête de quelque chose de plus sont toujours d'actualité et attirent l'attention des chercheurs depuis longtemps. Ses romans expriment la complexité et la quête permanente de sens dans notre monde en constante évolution et souvent non religieux. Dans *Siddhartha*, Hesse aborde des thèmes existentiels et le cheminement vers la découverte de soi, s'inspirant des enseignements bouddhistes, qui deviennent centraux dans le parcours du protagoniste. Le roman est un mélange d'art et de réflexion profonde, guidant le lecteur à travers une expérience transformatrice alors que le personnage principal cherche la paix intérieure. De même, *Le Loup des steppes* examine les deux facettes de la nature humaine, montrant le conflit entre le loup sauvage et indompté et l'homme rationnel, voire ennuyeux. Ces forces opposées mettent en évidence la profondeur des sentiments et des expériences humaines, incitant les lecteurs à faire face à leurs propres conflits intérieurs et aux attentes de la société.

À mesure que sa collection s'enrichit, la complexité de ses idées philosophiques s'accroît, incitant les lecteurs à réfléchir à des questions existentielles qui sont toujours d'actualité. *Narcisse et Goldmund* raconte une histoire touchante d'amitié, d'amour et de tension entre l'esprit et les sens. À travers ces personnages, Hesse nous encourage à réfléchir au monde de l'intellect et de la passion, et à la manière dont nos pensées et nos sentiments interagissent. De plus, *Le Jeu des perles de verre* représente l'apogée de l'œuvre intellectuelle de Hesse, montrant comment tous les sujets sont liés et comment nous recherchons la vérité, faisant écho à l'importance croissante de réunir différents domaines pour comprendre des sujets complexes. La combinaison de l'art et de l'introspection est évidente, car Hesse crée habilement une histoire qui dépasse les limites traditionnelles, brouillant les frontières entre l'étude académique et la réflexion personnelle. Le parcours philosophique de Hesse reflète la manière dont nous grandissons en tant qu'individus et nous incite à examiner nos propres croyances. Ses récits encouragent l'introspection et nous motivent à nous lancer dans notre propre quête de découverte de soi et d'épanouissement. En observant les explorations profondes de Hesse sur l'esprit humain et les complexités de la vie, les lecteurs sont encouragés à reconsidérer leur place dans le monde et à réfléchir à la quête sans fin de la sagesse, ce qui renforce la signification de l'œuvre de Hesse.

La synthèse de l'art et de l'introspection

Au fil des siècles, l'art a offert aux êtres humains un moyen de se tourner vers leur for intérieur, un chemin pour explorer ce qu'ils pensent et ressentent, même les choses difficiles à exprimer avec des mots. Dans les écrits de Hermann Hesse, l'art et l'introspection se rejoignent, montrant à quel point il est important d'être créatif pour réfléchir aux grandes questions de la vie. Cela rejoint l'idée d'intelligence spirituelle, qui aide les gens à comprendre la vie et à s'épanouir en tant qu'individus (Jose A et al., 2024). L'œuvre de Hesse traite en réalité de la recherche de notre identité et du sens de la vie. Ses personnages sont confrontés à cette question lorsqu'ils doivent composer avec leur for intérieur et les attentes de la société. On retrouve cette même idée dans la pièce musicale de Claude Vivier, Siddhartha. Sa structure unique et son utilisation de formules musicales communiquent les sentiments de solitude et de connexion, que l'on retrouve également dans l'histoire de Hesse (C R Goddard, 2023). En fin de compte, tant l'œuvre écrite par Hesse que la composition de Vivier nous montrent que l'art est essentiel dans le dialogue permanent entre nous-mêmes et tout ce qui nous entoure, nous aidant à comprendre les mystères complexes de la vie.

Exploration de l'art et introspection

Hesse, d'une manière générale, mêle art et introspection, offrant un aperçu de la manière dont le travail créatif est lié à notre cheminement intérieur (Jose A et al., 2024). Du symbolisme dans *Siddhartha*, qui explore la vie intérieure du protagoniste à travers la découverte de soi, à la tourmente artistique du *loup des steppes*, qui reflète quelqu'un pris entre deux dualités, ou à l'art et l'intellect de *Le Jeu des perles de verre*, Hesse dépeint l'art comme un moyen d'explorer la conscience humaine (C R Goddard, 2023). Les lecteurs sont invités à explorer leur propre esprit, guidés par la contemplation artistique. Le mélange de l'art et de l'introspection souligne le pouvoir transformateur de la créativité en tant que miroir de soi, incitant à un voyage intérieur à la recherche de sens.

Les récits de Hesse rendent hommage à la tendance artistique de l'esprit humain et exhortent à se comprendre soi-même à travers la création. Hesse met en lumière le lien durable entre l'expression et l'introspection, enrichissant la conscience humaine et donnant une dimension spectrale à l'expérience. Ainsi, la synthèse de l'art et de l'introspection, telle qu'explorée par Hesse, enrichit notre compréhension de l'existence et, dans la plupart des cas, nous propulse vers une fusion harmonieuse de l'imagination et de la conscience de soi, tirant des enseignements de notre monde intérieur et renforçant l'idée que la création artistique est un pas vers la réalisation de soi.

Confrontation à la modernité : échos des pensées de Hesse dans la société contemporaine

Les réflexions d'Hermann Hesse sur les complexités de la modernité trouvent encore un écho profond dans notre société en rapide évolution (Daou F et al., 2023). Son œuvre explore la danse complexe de l'identité individuelle avec le rythme effréné de la vie contemporaine, offrant des perspectives qui semblent remarquablement pertinentes, même aujourd'hui (Schaar T et al., 2021). Alors que nous sommes confrontés aux épreuves d'un monde hyperconnecté et dominé par le numérique, les idées visionnaires de Hesse nous poussent à repenser ce qui compte le plus et à remettre en question les valeurs qui façonnent nos vies. À travers sa prose intemporelle, Hesse incite les lecteurs à réfléchir aux effets de la technologie, du consumérisme et des constructions sociales sur notre for intérieur. Cela met en lumière la lutte permanente pour l'authenticité dans un monde de plus en plus marqué par le matérialisme et la superficialité.

De plus, le regard acéré de Hesse sur l'aliénation de la société moderne nous oblige à réfléchir à l'équilibre délicat entre aller de l'avant et trouver une satisfaction spirituelle. En examinant attentivement le malaise social qui transparaît dans les récits de Hesse, nous voyons des parallèles entre ses descriptions littéraires et les thèmes actuels de l'isolement, de l'angoisse existentielle et de la recherche de véritables liens humains. De plus, le regard persistant de Hesse sur la tension entre ce que nous voulons individuellement et ce que le monde attend de nous nous pousse à examiner plus profondément nos propres efforts pour construire une vie pleine de sens au milieu du bruit des exigences actuelles. Sa description pertinente des normes sociales et de leur impact contraignant sur le développement personnel nous invite à remettre en question les choses telles qu'elles sont et à prendre en main notre avenir.

D'une manière générale, les commentaires perspicaces de Hesse sur les effets négatifs de la conformité aveugle et des systèmes déshumanisants nous poussent à repenser ce que signifient la véritable liberté et l'épanouissement personnel à une époque caractérisée par des structures rigides et un consensus général. La confrontation avec les dures réalités dans les œuvres de Hesse nous oblige à participer à une discussion continue sur le changement de nos principes et la compréhension de notre place dans le tissu complexe de la vie moderne, à l'instar des récits historiques qui tentent également de mettre en lumière la condition humaine à travers le cinéma et la littérature (Schaar T et al., 2021).

Une résonance spirituelle durable : leçons sur le développement personnel

Le roman « Siddhartha » de Hermann Hesse explore le développement personnel et révèle que son impact spirituel durable provient de l'interaction entre la découverte de soi et l'acceptation des difficultés que la vie nous réserve. Hesse suggère que la croissance personnelle n'est pas seulement une ligne droite ascendante. Il s'agit plutôt d'un parcours un peu mouvementé, plein de hauts et de bas émotionnels et de grandes questions sur la raison de notre présence ici, un peu comme la façon dont les choses ont tendance à évoluer vers le chaos dans la nature (Daou F et al., 2023).

Lutter contre le sentiment de désespoir peut en fait vous transformer, vous poussant à affronter vos conflits intérieurs et à déterminer ce que vous voulez vraiment. Siddhartha se rend compte que la véritable sagesse vient de ce que vous avez vécu, et pas seulement de vos réflexions, en acceptant à la fois le bon et le mauvais. De plus, certains chercheurs soulignent que faire partie d'une communauté et comprendre qui vous êtes en tant qu'individu sont importants pour la croissance spirituelle. Ils insistent sur le fait que le développement personnel est souvent stimulé par le fait de parler à d'autres personnes dans différentes parties du monde et de partager des expériences humaines . Hesse nous encourage à réfléchir à notre propre vie à travers ces idées, en considérant notre cheminement spirituel comme une danse constante entre ce qui se passe autour de nous et notre propre recherche de sens.

La résonance spirituelle de Hesse

L'œuvre de Hesse, qui résonne encore profondément aujourd'hui, offre des conseils intemporels sur la croissance personnelle. Elle fait écho à des philosophies orientales, telles que celles richement interprétées dans le *Daodejing* de Richard Wilhelm (Li X et al., 2023). Les récits remplis de découvertes sur soi-même touchent toujours les lecteurs à travers le temps. À travers des personnages confrontés à des épreuves, Hesse révèle les défis universels de l'existence humaine, offrant un aperçu du développement personnel et spirituel. Une idée centrale dans l'œuvre de Hesse consiste à accepter nos imperfections comme essentielles à notre croissance, un concept qui reflète le discours sur le *daimōn* hellénique et le génie moderne (Bezerita A, 2023). En sondant les émotions profondes, Hesse incite les lecteurs à affronter leurs propres vulnérabilités et à rechercher la plénitude, en lien avec le bien-être psychologique. Ses écrits suggèrent que ce voyage nécessite d'explorer les profondeurs de la psyché, d'affronter ses ombres intérieures et d'accepter l'expérience humaine dans son intégralité.

De plus, la résonance spirituelle durable de Hesse va au-delà de l'introspection pour inclure la manière dont les humains sont connectés. Son exploration de la conscience communautaire souligne l'importance de la croissance collective, reflétant les questions philosophiques qui relient les modes de pensée orientaux et occidentaux. À travers un langage descriptif, Hesse met en avant l'empathie comme un élément qui suscite le changement personnel et communautaire, créant une compréhension plus profonde des complexités de la société. L'œuvre de Hesse détaille également l'importance de la résilience dans la croissance personnelle. Ses personnages naviguent sur des chemins semés de questions existentielles, enseignant de précieuses leçons sur la force morale, reflétant les enseignements philosophiques sur le dépassement des obstacles. En suivant ces protagonistes dans leurs parcours difficiles, les lecteurs sont guidés à travers les labyrinthes de l'existence humaine, apprenant aux côtés des personnages la résilience nécessaire au changement personnel. D'une manière générale, l'impact de Hesse reste un témoignage de la résonance spirituelle dans notre quête d'amélioration personnelle.

En conclusion, à travers ses récits, Hesse met en lumière l'acceptation des contradictions, le développement de l'empathie et la culture de la résilience pour le changement personnel et collectif. Dans la plupart des cas, son œuvre s'inscrit dans un contexte philosophique abordant des questions humaines intemporelles. Ses écrits servent de guides, offrant la sagesse nécessaire pour naviguer dans les complexités de la vie sur le chemin de la découverte de soi.

Vertus et contradictions : la sagesse de Hesse dans la vie quotidienne

Si l'on considère la sagesse intemporelle d'Hermann Hesse, on constate que ses enseignements présentent un mélange saisissant de vertus et, disons, de contradictions ; celles-ci trouvent vraiment un écho lorsque l'on pense à la vie quotidienne. Tout au long de ses livres, Hesse souligne combien il est important d'accepter à la fois la lumière et l'ombre, en comprenant que l'une ne peut exister sans l'autre. Cette idée se reflète dans le parcours spirituel des personnages (Jose A et al., 2024). Ce va-et-vient est intimement lié à l'existence elle-même, poussant les individus à reconnaître leur propre complexité, sans jugement.

Les réflexions de Hesse nous encouragent à voir que la recherche de la perfection n'est qu'une illusion inaccessible et qu'accepter nos contradictions peut en fait conduire à une acceptation de soi plus profonde et à un épanouissement personnel. De plus, il explique que les conflits intérieurs et les luttes personnelles sont essentiels à l'être humain et doivent être considérés comme des éléments clés de l'évolution personnelle. Les écrits de Hesse montrent la dualité inhérente à l'expérience humaine, invitant les lecteurs à naviguer dans les complexités de leur vie avec, vous savez, compassion et introspection. L'authenticité est également omniprésente dans la sagesse de Hesse ; c'est comme l'idée que le véritable épanouissement se produit lorsque les individus cultivent la sincérité et l'honnêteté en eux-mêmes, laissant leurs actions et leurs croyances s'aligner harmonieusement.

Cependant, Hesse n'hésite pas à examiner les aspects les plus sombres de la nature humaine, reconnaissant la présence de l'égoïsme, de l'arrogance et de l'ambiguïté morale, des émotions qui sont souvent déterminantes dans le cheminement d'une personne (Leving Y, 2019). Il aborde ces défauts avec une perspective candide, préconisant une intégration équilibrée de ces traits plutôt que leur suppression complète. Cette approche nuancée de la condition humaine offre aux lecteurs un cadre solide pour comprendre la complexité de leur propre existence, reflétant l'engagement profond de Hesse à la fois avec la lumière et l'ombre de l'expérience humaine.

Accepter le changement : la pertinence des adaptations de Hesse

L'héritage d'Hermann Hesse ne se définit pas seulement par la sagesse que l'on trouve dans ses livres, mais aussi par ses idées sur l'acceptation du changement et l'adaptation (Smith R, 2024). Tout au long de sa vie,

Hesse a fait preuve d'une grande capacité à naviguer entre les changements personnels et sociétaux, offrant des perspectives sur la découverte de soi et l'adaptation (Kwiatkowski F, 2023). Ses œuvres, telles que Siddhartha et le loup des steppes, montrent que le changement fait partie intégrante de la vie. À travers Siddhartha et Harry Haller, les lecteurs découvrent les difficultés de l'évolution personnelle. Hesse dépeint des personnages confrontés à des crises et à la nécessité de se transformer, capturant ainsi la pertinence universelle de l'adaptation au cours de la vie. La vie de Hesse a également été marquée par des adaptations, tant personnelles que professionnelles, reflétant les bouleversements sociaux (Kwiatkowski F, 2023).

De ses premières difficultés avec une éducation rigide à son départ des contraintes littéraires, Hesse a illustré l'adaptation de ses opinions et de son expression créative. Son déménagement de l'Allemagne vers la Suisse a mis en évidence sa capacité à accepter le changement dans un contexte de chaos politique et culturel. Si l'on considère l'influence plus large de Hesse, ses idées sur l'adaptation dépassent le cadre de la littérature. Les thèmes de la solitude, de la croissance spirituelle et de la désillusion sociale trouvent encore un écho chez ceux qui sont confrontés aux défis modernes. Alors que la société est confrontée à des changements technologiques et culturels, l'accent mis par Hesse sur le pouvoir d'accepter le changement offre réconfort et réflexion (Smith R, 2024).

De plus, la capacité de Hesse à adapter son style narratif et ses thèmes constitue un modèle durable pour l'évolution créative. Sa volonté d'expérimenter différentes formes et idées reflète une compréhension profonde de l'expression artistique. Hesse invite les lecteurs à considérer le changement comme une opportunité de croissance, et non comme une perturbation. En fin de compte, les adaptations de Hesse sont pertinentes car elles trouvent un écho dans l'expérience humaine. En reconnaissant le changement et en l'abordant avec ouverture d'esprit, les individus peuvent tirer de précieuses leçons de la philosophie de Hesse. Sa croyance dans le potentiel transformateur de l'adaptation guide les générations actuelles et futures, inspirant un équilibre entre la croissance personnelle et le monde en constante évolution (Kwiatkowski F, 2023).

L'héritage de Hesse : inspirer les générations futures

L'influence littéraire d'Hermann Hesse reste une source d'inspiration importante, en particulier en ce qui concerne la découverte de soi et la recherche de sens. Ses écrits, souvent centrés sur le voyage intérieur de l'individu, trouvent un écho auprès des individus d'aujourd'hui qui recherchent l'authenticité dans un monde en mutation rapide. Des observations savantes indiquent que si des récits comme le loup des steppes et Siddhartha explorent les subtilités de la vie humaine, ils représentent également un éventail d'idées philosophiques et spirituelles, incitant les lecteurs à se confronter à leurs aspirations et conflits intérieurs (Smith R, 2024). De plus, la mise en évidence par Hesse de la relation entre le moi et la nature, ainsi que sa critique de la modernité, répondent à un désir croissant, en particulier chez les jeunes, d'équilibrer le progrès technologique avec une conscience du monde naturel et des fondements de l'existence humaine. En alliant son talent littéraire à une profonde compréhension psychologique, Hesse offre un miroir à son public et le met au défi de s'engager sur la voie de l'épanouissement personnel, s'assurant ainsi que son héritage continue d'inspirer et de guider les générations futures dans leurs explorations individuelles.

L'héritage durable d'Hermann Hesse

Les œuvres d'Hermann Hesse, d'une manière générale, continuent d'inspirer les générations futures, offrant une sorte de lumière directrice dans notre monde moderne parfois chaotique. Elles incarnent une riche réflexion sur des thèmes existentiels, fournissant des idées qui trouvent un écho dans tous les milieux et à tous les âges (Smith R, 2024). Au cœur de l'héritage de Hesse se trouve un engagement envers l'authenticité et, peut-être plus important encore, la découverte de soi. À travers les voyages introspectifs de ses personnages, Hesse invite les lecteurs à se lancer dans leur propre quête de sens. Ce message transcendant résonne, encourageant les individus à affronter leurs dilemmes intérieurs et à trouver l'harmonie au milieu du chaos. L'universalité de la sagesse de Hesse favorise un sentiment d'interconnexion et nourrit en effet un désir de réalisation de soi.

De plus, l'héritage de Hesse témoigne du pouvoir transformateur de la littérature, avec des thèmes imprégnés d'une pertinence renouvelée dans les adaptations contemporaines, telles que la réinvention qui fait le pont entre les récits culturels et raciaux (Piia K Posti, 2023). En explorant les complexités de l'expérience humaine, il transmet des vérités qui trouvent un écho, favorisant l'appréciation de l'introspection et de la créativité. La pertinence durable des récits de Hesse souligne le rôle essentiel de la littérature dans la formation des perspectives et l'initiation de conversations qui transcendent les limites du temps et de l'espace. De plus, la capacité de Hesse à faire le pont entre la spiritualité, la psychologie et la philosophie confère à ses œuvres une richesse multidimensionnelle qui continue de captiver le public.

L'exploration nuancée des philosophies orientales, de la psyché humaine et des questions existentielles forme une tapisserie littéraire qui trouve un écho auprès des individus en quête d'une compréhension plus profonde dans un monde fragmenté. En tant que gardiens de l'héritage de Hesse, il est impératif pour les générations futures de préserver et de diffuser ses précieuses idées. À chaque interprétation, adaptation et effort scientifique, l'influence de Hesse non seulement perdure, mais se multiplie, transcendant les barrières culturelles pour atteindre les esprits du monde entier. Embrasser la pertinence intemporelle de son œuvre offre un moyen de favoriser l'empathie, de faciliter la transcendance et d'alimenter un réservoir de sagesse qui continue de façonner la trajectoire de la conscience humaine.

Réflexions littéraires : revisiter les techniques narratives

Hermann Hesse, connu pour ses histoires captivantes et ses thèmes philosophiques profonds, fascine toujours les lecteurs par ses méthodes narratives novatrices. Des études récentes, telles que celles explorant l'auto-leadership dans les œuvres de Hesse, nous permettent d'examiner les techniques narratives complexes qui définissent son impact littéraire, en particulier en ce qui concerne le développement des personnages qui encourage l'introspection et la croissance (Seo GJ, 2024).

Au cœur du talent narratif de Hesse se trouve sa capacité à créer des personnages complexes qui servent de vecteurs à une réflexion personnelle et à une exploration thématique significatives. Ses personnages ne se contentent pas de faire avancer l'intrigue ; ils représentent des problèmes existentiels et des questions philosophiques, illustrant la réalité complexe de l'être humain. De la quête inébranlable de l'illumination de Siddhartha aux luttes intérieures de Harry Haller dans le loup des steppes, les personnages de Hesse offrent un aperçu profond de l'esprit humain. De plus, l'utilisation habile du symbolisme et de l'allégorie par Hesse enrichit ses récits de subtilité et de résonance, reflétant l'essence même de la littérature (Seo GJ, 2024). Chaque métaphore, chaque symbole soigneusement placé dans son écriture, fonctionne comme un code, incitant les lecteurs à démêler les couches de sens et d'interprétation. La rivière dans Siddhartha, par exemple, symbolise le mouvement continu de la vie, tandis que le Théâtre magique dans le loup des steppes sert de passerelle vers la découverte de soi ; l'approche détaillée de Hesse en matière de symbolisme encourage une expérience interprétative captivante.

Une autre caractéristique de la narration de Hesse est son talent pour mélanger le personnel et l'universel, à l'instar des allusions intertextuelles entremêlées que l'on trouve dans d'autres œuvres littéraires (). Il combine habilement la recherche personnelle de la conscience de soi avec des questions métaphysiques plus larges, créant ainsi un récit qui touche les lecteurs de manière intime et universelle. Ce mélange de thèmes personnels et universels confère aux histoires de Hesse une signification durable, dépassant les limites du temps et de l'espace.

La vie comme art : la philosophie esthétique de Hesse

Les œuvres littéraires d'Hermann Hesse dépeignent souvent la vie comme une forme d'art, un élément central de ses réflexions philosophiques. Sa philosophie esthétique considère l'existence comme une entreprise créative, mettant en avant l'individualité, l'authenticité et le mélange de l'art et de la vie. Un aspect essentiel est l'idée que chaque individu peut façonner sa vie en une œuvre d'art, une idée qui reflète la nécessité de l'effort et de l'intentionnalité dans nos expériences émotionnelles (Daou F et al., 2023). Les lecteurs sont ainsi invités à un voyage d'introspection, embrassant l'essence esthétique de l'être humain. Hesse illustre que l'expression artistique s'étend au-delà de l'art traditionnel, dans les relations, l'engagement social et la recherche d'un but. Il encourage à considérer la vie comme une œuvre en cours, façonnée par nos pensées et nos émotions, tout comme les expériences partagées enrichissent l'expression créative (Sajewska D, 2021). La manière dont il tisse ces idées dans ses récits est remarquable, offrant une prose riche et visuellement stimulante.

Hesse montre que la beauté de la vie réside à la fois dans les triomphes et dans les moments subtils de la vie quotidienne. Considérer la vie comme un art nous permet d'aborder les tâches quotidiennes avec créativité. Cela peut changer notre vision du monde, en renforçant notre conscience et notre appréciation de l'art dans les expériences humaines. La philosophie de Hesse nous guide pour nous considérer comme les auteurs de nos propres histoires, en naviguant dans la vie avec un œil attentif au potentiel poétique de chaque instant. Son message durable nous inspire à trouver l'extraordinaire dans le quotidien et à façonner des vies qui font écho à la vérité artistique. D'une manière générale, une telle perspective peut être transformatrice dans la plupart des cas.

Conclusion : harmoniser les voyages intérieurs et les réalités extérieures

L'œuvre d'Hermann Hesse offre bien plus qu'un joli point de vue philosophique ; elle explore en profondeur la manière dont notre vie intérieure est connectée au monde extérieur, comme le montre particulièrement bien l'intelligence spirituelle de ses personnages (Jose A et al., 2024). Alors que nous terminons notre exploration de l'univers de Hesse, il apparaît clairement que ses livres nous aident à donner un sens aux défis de la vie, un peu comme la pièce musicale de Claude Vivier, Siddhartha, qui a une grande portée et une grande puissance sonore, et qui traite également du sentiment d'isolement et de la recherche de liens (C R Goddard, 2023). Hesse établit un équilibre subtil entre nos pensées intérieures et ce qui se passe autour de nous, donnant de bons conseils sur la manière de découvrir qui nous sommes tout en répondant aux attentes de la société. Cela est particulièrement pertinent pour le cheminement spirituel présenté dans ses récits. Hesse insiste vraiment sur l'importance d'être fidèle à soi-même et unique, ses personnages principaux vivant des aventures qui changent leur vie et abordant les grandes questions de l'époque. Ses écrits encouragent toujours la recherche de la connaissance de soi et la découverte de son véritable moi dans le monde trépidant d'aujourd'hui. Cela montre à quel point il est important de concilier ce qui est en nous avec ce que nous vivons à l'extérieur pour nous sentir complets.

Explorer l'harmonie entre le monde intérieur et le monde extérieur à travers les récits de Hesse

Les récits de Hesse invitent les lecteurs à se tourner vers leur for intérieur, à essayer de faire correspondre leurs propres vérités avec le monde qui les entoure, ce qui contribue à créer un sentiment d'équilibre (Jose A et al., 2024). De plus, son œuvre met en évidence à quel point nous sommes profondément liés à la nature. Il nous montre la beauté et le pouvoir guérisseur de la nature, nous apprenant à harmoniser notre moi intérieur avec le calme et la sagesse qui s'y trouvent. Ce lien est essentiel pour rapprocher le monde intérieur et le monde extérieur, ce qui nous permet de mieux nous comprendre nous-mêmes et de mieux comprendre l'univers (Kwiatkowski F, 2023). Les enseignements de Hesse sont toujours d'actualité, car ils nous montrent comment trouver l'équilibre dans nos vies trépidantes. Alors que nous sommes confrontés aux pressions constantes de la société moderne, sa sagesse nous guide et nous encourage à vivre avec grâce et conscience. La fusion des expériences intérieures et des réalités extérieures n'est pas seulement une idée littéraire ; c'est une invitation à trouver un rythme qui transcende le temps et l'espace.

L'influence durable de Hesse réside dans sa capacité à inspirer l'espoir et à donner un sens à la vie. Ses livres nous rappellent sans cesse que nous pouvons créer une vie harmonieuse, en tissant des liens entre nos découvertes intérieures et nos actions extérieures. Alors que nous terminons cet aperçu de la vaste collection d'œuvres de Hesse, puissions-nous continuer à bénéficier de sa sagesse intemporelle pour harmoniser nos voyages intérieurs avec les modèles en constante évolution du monde qui nous entoure.

Références

Travaux de H. Hesse

Romans et récits

Peter Camenzind (*Peter Camenzind*, 1904) — trad. de J. Chuzeville, Calmann-Lévy, 1949.

Sous la roue (*Unterm Rad*, 1906) — trad. de Joseph Delage, Calmann-Lévy, 1947.

Gertrude (*Gertrud*, 1910) — trad. de Lucien Rebatet, Calmann-Lévy, 1949.

Rosshalde (*Rosshalde*, 1914) — trad. de Jean Malaplate, Calmann-Lévy, 1949.

Knulp (*Knulp*, 1915) — trad. de Jean Malaplate, Calmann-Lévy, 1948.

Demian (*Demian*, 1919) — trad. de Joseph Delage, Calmann-Lévy, 1946 et rééd. différentes.

Siddhartha (*Siddhartha*, 1922) — trad. de Jacques Martin, Stock, 1926 (plusieurs retraductions : notamment par Louise Servicen, Calmann-Lévy, et par Dominique Tassel, Livre de Poche).

Voyage en Orient (*Aus Indien*, 1913 / *Die Morgenlandfahrt*, 1932, réunit plusieurs textes) — trad. variées ; par exemple *Voyage en Orient*, trad. de Jean Malaplate, Calmann-Lévy.

Le Loup des steppes (*Der Steppenwolf*, 1927) — trad. de Joseph Delage, Calmann-Lévy, 1947 ; retrad. par Juliette Pary, Livre de Poche.

Narcisse et Goldmund (*Narziß und Goldmund*, 1930) — trad. de Joseph Delage, Calmann-Lévy, 1948 (retraduction plus récente par Jean Malaplate).

Le Jeu des perles de verre (*Das Glasperlenspiel*, 1943, prix Nobel 1946) — trad. de Jacques Martin, Calmann-Lévy, 1955.

Nouvelles et courts récits

Klein et Wagner (*Klein und Wagner*, 1919) — trad. de Joseph Delage.

L'enfant prodigue (*Die Heimkehr des verlorenen Sohnes*, 1907) — inclus dans des recueils comme *Klein et Wagner*.

Le dernier été de Klingsor (*Klingsors letzter Sommer*, 1919) — trad. de Joseph Delage.

Knulp (voir plus haut).

Poèmes — traduits dans différents recueils (par Denise Naville, Jean Malaplate, etc.).

Essais et correspondances traduits

Écrits sur la peinture

Correspondance avec Thomas Mann

Pages de voyage
Ces textes ont paru chez divers éditeurs français (Calmann-Lévy, L'Herne, Le Livre de poche, etc.) avec des traducteurs variés.

Travaux sur H. Hesse

• Bibliography. (1963). Volume(8), 459-529. International Review of Social History. doi: https://doi.org/10.1017/s002085900000242x

• Book Reviews (1995). Volume(31), 125-156. Psychological Perspectives. doi: https://doi.org/10.1080/00332929508404859

• Veneration and Revolt (2011): Hermann Hesse and Swabian Pietism. Volume(106), 290-291. The Modern Language Review. doi: https://doi.org/10.1353/mlr.2011.0230

• Review of Formative Fictions (2014): Nationalism, Cosmopolitanism, and the Bildungsroman. Volume(109), 484-486. The Modern Language Review. doi: https://doi.org/10.1353/mlr.2014.0265

• Journal of Values-Based Leadership(2017). Volume(10). doi: https://doi.org/10.22543/0733.102

• Knowledge, Spirit, Law, Book 1, (2018) Knowledge, Spirit, Law, Book 1: Radical Scholarship. Punctum Books. doi: https://doi.org/10.1353/book.76492

• Bibliography(2022). Volume(67), 595-625. International Review of Social History. doi: https://doi.org/10.1017/s0020859022000669

• Exploring Past Images in a Digital Age (2023) Exploring Past Images in a Digital Age. . Amsterdam University Press eBooks. doi: https://doi.org

/10.1515/9789048552559

• Franklin Felsenstein (editor, 2024): No Life Without You. Open Book Publishers. doi: https://doi.org/10.11647/obp.0334

• Adrian Chapman (2015) Dismemberment and the Attempt at Re-membering in R. D. Laing's The Bird of Paradise. Volume(33), 393-418. Literature and medicine. doi: https://doi.org/10.1353/lm.2015.0017

• Adina Bezerita (2023) The Influence of the Daimōn in Ancient Philosophy upon Contemporary Psychology. Volume(3), 86-108. Interdisciplinary Research in Counseling Ethics and Philosophy - IRCEP. doi: https://doi.org/10.59209/ircep.v3i9.70

• Albrecht Classen (2025) The Quest for Happiness: Medieval Perspectives for Our Future. Philosophical and Literary-Historical Investigations. Volume(1), 1-14. doi: https://doi.org/10.55121/prr.v1i1.190

• Alexander Reid Ross (2016) Against the Fascist Creep. doi: https://mirror.anarhija.net/usa.anarchistlibraries.net/mirror/a/ar/alexander-reid-ross-against-the-fascist-creep.lt.pdf

• Antony Jose, V. M. Berlin Grace, D. David Wilson (2024) Spiritual Intelligence and Triadic Movements: A Study on Hermann Hesse's Protagonists. Volume(05), 452-463. International Research Journal of Multidisciplinary Scope. doi: https://doi.org/10.47857/irjms.2024.v05i01.0251

• Armando Montanari (2013) Guidebooks and Travel Stories Interpretations and Emotional Reactions. Volume(Vol. 5, No. 1), 123-134. International Review of Social Sciences and Humanities. doi: http://www.irssh.com

• Ashwin Manthripragada (2014) »Siddhartha«, the Paradox, and the Counterculture. Volume(Vol 9, Issue 2). Textpraxis. Digital Journal for Philology. doi: http://www.uni-muenster.de/textpraxis/ashwin-manthripragada-siddhartha-paradox-counterculture

- B. H. Barlow (1990) The Results of the Edict of Toleration in the Southern Austrian Province of Carinthia During the Reign of Joseph II.. doi: https://doi.org/10.31390/gradschool_disstheses.4895

- Bas J.H. Jacobs (2020) Getting off the Wheel: A Conceptual History of the New Age Concept of Enlightenment. Volume(67), 373-401. Numen. doi: https://doi.org/10.1163/15685276-12341588

- Beverly Bradford (1974) The Myth of the Quest and the Novel: The Vision of Hermann Hesse. doi: https://ir.ua.edu/bitstream/123456789/5945/1/266923-Bradford-1974.pdf

- Bhikkhu Cintita Dinsmore (2013) Sāsana: the blossoming of Dharma. doi: https://bhikkhucintita.wordpress.com/wp-content/uploads/2013/06/sasana.pdf

- C. R. Goddard (2023) "Your Soul is the Whole World": The Spaces of Claude Vivier's Siddhartha. Volume(29). Music Theory Online. doi: https://doi.org/10.30535/mto.29.3.2

- Cally Hiu Tung Cheung (2021) "My Poor Little Blossom! My Flower of Asia!" : Images of gender and China In English-language novels. doi: https://doi.org/10.32657/10356/155764

- Cassandra Painter (2018) Domesticating a Mystic: Catholic Saint-Making in Weimar Germany. Volume(51), 228-248. Central European History. doi: https://doi.org/10.1017/s0008938918000390

- Chunhua Zhan (2024) Chinese Contemplation: Hermann Hesse and Chinese Literature. Volume(50.2), 115-142. Concentric: Literary and Cultural Studies. doi: http://www.concentric-literature.url.tw/issues/2024-2/6-Zhan.pdf

- Claudia Kappenberg, Sarah Whatley, Harmony Bench, Simon Ellis (2016) IJSD Volume 7 2016 All This: Full Issue. Volume(7). The International Journal of Screendance. doi: https://doi.org/10.18061/ijsd.v7i0

.5480

• Daniel Jütte (2022) Contested Caryatids: Architecture, Modernity, and Race around 1900. Volume(56), 18-45. Central European History. doi: https://doi.org/10.1017/s0008938922000966

• Dena Watson-Krasts (2020) Re-membering Beauty: Rape Culture, Femicide, and the Shadow. Volume(15), 100-119. Journal of Jungian Scholarly Studies. doi: https://doi.org/10.29173/jjs128s

• Dennis Bates (1992) Secularity, Agape and Religious Education -- A Critical Appreciation of the Work of J. W. D. Smith. Volume(14), 132-144. British Journal of Religious Education. doi: https://doi.org/10.1080/0141620920140302

• Dhurata Lamçja (2021) Cultural Balkanism: Ivo Andric and Niko Kazanzakis Vis-À-Vis with Kadare. Volume(8), 115-115. European Journal of Social Sciences Education and Research. doi: https://doi.org/10.26417/549hmb47d

• Donny Syofyan (2023) Vulnerable Amalgamation of Loneliness And Spirituality: An Analysis Of 'The Rabbit Hutch' By Tess Gunty. Volume(1), 1-15. Cultural Landscape Insights. doi: https://doi.org/10.59762/cli901324531120231017144125

• Dorota Sajewska (2021) Toward Theatrical Communitas. Volume(70), 15-56. Pamiętnik Teatralny. doi: https://doi.org/10.36744/pt.846

• Dr Soumya Jose, Dr. Sony Jalarajan Raj (2015) An Analysis of the Mother-Daughter Relationship in Dorris Lessing's Martha Quest. Volume(Vol. III, No. I). LUX MONTIS. doi: https://www.girideepambschool.edu.in/uploads/research/626286f38f0f9Pages-LuxMontisJan2015.pdf

• Dr. Ivan Simeonov (2025) Psychoanalytical Reminiscences in the Fairy-Tales of Hermann Hesse. doi: https://ibn.idsi.md/sites/default/files/imag_file/76-91_1.pdf

- Edward A R Livings (2006) Open Silence: An Application of the Perennial Philosophy to Literary Creation. doi: https://vuir.vu.edu.au/543/1/LIVINGS%20Edward-thesis.pdf

- Elizabeth Vandiver, Ralph Keen (2010) The deeds and writings of Dr Martin Luther from the year of the Lord 1517 to the year 1546 related chronologically to all posterity by Johannes Cochlaeus. Manchester University Press eBooks. doi: https://doi.org/10.7765/9781526120649.00009

- Emmanuel R. Hogg (2008) Choosing Communism as the Lesser Evil: Victor Klemperer and the Transformation of East German Higher Education, c. 1933-53. doi: https://atrium.lib.uoguelph.ca/bitstream/10214/21977/1/Hogg_EmmanuelR_MA.pdf

- Fadi Daou, Ignace Haaz, M Bühlmann Quero, Erin Green, Ivana Zagorac, John Mohan Razu (2023) Ethics and overcoming odious passions : mitigating radicalisation and extremism through shared human values in education. . doi: https://doi.org/10.58863/20.500.12424/4292368

- Fausto Cercignani (2023) Studia theodisca XXX (2023). Volume(30), 1-137. Studia theodisca. doi: https://doi.org/10.54103/1593-2478/21667

- Fryderyk Kwiatkowski (2023) Gnosticism in Hollywood. doi: https://doi.org/10.33612/diss.837416002

- Gary Hall, Terry Drummond, Patricia Higgins, Bonnie Bowman Thurston, Ron Dart, Tony McClelland, Anne Tomlinson, et al. (2018) The Merton Journal. Volume(Vol. 25, No. 1), 1-66. Merton Journal. doi: https://www.thomasmertonsociety.org.uk/s/Merton-Journal-Easter-2018-Complete.pdf

- Gi Ja Seo (2024) A Literary Reading Education for Enhancing Self: Leadership in University Students : Focusing on □Demian□ and □Siddhartha□. Liberal Arts Innovation Center. doi: https://www.semanticscholar.org/paper/26fe65f1f7595792638e4f09ca109a1d30ec991e

- Hamza Hassan (2024) Concept Of OM And Relativity In Herman Hesse's Siddhartha. MAIRAJ. doi: https://www.semanticscholar.org/paper/36047e3626e0012ef91c2ebc869aab095f4acd45

- Hans Rudolf Vaget (2009) Thomas Manns Idee einer deutschen Kultur. Volume(101), 130-133. Monatshefte. doi: https://doi.org/10.1353/mon.0.0101

- Harry Oldmeadow (2022) Against the Tide: Sketches of Fifteen Modern Christian Thinkers. doi: https://www.carbaritapress.com/wp-content/uploads/2022/01/Against-the-Tide.pdf

- Hartmut Frank (2022) Fritz Schumacher & Heinrich Tessenow: Architecture, an Art or a Craft?. . TU Delft Bouwkunde eBooks. doi: https://doi.org/10.47982/bookrxiv.33

- Hein Retter (2018) The Centenary of William H. Kilpatrick's "Project Method": A Landmark in Progressive Education Against the Background of American-German Relations After World War I. Volume(5). International Dialogues on Education Journal. doi: https://doi.org/10.53308/ide.v5i2.69

- Hunar Shah, Samina Rahat (2024) Jungian Archetypes in Hermann Hesse's Demian. Spry Contemporary Educational Practices. doi: https://www.semanticscholar.org/paper/bcab7ee40fe1ba7eb08dd8c0057672a732f19171

- Hunar Shah, Samina Rahat (2024) The process of Individuation of the Main Character in Hermann Hesse's Demian. Volume(8). PAKISTAN LANGUAGES AND HUMANITIES REVIEW. doi: https://doi.org/10.47205/plhr.2024(8-i)15

- Irving Massey (2018) Necessary Nonsense: Aesthetics, History, Neurology, Psychology. . doi: https://doi.org/10.26818/9780814213797

- Isabel Richter (2022) Psychonauts and Seekers: West German Entanglements in the Spiritual Turn of the Global 1960s and 1970s. Volume(33), 250-266. Contemporary European History. doi: https://doi.org/10.1017/s0960777322000121

• J. E. Davidson (2009) The Cinema of Werner Herzog: Aesthetic Ecstasy and Truth. Volume(101), 146-147. Monatshefte. doi: https://doi.org/10.1353/mon.0.0109

• Jiaying Cai (2025) Ethical Conflict and Identity Crisis: A Postmodern Ethical Perspective on Steppenwolf. Studies in Linguistics and Literature. doi: https://www.semanticscholar.org/paper/9a8abd62d0e60029087393121ca5b562b0912adb

• Jiyoung Hwang, Hyo-Yeun Park (2021) Hermeneutic Phenomenological Understanding of the Inner Journey of Templestay. Volume(18), 7830-7830. International Journal of Environmental Research and Public Health. doi: https://doi.org/10.3390/ijerph18157830

• Johan Larson Lindal (2024) The Movement of a Musical Work. Ernst Krenek's Opus 20 in the Interwar Years. . Mediehistoriskt arkiv. doi: https://doi.org/10.54292/yfavqw7v46

• John Collins (2012) "Where Are We Really Going? Always Home": Thomas Merton and Hermann Hesse. Volume(16), 78-99. Religion and the Arts. doi: https://doi.org/10.1163/156852912x615883

• John Spencer Hill (2011) Exile, Hell, and the Becoming of God. Volume(5), 38-53. Jung Journal. doi: https://doi.org/10.1525/jung.2011.5.3.38

• Jorge J Sanchez (2022) The Latino Underground: Decolonizing Knowledge Through a Hip-Hop Testimonio Project. doi: https://doi.org/10.30707/etd2022.20220606094401748585.999973

• Kata Gellen (2017) "One Should Have Two Homelands": Discord and Hope in Soma Morgenstern's Sparks in the Abyss. Volume(8), 26-26.

Religions. doi: https://doi.org/10.3390/rel8020026

• Kenneth Leech, Terry Drummond, Patricia Higgins, Bonnie Bowman Thurston, Ron Dart, Tony McClelland, Anne Tomlinson (2018) Merton Journal, Eastertide 2018. Volume(Vol. 25, No. 1), 1-66. Merton Journal. doi: https://www.thomasmertonsociety.org.uk/s/Merton-Journal-Easter-2018-Complete.pdf

• Leonid Kozubenko (2024) PSYCHOLOGICAL AND PEDAGOGICAL PRINCIPLES STUDY OF HERMAN HESSE'S CREATIVITY IN GENERAL SECONDARY EDUCATION INSTITUTIONS. Теоретична і дидактична філологія. doi: https://www.semanticscholar.org/paper/fd94fe4f3f84f2eeb4b1d3cb68ee1b59e2734a5e

• Liv Fønnebø (2011) A Grounded-Theory Study of the Teaching Methods of Jesus : An Emergent Instructional Mode. doi: https://doi.org/10.32597/dissertations/369/

• Louise Boyne (2019) Hesse, Huxley And How To Make Sense Of Modernity: How Were Socio-cultural Anxieties and Experiences of Modernity Expressed in British and German Interwar Literature?. doi: https://studenttheses.uu.nl/bitstream/handle/20.500.12932/33949/Louise%20Boyne_6355994_MastersThesis_Final_19.8.19.docx.pdf?sequence=2

• Luka Ilić (2014) Theologian of Sin and Grace. . Veröffentlichungen des Instituts für Europäische Geschichte Mainz. doi: https://doi.org/10.13109/9783666101175

• Lyudmila V. Gribina, N.V. Petrova, A.A. Yurina (2024) THE MAIN STAGES OF THE GENESIS OF WORLDVIEW IN CHILDHOOD. doi: https://doi.org/10.34660/inf.2022.45.23.093

• Mahmoud Rasmi (2015) Mythopoesis, Aesthetics and Artistic Creation Towards a Tautegorical Interpretation of the Cinematic Image. doi: https://doi.org/10.14201/gredos.128261

- Malika OUSSAD, Kahina RAMDANE (2021) The Jungian Process of Individuation: A Study of Hermann Hesse's Novel Demian: Story of a Youth (1948) and Todd Phillips' Film Joker (2019). doi: https://www.ummto.dz/dspace/bitstream/ummto/19296/1/Mas.%20Ang.%20539.pdf

- Marina Grishakova (2012) The Models of Space, Time and Vision in V. Nabokov's Fiction: Narrative Strategies and Cultural Frames. . doi: https://doi.org/10.26530/oapen_421498

- Marilyn Patricia Ann Hames (2008) LOCAL PILGRIMAGE: AN AID TO SPIRITUAL GROWTH A CASE STUDY ON WEEKEND PARISH PILGRIMAGE. doi: https://www.collectionscanada.gc.ca/obj/thesescanada/vol2/002/NR43210.PDF?is_thesis=1&oclc_number=445222433

- Maya Davi Chalissery, 2025. doi: http://117.232.76.121/bitstream/handle/20.500.12818/2457/2093_maya_davi_chalissery.pdf?sequence=1&isAllowed=y

- Michael Robertson, Astrid Ley, Edwina Light (2019) The First into the Dark: The Nazi Persecution of the Disabled. . doi: https://doi.org/10.5130/aae

- Mohit Anand, Sunil Kumar Mishra, Pramod Kumar (2024) THE ROLE OF SOCIO-SPIRITUAL ELEMENTS IN LIFE: COMPARATIVE STUDY ON HERMANN HESSE AND SRI AUROBINDO GHOSH, LITERATURE.. Volume(5). ShodhKosh Journal of Visual and Performing Arts. doi: https://doi.org/10.29121/shodhkosh.v5.i4.2024.5263

- Nasrin Hajiyeva (2024) Existentialism and its Implication in Education. Volume(Volume: 18 Issue: 7), 36-43. ELMİ İŞ Beynəlxalq Elmi Jurnal. doi: https://doi.org/10.36719/2663-4619/104/36-43

- Nikita Tewari, Deepika Pant (2023) Siddhartha's Quest for Ultimate Truth: A Philosophical Analysis with Brahma Sutra Insights. Volume(8),

77-85. The Creative Launcher. doi: https://doi.org/10.53032/tcl.2023.8.6.09

• G. Roth, Graz, (2017) The Work of Gerhard Roth. Volume(18). Otago German studies. doi: https://doi.org/10.11157/ogs-vol18id235

• Olga Taxidou (2021) Greek Tragedy and Modernist Performance. . Edinburgh University Press eBooks. doi: https://doi.org/10.1515/9781474415576

• Omar Zaid, M.D. (2012) Refuge from the Damned: Multiculturalism: The Case for Cultural Renewal. doi: http://path-to-completion.org.za/wp-content/uploads/2018/07/78607166-Refuge-From-the-Damned-revision-Mar-2012.pdf

• Paul Mendes-Flohr (2024) Secular Religiosity: Heretical Imperative, Jewish Imponderables. Volume(15), 725-725. Religions. doi: https://doi.org/10.3390/rel15060725

• Péter Gaál-Szabó, Szilárd Kmeczkó, Andrea Csillag, Ottilia Veres (2023) Crossroads in Diversity: A Travel across Spaces of Academia. Volume(Volume 4). Cultures, Contexts, Identities. doi: https://derep-k.drhe.hu/139/1/IKK-4-Book5-arch.pdf

• Peter Roberts (2009) Education, death and awakening: Hesse, Freire and the process of transformation. Volume(28), 57-69. International Journal of Lifelong Education. doi: https://doi.org/10.1080/02601370802568432

• Peter Roberts (2020) The Dream of a Journey to the East: Mystery, Ritual and Education in Hermann Hesse's Penultimate Novel. Volume(17), 45-58. Paideusis. doi: https://doi.org/10.7202/1072467ar

• Piia K. Posti (2023) 'I Get to Exist as a Black Person in the World': Bridgerton as Speculative Romance and Alternate History on Screen. doi: https://doi.org/10.1007/978-3-031-42235-5_7

- Prashant Kumar, Rajnee Devi (2020) Existentialist's Traits in Hermann Hesse's Siddhartha: An Ontological Inquiry. Volume(Vol. 43, No. 3), 74-83. Journal of Comparative Literature and Aesthetics. doi: https://www.jcla.in/wp-content/uploads/2020/11/JCLA-43.3-Autumn-2020_Prashant-Kumar-Rajnee.pdf

- Rafia Khan, M. Ghani, Muhammad Ajmal (2024) A Narratological Analysis of Mood, Voice and Tense in Herman Hesse's Siddhartha. Volume(8). Pakistan Social Sciences Review. doi: https://doi.org/10.35484/pssr.2024(8-i)05

- Ravi Kumar Shrestha (2022) Siddhartha as a Journey of Self-Discovery. Volume(10), 164-172. Patan Pragya. doi: https://doi.org/10.3126/pragya.v10i01.50749

- Riaz Hussain, Nasar Khan, Saeed Ur Rahman, Sabawoon Ubaid (2024) Darwinian Influences and Colonizers' Views: A Postcolonial Study of Heart of Darkness and The Journey to the East. Volume(2), 2031-2044. Social science review archives.. doi: https://doi.org/10.70670/sra.v2i2.264

- Roger Smith (2024) The German War in German Poetry: Julius Bab's Anthology of German First World War Poetry. doi: https://doi.org/10.26686/wgtn.25658526

- Ron Dart (2018) Hermann Hesse a Thomas Merton: Co LI n t er c LI l t LI r al A ffi nit i es. Volume(Volume 25 Number 1), 49-51. The Merton Journal. doi: https://thomasmertonsociety.org/Journal/25/25-1Dart.pdf

- S. B. Bhambar, M.A., M.Phil., Ph.D. (2010) Hermann Hesse's Siddhartha – A Dualist Spiritual Journey. Volume(Volume 10, Issue 3), 141-145. Language in India. doi: www.languageinindia.com/14110.3March2010

- Sharon Blady (2021) BTS from "N.O" to "ON" and BEyond: Innovation in Effective Mental Health Messaging and Modelling. Volume(22).

Deleted Journal. doi: https://doi.org/10.53728/2765-6500.1372

• Sheena N.G. (2017) The Fiction of Hermann Hesse and O.V. Vijayan: A Psychoanalytical Perspective. doi: http://scholar.uoc.ac.in/bitstream/handle/20.500.12818/633/993.pdf

• Sheila Cook (1983) Nietzsche and Hesse: An Influence Study. doi: http://etheses.dur.ac.uk/7861/

• Sonja Lavaert (2014) Radical Enlightenment, Enlightened Subversion, and Spinoza. Volume(89). Philosophica. doi: https://doi.org/10.21825/philosophica.82127

• Sophie Wennerscheid, Gianna Zocco (2021) The Rhetoric of Topics and Forms. . De Gruyter eBooks. doi: https://doi.org/10.1515/9783110642032

• Stefan Gullatz (2010) Constructing the collective unconscious. Volume(55), 691-714. Journal of Analytical Psychology. doi: https://doi.org/10.1111/j.1468-5922.2010.01878.x

• Steffen DUCHEYNE, Wim VAN MOER (2014) Introduction. Volume(89). Philosophica. doi: https://doi.org/10.21825/philosophica.82125

• Stephen H. Blackwell, Marina Grishakova (2007) The Models of Space, Time, and Vision in V. Nabokov's Fiction: Narrative Strategies and Cultural Frames. Volume(51), 619-619. The Slavic and East European Journal. doi: https://doi.org/10.2307/20459536

• Stephen Kern (2011) Character. Cambridge University Press eBooks. doi: https://doi.org/10.1017/cbo9780511862656.002

• T. I. Dronova (2024) The functions of A. S. Pushkin's intertext in Yu. N. Tynyanov's novel The Death of Vazir-Mukhtar. Izvestiya of Saratov University. Philology. Journalism. doi: https://www.semanticscholar.org

/paper/cff3f16ce4ff1e4842fc547f478f35c33ad26eca

• Tetiana Pryshchepa, Anastasiya Khamurda (2024) THE SYMBOLIC WORLD OF HARMONY IN G. HESSE'S NOVEL "SIDDHARTHA". Scientific Journal of Polonia University. doi: https://www.semanticscholar.org/paper/664a24c6d5f31eacdf5ebf988206aace3aac4355

• Toby Miller (2014) Modernism and the Frankfurt School. Edinburgh University Press eBooks. doi: https://doi.org/10.3366/edinburgh/9780748640188.003.0001

• Torsten Schaar, Chang Shi Wen (2021) Developing Historical Competency: Teaching German History Through History Films At University Putra Malaysia (BA German Programme). Volume(25), 29-65. Pandaemonium Germanicum. doi: https://doi.org/10.11606/1982-8837254529

• Ute Holl (2017) Cinema, Trance and Cybernetics. . Amsterdam University Press eBooks. doi: https://doi.org/10.5117/9789089646682

• Walter Redmond (2023) Introduction. . doi: https://doi.org/10.55821/col1.lib9.1

• Walter Redmond (2023) The Burial of the Dead. . doi: https://doi.org/10.55821/col1.lib9.1.1

• Walter Redmond (2023) What The Thunder Said. . doi: https://doi.org/10.55821/col1.lib9.1.5

• Walter Redmons (2023) The Spirituality of T.S. Eliot: A Gloss on The Waste Land and Four Quartets. . doi: https://doi.org/10.55821/col1.lib9

• Xiaoshu Li, Yuan Tan (2023) A Paratext Perspective on the Translation of the Daodejing: An Example from the German Translation of Richard Wilhelm. Volume(14), 1546-1546. Religions. doi: https://doi.org/10.3390/rel14121546

• Yakub E. Kartawidjaja (2021) Music in Martin Luther's Theology. . doi:

https://doi.org/10.13109/9783666565533

• Yulia V. Sineokaya (2020) Journey as a Philosophical Project. Journal of Siberian Federal University Humanities & Social Sciences. doi: https://doi.org/10.17516/1997-1370-0649

• Yuri Leving (2019) Chapter Seven. CRITICAL RECEPTION. Academic Studies Press eBooks. doi: https://doi.org/10.1515/9781618117045-012

À propos de l'auteur

Buraq est le pseudonyme d'un écrivain, poète et journaliste arabe chevronné, très connu dans les cercles culturels et artistiques de Beyrouth au début des années 1980. Il écrivait pour les pages culturelles des journaux et magazines libanais, notamment sur les artistes, écrivains et intellectuels occidentaux qui étaient à l'avant-garde de leurs pays respectifs à l'époque. Parmi eux figuraient Gilles Deleuze, Félix Guattari, Michel Foucault, Heidegger, Hölderlin, Pierre de Castres, Georges Bataille, Andy Warhol, Yanis Ritsos, Nazim Hikmat, William Burroughs et la Beat Generation - le groupe « contre-culturel » -, ainsi que d'autres personnalités que Buraq a fait découvrir à ses lecteurs. Buraq a traduit certains de ces écrivains et publié leurs œuvres dans le monde arabe via Beyrouth.

Buraq est titulaire de deux maîtrises en littérature (anglaise et arabe). Il vit à Paris (France).

Livres publiés par Global East-West :

Hermann Hesse : Pilgrim of the Inner Journey.

Kafka : The Architect Of Existential Anxiety.

www.ingramcontent.com/pod-product-compliance
Lightning Source LLC
Chambersburg PA
CBHW020518080526
44583CB00013B/650